戊辰内乱期の社会

●佐幕と勤王のあいだ

宮間純一
Junichi Miyama

思文閣出版

戊辰内乱期の社会——佐幕と勤王のあいだ——◆目次

戊辰内乱期の社会

——佐幕と勤王のあいだ——

序章

一　戊辰内乱史研究の現状と課題

慶応四年（一八六八）正月三日、京都南郊の鳥羽・伏見で薩摩・長州藩兵と旧幕府軍が衝突した。戦線は、短期間で東海道、関東、甲信越、東北へと拡大し、明治二年（一八六九）五月に内乱はようやく終息をみた。

のちに戊辰内乱（戦争）と呼ばれるこの政権争奪戦へ歴史的評価を与えようとする動きは、その最中から関係者たちの手によって開始していた。内乱で「官軍」・「朝敵」いずれに与したか、「勤王」・「佐幕」どちらの立場をとったかは、平定後の社会を生きる上で「勲章」・「傷跡」となってゆく。内乱の当事者となった人びとは、そのことを強く認識していた。それゆえ、功績証明もしくは佐幕行為の釈明を目的に、政府や内乱に関与した人びと・集団、またはその子孫によって数多の著作物、回想録、談話筆記が明治期以降生産・刊行されたのである。

明治期に編纂されたもので最も著名なのが「復古記」である。同書は、明治政府によって王政復古の足跡を正当化するために編まれた編纂物で、戊辰内乱を研究するにあたって必ず参照されてきた。明治政府は、明治二年四月四日、修史の詔を出して正史の編纂を宣言。以来、同時代史の編纂を行い、明治四年（一八七一）九月に編纂が開始されたという「復古記」は明治政府の修史編纂事業の主軸の一つと位置づけられ、紆余曲折を経て同二十二年（一八八九）十二月に完成をみた。全体は、「正記」・「外記」合わせて二九八巻の構成で、大分量の関係史料が収録された。「正記」は大政奉還から明治元年（一八六八）十月二十八日の東征大総督解任までの政局の記録、「外記」は緒戦の伏見口から箱館までの各地の戦記である。(1)

「復古記」が一般に広く普及したのは、昭和四～六年（一九二九～三一）に東京帝国大学文学部史料編纂所（現東京大学史料編纂所）が内外書籍から出版してからのことで、それ以後同書は戊辰内乱史研究の基礎史料として活用されてきた。「復古記」の出版は、所収された史料の豊富さから研究前進の大きな原動力となったが、同時に研究者の視点を勝者の維新史観に閉じ込める原因ともなった。(2)「復古記」には、史料の意図的な改竄や操作の痕跡は認められないものの、王政復古史観（明治維新を古代王政の回復と見なして正当化する歴史観）に都合良い観点から収録文書が選定されたことは否定できない。また、華族諸家からの材料収集が主であるため、権力者側の史料に偏重しており、地方文書や「朝敵」・草莽など維新後政権の中枢からはじき出された「敗者」に関する史料は網羅されていない。ほかに、華族諸家が自家に不都合な記録を出し渋るという困難さもあった。(3)

この刊本『復古記』などを主要な素材としながら、丁寧な史料批判を行って内乱の全体像構築を試みたのが原口清『戊辰戦争』(4)であった。五〇年近く前に発表された同書は、今なお幕末政治史、戊辰内乱史を研究する上での必読文献であり続けている。

戦前から戊辰内乱における新政府・旧幕府両陣営の性格は、維新政権のそれに直結すると認識されて研究が進められてきたが、戦後最初に維新史上の独自の課題として戊辰内乱を取りあげたのが原口であった。原口は、服部之総「天皇制絶対主義の成立」(5)や、遠山茂樹『明治維新』(6)、井上清『日本現代史Ⅰ　明治維新』(7)といった戦後第一世代の仕事を批判的に継承し、内乱の全過程を列藩同盟的権力と絶対主義権力との間の軍事闘争と規定した。『戊辰戦争』は学界で高い関心を喚び、石井孝が批判したのを皮切りに、毛利敏彦、田中彰、芝原拓自、鎌田永吉らが参加して、研究史上の一大論争が展開した。(8)原口・石井とも内乱を絶対主義権力の国内統一戦と見なす点では一致したが、原口に対して石井は内乱を三段階に分けて（第一段階：鳥羽・伏見の戦い～江戸開城、第二段階：奥羽越列藩同盟成立～会津降伏、第三段階：箱館戦争）、主戦とする第一段階のみを絶対主義権力同士の統一戦と論じた点で大きく異なる。(9)

論争に参加したのは、いずれも当時第一線で活躍していた明治維新史の研究者であり、マルクス主義史観に立っていた。そこで常に念頭におかれていた維新政権＝天皇制絶対主義政権の構図は、マルクス主義神話の崩壊とともに自明ではなくなり、現時点で〈絶対主義政権形成までの途〉を改めて議論するのは有効とはいえない。しかし、絶対主義云々の理論的問題は別にしても、「戊辰戦争論争」(10)と呼ばれるこの論争の功績は大きく、中央政局における政争史の大筋解明は同時点でほぼ達成されたといってよい。反面、『復古記』をはじめとする史料の限界性もあり、原口自身が認めるように史料の公開が遅れていた旧幕府や「朝敵」藩、諸隊、民衆などへの言及は断片的だった。(11)

およそ一九七〇年代以降の維新史研究において、王政復古史観や薩長中心史観への批判から、いわゆる西南雄藩以外の諸藩や幕府に関する研究がクローズアップされるようになり、さらに一九八〇年代から現在まで「朝敵」の研究も着実に積み重ねられてきた。こうした維新史研究全体の傾向とも相俟って、戊辰内乱史研究も奥羽列藩同盟の再検討や旧幕府側の実態分析への取り組みが始まる。特に最近二〇年間で、原口らが十分に解明できなかった論点を中心に、一次史料の発掘と緻密な史料分析に支えられた成果が蓄積され、研究水準が実証レヴェルで飛躍的に上昇した。

それらを紹介すれば、奥羽列藩同盟の研究（星野尚文、久住真也、工藤威、栗原伸一郎(12)）、旧幕府脱走兵部隊の動静（近藤靖之、松尾正人、安田寛子(13)）、個別藩・「朝敵」藩の動き（青木俊郎、水谷憲二(14)）、諸隊の動向（小野将、谷口真康、小泉雅弘、松尾(15)）、内乱期の一揆（溝口敏麿、佐藤誠郎、長谷川伸三(16)）、在地支配と負担（松尾、小林紀子[17]、戦没者の慰霊・顕彰（溝口、岸本覚[18]）、軍事史的観点からの研究（保谷徹[19]）がある。直近では、史料学的視点からのアプローチを行った箱石大や奈倉哲三らの仕事が新しい試みとして注目される。[20]ほかに自治体史の成果が顕著であり、その多くには「戊辰戦争」の項目が設けられ、従来知られていなかった史実が日進月歩で解明されている。

狭義の政治史的枠組みで捉えられがちであった戊辰内乱史は、幅広い関心に基づいて多面的に検証されるようになった。研究者個々人が設定したフィールド・テーマの範囲でみれば、それぞれの研究は大変意義深いものである。しかし一方では、問題関心が細分化するあまり、内乱全体を鳥瞰するような視座は失われ、維新史あるいは日本史・世界史全体の中に内乱を位置づけようとする意識も希薄となっている。そうした意味では、『戊辰戦争』や同書への批判を展開した石井孝『戊辰戦争論』に取って代わるような仕事は現在でも見当たらないのである。

それは、奥羽列藩同盟の緻密な考察を行った工藤威『奥羽列藩同盟の基礎的研究』に対する家近良樹の書評[21]に集約されているように思う。

第一・第二世代時（第一世代：原口・石井、第二世代：佐々木克ら――引用者註）では、明治維新によって天皇制絶対主義が成立したといった見方がはなはだ有力であった。ところが、現在ではこうした見方は必ずしも是認されているわけではない。いや、むしろ、明治維新を経て絶対主義国家が樹立されたといった見解が、通説的な地位からすでに降りたといった方が妥当であろう。したがって、絶対主義権力云々といった枠組みに基づく第一・第二世代の問題提起それ自体を、一度とっぱらって、新たな戊辰戦争論、ひいては奥羽列藩同盟論を構築する位の気概が必要ではなかったかと感じた。ましてや、著者がマルクス主義史観に立たないことを表明している以上、なおさらのことではないかと思った。むろん、これは容易なことではなく、大変な学問的格闘を必要とするであろう。しかし、これこそ、二〇〇〇年を超えた時点で奥羽列藩同盟を取り上げることの今日的意味ではないのか、こういったことを本書を通じて考えさせられた。

この批判は、工藤一人に向けられたものではなく、該当分野の研究者全体に対して投げかけられた指摘だと感じる。また、戊辰内乱に限らず、今日の維新史研究の理論的低迷はこれまでも再三問題視されてきたところであり、拠り所となる「聖典」――かつてのマルクス主義史観のような――なき今、新たな分析手法の模索は研究者へ共通して与えられた課題となっている。

原口清・石井孝は、あくまでも幕末政争史の延長上に内乱をおくため、また前述したような史料的制約のため、同時期に社会の各所で発生したさまざまな現象に十分な目配せができなかった。反対に、一九八〇年代以降に蓄積された個別研究はこの欠点を補いうるが、そこから内乱全体をどのように照射できるのかは明らかでない。前者は理論面で、後者は実証面でそれぞれ優れている。しかし、前者が採用した理論に関する大きな問題（後者はマルクス主義の立場を採らない）や、分析の対象が前者と後者では食い違うなどの理由から両者をそのまま融合することは不可能といってよい。新出史料を駆使して実証的水準を維持しつつ、政争史だけではない社会状況を包括した全体的な戊辰内乱像を構築することが、現状における最大の課題といえよう。本書だけでこうした大きな課題を克服できるものではないが、少なくとも現時点で戊辰内乱史の研究にあたる者の責任として、内乱全体にわたる見取り図の提示に挑戦したい。

二　戊辰内乱という地点――佐幕から勤王へ――

幕末維新の政治過程は、徳川将軍および諸侯の政治舞台からの退場と王（天皇）を頂点とした国家の誕生であった。維新変革の始点と終点をいつとするかは議論の分かれるところであるが、戊辰内乱の結果が徳川氏を排除した中央政権を成立させる直接の要因となったことは疑いない。

　そもそも新政府は、なぜこの内乱で勝利を収めることができたのであろうか。かかる疑問に対する根本的な答えを、兵器、軍略、兵数、士気といった軍事的要素だけに求めるのは妥当ではないと考える。最大の勝因は、二世紀半以上もの間日本の国家統治権者として君臨していた旧幕府よりも、新政府の方が正当性をもつ政権だと広く社会に認めさせた点にこそある（積極的承認か消極的承認かは別として）。その結果、大多数の諸侯やさまざまな身分で構成される政治・社会集団が新政府陣営に加担し、旧幕府を上回る人員・物資の動員が可能となった。

　新政府が、内乱を遂行するための正当性の根拠としたのは、徳川氏のそれを打ち消し得る唯一無二の権威、天皇にほかならない。新政府参与西郷隆盛らは、万が一戦局が不利に推移したとしても天皇が旧幕府方の手に渡らないよう細心の注意を払っていた。開戦直前に、西郷や同じく参与の大久保利通らが、天皇の遷幸を協議していた事実は有名である。それは、敗戦した場合、山陰道から芸備両国間へ天皇を遷し、その間に東方工作、兵の招集を行って再挙を謀るというものであった(22)。

　佐々木克『戊辰戦争』が指摘したように、この遷幸案は大久保らにとって天皇はすぐさま遷すことができるほど物質的には「軽い」存在であったことを示すのかもしれない(23)。しかし同時にこの案は、たとえ緒戦に敗北しようとも、天皇さえ掌中から逃さなければ勝機があるとする西郷らの認識を示すものでもある。彼らは、天皇を失った時には新政府が窮地に立たされるであろうことを強く自覚していた。新政府内の倒幕派にとって旧幕府を打倒するためには、天皇を握りつつ、天皇の軍隊＝「官軍」と天皇に弓引く「朝敵」・「賊」の対立構図を創り出すことが必要不可欠だったのである。政治的にみれば、天皇の存在はそれほどに「重かった」といえる。

　武力倒幕のための旗印としての役割を与えられた天皇は、他の正当性の原理を凌駕してゆく。幕末政治において、公議の原理が政権を運営する正当性として諸政治勢力間に敷衍していったことは三谷博らの仕事によって知られる[24]。慶応四年当時においても、五箇条誓文に象徴的なように政体には公議が打ち出された。しかしながら、前将軍徳川慶喜を政権から除外し、武力倒幕を成し遂げるために重要視された正当性は公議よりも天皇であった。

高橋秀直は、近代政治史を展望しつつ天皇と公議の「二つの正当性原理」をもって幕末政治史を通観しようと試みた[25]。高橋によれば、安政五年（一八五八）の条約勅許問題を契機として天皇原理と公議原理が浸透してゆき、尊攘運動の浮沈に比例して両者の優劣が推移、慶応三年（一八六七）十月十四日の大政奉還の上表をもって二つの原理は合体したとする。さらに、同年十二月九日の政変で発足した王政復古政府は、二つの正当性原理に支えられつつも、公議原理がより優位にあったとする。この関係は、鳥羽・伏見の戦い勃発後、薩摩・長州らの武力倒幕派が主導権を握ったことで逆転し、専制化のために天皇原理が正当性の根拠として急浮上したとの見通しを示している。

天皇原理は、戊辰内乱期においてはしばしば「勤王」という理念で表面化する。勤王理念は、武力倒幕を名分化して天皇とその正規軍である「官軍」への貢献を絶対的義務に仕立て、天皇に敵する存在を「朝敵」として完全否定するための有効な武器となった。もとより勤王（皇）あるいは尊王（皇）は、周知のように幕末の内外の危機を打開するための思想としてすでに密接に政治と結びついていた。それは、ある時は将軍権力を補完する役目を果たし、ある時は倒幕のための根拠ともなりうる二面性を有していたが[26]、慶喜の政権参入を許容する方向に動いていた[27]開戦以前の新政府では、勤王理念と武力倒幕は結合し得なかった。開戦によって公議原理に対して天皇原理が優位に立ち、慶喜が「朝敵」と明示されたことで、勤王は大っぴらに武力倒幕のための理念として喧伝されるようになったのである。

当該期に作成された文書を読むと、勤王の文言が多用されていることに気づく。内乱勃発前夜、西郷は諸藩を「勤王」と「勤幕」に色分けした時勢分析を行い、敵・味方を峻別した[28]。新政府は、旧幕臣に「勤王誓書（証書)」を提出させた上で朝臣となることを認め、内乱で「勤王実効」を立てた「功臣」を賞した。薩長に出遅れた諸侯や草莽諸隊は、「勤王」のための歎願を行って戦功をあげることで自己利益の実現を目論んだ。新政府につくか、旧幕府につくか態度を即決しかねた諸藩は勤王・佐幕に分かれ、家中では激しい議論が交わされた[29]。対立が収拾できず、下総結城藩のように軍事闘争へと発展することもあった。

これら史料上にみられる勤王の文言には、受け身ではなく能動的に王事へ貢献するという意味が込められている。勤王を表明した諸集団にとって、主体的な王事への貢献は、見返りとして天皇を頂点におく新しい政治・社会体制の中での存在位置を獲得することに等しかった[30]。それは、行動を起こさずに「坐視傍観」していた場合、新体制下では政権・社会の蚊帳の外に置かれてしまう、という焦燥と背中合わせの意識である。そのため、諸集団は天皇のために軍功をあげることで自己の欲求を満たそうとし、新政府はそうした意識をすくい上げ、巧みに利用することで内乱を完遂したのである。

この点で、宮地正人の「戊辰戦争は、それ以前にはいまだ政治舞台の第一線に登場していなかった厖大な人々・集団・勢力の力量を掘り起こし、彼等を意識化させ、組織化することによってはじめて遂行が可能となったのである。このような民衆そのものを含めた政治的底辺の急速な拡大と自発性の喚起こそが戦争勝利の決定的な鍵となる[31]」との論は示唆に富む。勤王理念は、近世社会であれば政治的発言権をもたない人びと・集団にも政治意識を萌芽させ、軍役を賦課されない身分に「自発性」を「喚起」し、広範な層を内乱の渦中へと引きずり込んでいった。各地で多数結成された草莽隊が、その典型的な例である。この内乱を俯瞰するにあたっては政局史だけではなく、そうした武士身分以外の人びと・集団の分析を欠くことはできない。

一方で、新政府が勤王を旗印に軍事行動を展開する過程では、徳川政権を成立させていた正当性原理の塗り替えが行われた。この原理は、勤王に対して「佐幕」という理念で表出される。新政府は、明らかに意図的に勤王をもって佐幕を無効化しようとした。かつ、佐幕から勤王への転換は軍事的勝利に優先された。それは原口清『戊辰戦争』が、「朝敵」藩の征討において「佐幕から勤王へのイデオロギーの転換が強制され、（中略）天皇政府に対する絶対的恭順の態度がみえれば、戦争の目的は達成されたとみなされる」と論証した通りである。[32]

井上勲は、「幕藩的政治体制のなかで、いいかえれば、幕府と藩――正確には将軍と藩主とが、君臣の「義」によって関係づけられ、藩士からする藩主への忠誠が、そのまま将軍への忠誠を意味するという秩序原理を持つ社会にあっては、日常行為はそれ自体佐幕的役割を果たしている。従ってここでは、決意された行為としての佐幕行為は原則としてありえない。佐幕行為がありうるとすれば、それは、伝統的制度からの逸脱者への抑圧か、あるいは、制度それ自体の変化に対する反動として生まれる」と近世武家社会の佐幕について論及している。[33]実証的な分析は本文に譲るが、井上が述べるような日常的・無意識的な佐幕行為は武家社会だけではなく、農民や他身分一般に広く通用する論理であったと考えられる（第4部第9章参照）。たとえば、農民が年貢を納め、諸役を負担する行為は、幕藩体制を成立させる基礎的な要素でありその意味においては佐幕（幕府を佐《たす》ける）行為となる。このような日常的義務が果たされない時、権力はその調整を行う。調整が上手く運ばなければ、体制にひび割れが生じ、最悪の場合崩壊にいたる。佐幕理念は通常意識されないが、体制崩壊の危機に直面すると現実に立ち現れる。つまり、当事者が意識しないにせよ、近世社会で人びとが営む日常行為そのものが幕藩体制の一端に組み込まれており、そこから外れた異端者の排除、あるいは体制保守のために佐幕理念は姿を現すのである。

内乱の結果として、勤王理念は佐幕理念に勝利した。それはすなわち、天皇をいただく新政府の旧幕府に対する勝利を意味する。以降、勤王（天皇原理）は、基本的に明治から敗戦までの日本社会に通底した国家経営のための正当性となる。勤王理念が現実社会に登場する強弱は、時期によって振れ幅があり、「国家」の危機すなわち戦争の場面において突出するが、日常では表面化せず、「国民」が特別それを意識することはない。国家は、その「みえない理念」の維持のために多様な装置――法、教育、儀礼、修史、神道、言論統制など――を用意した。戊辰内乱は、そうした近代社会における天皇原理定着の出発点となる時期、言い換えれば佐幕理念から勤王理念へのパラダイムシフト（ここでは、一時代の社会全体で当然のことと考えられていた価値観の変化、というほどの意味）が、全国的にあらゆる階層に波及した境界となる時期だと位置づけられる。(34)

本書では、戊辰内乱を政争史的観点だけから論じたり、武力による政権交代期と単純に定義するのではなく、右のような近世近代移行期における日本社会の重大な転換期であることを念頭におき、内乱像の再構築を試みたい。

三　分析視角と本書の構成

権力による支配は、権力の頂点にある人物や中央政府が有する物理的な手段（軍事力、経済力など）のみで長期間維持できるものではなく、特定の為政者を正当な権力として人びとが承認することで初めて成立する。よって、政権を担当しようとする政治勢力は、支配の受け手から国家統治権者としての承認を受けなければならない。その形態は国家、時代によって多様であるが、承認を得るためにしばしば利用されるのは権威である。権威とは、受け手に利的関心をもたせ、支配に服従させるだけの動機を与えるものでなくてはならない。

マックス・ウェーバー『支配の諸類型』は、支配を支配される者に受け入れさせるためには正当性が必要となり、「一定最小限の服従意欲、すなわち服従することに対する（外的または内的な）利害関心があるということが、あらゆる真正な支配関係の要件である」と論じた。ウェーバーが、支配の種類を「正当性の要求」を基準にカリスマ的支配、伝統的支配、合法的支配の三類型に分類したことはあまりにも有名である。(35)

明治政府が創り出そうとした天皇の正当性を当然として運営される国家システムは、天皇を元首におく中央政府を正当な国家統治権者として認める人びと、王事に勤めることを受け入れる国民の存在によって成り立つ。天皇を権力の正当性の根拠におく支配原理は、政治勢力からの一方通行ではなく、支配する側とされる側の相互作用によって創造されるのである。

以上のことを前提として、佐幕から勤王への支配原理の転換期という視点を基軸に戊辰内乱の全体像を描こうとすると、次の二点が分析課題として浮上する。①新政府・旧幕府両陣営がそれぞれの正当性をどのように名分化し、アピールしたか、②①に対して支配を受ける人びとが如何なる反応をみせたか、という点である。

戊辰内乱では結果的に、受け手側が天皇の正当性を承認して、それを背景に新政府が旧幕府から政権を奪取した。その推移を、正当性を提示する権力側とそれを受ける側の双方の視点から捉えることが本書の主眼となる。もとより、近世日本の社会構造は非常に複雑であり、支配者と被支配者の二分法で説明できるものではない。両極の中間には、両者の性格を合わせもつ人物、集団が重層的に存在している。しかしながら、内乱全体の見取図を示す上では、両交戦団体の中核を支配の正当性を主張する、政権を担当しようとする権力の中枢と見なす視点が有効であろう。すなわち、従来の支配原理を守り「徳川再興」を目論む旧幕府抗戦派と、それを天皇の正当性をもって破ろうとする新政府の中心人物たちである。内乱という特殊地点にあっては、勝利したいずれか一方が日本の中央政権を担うことになる。そのことを、新政府・旧幕府の当事者たちは当然のことながら、それを取り巻く政治勢力をはじめ農民にいたるまで同時代の人びとはよく理解していた。

以下、本書の構成の概略を示しておく。本書は、全体が四部一〇章と一つの補論から成る。第1・2部では、①の点について検討する。

幕末期の日本に存在していた支配の要件を満たしうる権威は、天皇と将軍の二つであった。新政府は、自己の正当化のため天皇権威を全面に押し出してゆく。一方で、旧幕府陣営も徳川再興、佐幕のための名分を模索する。

両者は、それぞれお互いの正当性を挫こうともする。軍事闘争である戊辰内乱の根本には、新政府と旧幕府の正当性のせめぎ合いが存在していた。

まず第1部では、新政府による天皇権威の運用を天皇の正規軍とされる「官軍」の表象について検討したい。新政府が創造した内乱の構図は、「官」と「賊」＝「朝敵」の二項対立である。その構図は、「官軍」：正義の軍隊、「賊軍」：社会悪に置き換えられる。新政府は、諸藩の連合軍にすぎない新政府軍を「官軍」たらしめるため、天皇権威を軍隊に付着させ、視覚化する演出を施した。第1部では、その演出について「官軍」の表象に焦点を当てた考証を行う。また、補論においては戦後の「朝敵」処分にみえる天皇権威の示し方を考察する。

続いて第2部では、佐幕理念を正当化しようとする旧幕府抗戦派の論理構造とそれが最終的に勤王理念に敗れた限界性について検証する。とりわけ、内乱の主戦とされる鳥羽・伏見の戦いから江戸開城前後の時期を中心とする旧幕府抗戦派の動向、および「朝敵」とされた藩の行動論理を分析の素材とする。そこで浮かび上がる佐幕と勤王の関係性についても論及したい。

第3・4部では②の問題を検討する。

第1・2部で考察した新政府と旧幕府の正当性のせめぎ合いを源泉として、浪士集団や社会集団の草莽運動、地域における農民の武装化、諸集団間の軋轢などの社会現象が生じた。それらの現象はいずれも単独かつ突発的に生成されたわけではなく、幕末の社会矛盾や近世社会で培ってきた何らかの慣習、秩序、対立、欲望などに、内乱開戦が着火剤として作用したことにより生起したものである。宮地正人や高木不二が提言するように(36)、本来「政治史」とは中央政局の政争史に限定されるものではなく、政治動向にともなって発生するこうした現象も包括的に捉えて描くべきものといえる。本書では、そうした現象を視野に入れ、第3・4部では特に掘り下げて具体的に解明したい。

第3部では、社会集団が展開した草莽運動を取りあげる。戊辰内乱期には、全国各地でそれまで政治の埒外にあった社会集団によって草莽隊が結成された。草莽隊が展開した勤王活動の具体例を個別に検討することで、参加者がなぜ勤王理念に引きつけられたのか、参加者にとって勤王とは如何なるものであったのかを解明したい。

第4部では、戦場となった地域における住民の動向に着目する。内乱で主戦場とされたのは、人びとが日常生活を営んでいた村や町であり、彼らは政治抗争の縮図の目撃者となる。ここでは、その渦中にあった人びとが起こした行動を実証的に分析し、政権交代をどのように認識していたのかを明らかにする。

全体を通じて、権力の正当性（勤王と佐幕）を示す新政府・旧幕府とそれを受容する側、相互がからみ合って構成される総合体としての戊辰内乱像の描出を試みたい。

（1）「単行書稿本詔勅録」巻之一・内部上（国立公文書館蔵、本館―二A―三三―五・単一五九一〇〇）、『復古記』一（覆刻版、東京大学出版会、二〇〇七年）の序文。

（2）王政復古史観および「復古記」編纂の詳細については、大久保利謙「王政復古史観と旧藩史観・藩閥史観」（『法政史学』一二、一九五九年、『大久保利謙著作集七　日本近代史学の成立』〈吉川弘文館、一九八八年〉所収）、田中彰『明治維新観の研究』（北海道大学図書刊行会、一九八七年）、宮地正人「政治と歴史学――明治期の維新史研究を手掛りとして――」（西川政雄・小谷汪之編『現代歴史学入門』東京大学出版会、一九八七年）、同「『復古記』原史料の基礎的研究」（『東京大学史料編纂所研究紀要』一、一九九〇年）参照。なお、戊辰内乱を史料学的観点から分析した箱石大編『戊辰戦争の史料学』（勉誠出版、二〇一三年）、特に同書の松沢裕作「明治政府の同時代史編纂――「復古記」とその周辺――」、赤石美奈・伊藤直之・石川徹也「『復古記』の歴史知識学的研究」は「復古記」に関する注目すべき成果である。

（3）史談会編『近世史料編纂事業録　附史談会設立顛末』（史談会、一八九三年）。

（4）原口清『戊辰戦争』（塙書房、一九六三年）、原口清著作集編集委員会編『原口清著作集三　戊辰戦争論の展開』（岩田書院、二〇〇八年）所収。

(5) 服部之総「天皇制絶対主義の確立」(『新日本史講座』第六・資本主義時代、中央公論社、一九四八年)。
(6) 遠山茂樹『明治維新』(岩波書店、一九五一年)。
(7) 井上清『日本現代史Ⅰ　明治維新』(東京大学出版会、一九五一年)。
(8) 石井孝「戊辰戦争についての一試論——原口氏への批判——」(『歴史』二六、一九六三年)、毛利敏彦「明治維新の政治学——原口清著『戊辰戦争』を読んで——」(『歴史と現代』二、一九六三年)、田中彰「原口清著『戊辰戦争』」(『歴史学研究』二八一、一九六三年)、芝原拓自「維新史における内乱の評価——原口清『戊辰戦争』を読んで——」(『歴史評論』一六〇、一九六三年)、鎌田永吉「戊辰戦争——その歴史的意義——」(『日本歴史』二〇〇、一九六五年)。
(9) 石井孝『維新の内乱』(至誠堂、一九六八年)、同『戊辰戦争論』(吉川弘文館、一九八四年)。
(10) 「戊辰戦争論争」の経過は、久住真也「戊辰戦争論」(松尾正人・鳥海靖・小風秀雅編『日本近現代史研究事典』東京堂出版、一九九九年)、松尾正人「『戊辰戦争』と原口史学」(前掲、註(4)『原口清著作集三　戊辰戦争論の展開』所収)に詳しい。
(11) 前掲、註(4)原口『戊辰戦争』の「まえがき」。
(12) 星野尚文「奥羽越列藩同盟の再検討——新潟開港問題との関連から——」(『新潟史学』三四、一九九五年)、久住真也「奥羽列藩同盟と北越「防衛」の展開」(『地方史研究』二六五、一九九七年)、工藤威『奥羽列藩同盟の基礎的研究』(岩田書院、二〇〇二年)、栗原伸一郎「米沢藩の諸藩連携構想と「奥羽越」列藩同盟」(『歴史』一〇七、二〇〇六年)ほか。
(13) 近藤靖之「戊辰戦争期旧幕府軍の一考察」(『史学論集』三〇、二〇〇〇年)、松尾正人「多摩の戊辰戦争——仁義隊を中心に——」(同編『近代日本の形成と地域社会』岩田書院、二〇〇六年)、安田寛子「幕末の日光山をめぐる人々の意識」(大石学編『一九世紀の政権交代と社会変動——社会・外交・国家——』東京堂出版、二〇〇九年)。
(14) 青木俊郎「戊辰戦争における小藩の行動論理——出羽国亀田藩を中心に——」(『早稲田大学大学院文学研究科紀要　第四分冊　日本史東洋史西洋史考古学』、二〇〇七年)、水谷憲二『戊辰戦争と「朝敵」藩——敗者の維新史——』(八木書店、二〇一一年)。
(15) 小野将「幕末の在地神職集団と「草莽隊」運動」(久留島浩・吉田伸之編『近世の社会集団——由緒と言説——』山川出版社、一九九五年)、谷口真康「幕末維新期の山科郷士と「勤王思想」」(『日本歴史』六五四、二〇〇二年)、松尾正人

「維新の草莽高松隊と岡谷繁実」（『中央大学文学部紀要』二〇六、二〇〇五年）、小泉雅弘「吉田御師「蒼龍隊」の戊辰戦争」（明治維新史学会編『明治維新と文化』吉川弘文館、二〇〇五年）。

(16) 溝口敏麿「戊辰戦争――戦争と一揆――」（佐藤誠朗・河内八朗編『講座日本近世史八　幕藩制国家の崩壊』有斐閣、一九八一年）、佐藤誠朗「維新政権論」（同上）、長谷川伸三「慶応四年武州東北部における世直し騒動の一考察」（阿部昭・長谷川伸三編『明治維新期の民衆運動』岩田書院、二〇〇三年）。

(17) 松尾正人「戊辰内乱と町村支配――川崎周辺を中心に――」（『関東近世史研究』三七、一九九四年）、小林紀子「戊辰戦争時の軍夫負担と在地支配――下野国の直轄地を事例として――」（『史学雑誌』一一三―三、二〇〇四年）、同「戊辰戦争における新政府軍の軍夫徴発機構――下野国の軍夫方の一考察――」（『日本歴史』六八一、二〇〇五年）。

(18) 岸本覚「戊辰戦争と招魂祭――鳥取招魂社起源――」（『鳥取地域史研究』四、二〇〇二年）、溝口敏麿「戊辰戦争の歴史記憶」（『新潟史学』五七、二〇〇七年）。

(19) 保谷徹『戊辰戦争』（吉川弘文館、二〇〇七年）、同「戊辰戦争の軍事史」（明治維新史学会編『講座明治維新三　維新政権の創設』吉川弘文館、二〇一一年）。

(20) 前掲、註(2)箱石編『戊辰戦争の史料学』。

(21) 家近良樹「書評と紹介　工藤威著『奥羽列藩同盟の基礎的研究』」（『日本歴史』六六九、二〇〇四年）。

(22) 下山三郎『近代天皇制研究序説』（岩波書店、一九七六年）三四・三五頁。

(23) 佐々木克『戊辰戦争――敗者の明治維新――』（中央公論社、一九七七年）七～九頁。

(24) 三谷博『明治維新とナショナリズム――幕末の外交と政治変動――』（山川出版社、一九九七年）ほか。

(25) 高橋秀直「明治維新と国王」（伊藤之雄・川田稔編『二〇世紀日本の天皇と君主制』吉川弘文館、二〇〇四年）、同『幕末維新の政治と天皇』（吉川弘文館、二〇〇七年）所収。

(26) 尾藤正英「水戸学の特質」（『日本思想体系五三　水戸学』岩波書店、一九七三年）、本郷隆盛「幕末思想論」（本郷・深谷克己編『近世思想論』有斐閣、一九八一年）。

(27) 家近良樹『幕末政治と倒幕運動』（吉川弘文館、一九九五年）、同『徳川慶喜』（吉川弘文館、二〇〇四年）ほか。

(28) 慶応三年十二月二十八日「蓑田伝兵衛宛西郷隆盛書簡」（西郷隆盛全集編集委員会編『西郷隆盛全集』第二巻、大和書房、一九七七年、三二七～三三二頁）。

（29）たとえば、下総生実藩では、「明治元年太政復古ニ際シ天下轟然タリ、従テ藩中人心汹々トシテ勤王佐幕ノ説」が起こったという（「氏家広精履歴書」、『千葉市史』史料編三、千葉市、一九八〇年、一七六～一七八頁）。

（30）吉岡拓が指摘したように、慶応四年時点での「勤王」は昭和期に喧伝されるようになる「無私」・「無欲」の「勤王」とは性格を異にする事に留意しなくてはならない。坂田聡・吉岡拓『民衆と天皇』（高志書院、二〇一四年）一七三・一七四頁。この点は、本書第3部も参照されたい。

（31）宮地正人「廃藩置県の政治過程――維新政府の崩壊と藩閥権力の成立――」（坂野潤治・宮地編『日本近代史における転換期の研究』山川出版社、一九八五年）、同『幕末維新期の社会的政治史研究』（岩波書店、一九九九年）所収、三〇六頁。

（32）前掲、註（4）原口『戊辰戦争』、一〇六・一〇七頁。

（33）井上勲「大政奉還運動の形成過程」（二）（『史学雑誌』八一―一二、一九七二年）。

（34）本書とは、分野・対象が大きく異なるが、パラダイムシフトに関する議論として、V・ターナー『象徴と社会』（梶原景昭訳、紀伊國屋書店、一九八一年、原題 *Dramas Fields, and Metaphors—Symbolic Action in Human Society*、一九七四年発行）が参考となる。ターナーは、「葛藤状態のうちに生じ、非調和とか不調和の過程を示す単位」を「社会劇」と命名して、「社会劇では、利害を異にする集団や人びとが、自らの利益を主張して、対立する相手のパラダイムを無力化しようとする」と論じた。また、「秩序とは獲得されてゆくものであり、自分が依拠するパラダイムとそのほかのパラダイムが衝突したり、あるいは一致する結果として生ずるものなのである」と述べている（九～一一頁）。

（35）マックス・ウェーバー著、世良晃志郎訳『支配の諸類型』（創文社、一九七〇年）。

（36）前掲、註（31）宮地『幕末維新期の社会的政治史研究』、高木不二『日本近世社会と明治維新』（有志舎、二〇〇九年）。

第1部

「官軍」の正当性

第1章　「官軍」と王権の表象

はじめに

鳥羽・伏見の戦いが開戦した翌日の慶応四年（一八六八）正月四日、議定仁和寺宮嘉彰親王が征討大将軍に任命され、錦旗と節刀が下賜された。天皇の命を受けた皇族が陣頭指揮を執ることは、開戦時点では薩摩・長州の「私兵」にすぎなかった軍勢が天皇の正規軍になったことを意味する。「官軍」の誕生である。さらに同月七日、前将軍徳川慶喜の征討令が発せられ、慶喜以下の「朝敵」に荷担する者はすべて天皇に敵対する存在と見なされることになった。

「朝敵」征討の兵が、正当性を有する「官軍」であり、王事に勤める正規軍であることをアピールするため、新政府軍には視覚的な装飾が施された。一般に、こうした「官軍」の外見的特徴として真っ先に想起されるのは錦旗であろう。錦旗は、「官軍」の正当性を保証する王権の表象として新政府に強調され、「宮さま宮さま御馬の前のぴらぴらするのはなんじゃいな（中略）ありゃ朝敵征伐せよとの錦の御旗じゃ知らないか」の詞で著名な「都風流トコトンヤレ節」などによって民衆にも広く認知されていったとされる(1)。

王権の表象をめぐる問題について、山本幸司は維新の段階において「王権は多様な記号や表象、あるいは即位式、結婚式、葬式、入城式、閲兵式などの祝祭的ページェントという形で積極的に自己を表現するようになる。

こうした記号・表象・パフォーマンスなどによる表現と、王権の経済的基盤や政治的機構との関係は、表現と実質といった二分法で語られるものではなく、どちらも権力の正統性を保証する点では同じくらい重要な要素である」と提議している。(2) 山本が論じるように、王権の自己表現＝表象は単なる飾りや潤色に留まるものではなく、周囲の視線を強烈に意識し、極めて政治的な意図をもって現出する。表象は、権威や伝統などの目に見えない領域を具現化する媒体であり、錦旗はまさに天皇権威が「官軍」に付随していることを可視化するための装置であった。(3) それゆえ錦旗に関する分析を進めることは、戊辰内乱における天皇権威の位置づけを探る上で有効な手段と成りうる。

錦旗に着目した研究で、最も精緻な分析を行ったのは、所功「〝錦旗〟の来歴・再検証」(4) である。所の仕事から、幕末における錦旗の由来はおおよそ明らかとなる。(5) 所によれば、幕末の最も早い時期に錦旗を持ち出そうとしたのは、筑後国久留米の水天宮祠官で同藩士の真木保臣（和泉）だという。安政年間（一八五四～一八六〇）に考案された真木の天皇親征計画中にみられる錦旗調製案は実現にはいたらないが、所は真木と交流のあった岩倉具視へこの構想が引き継がれた可能性を指摘している。慶応三年（一八六七）十月六日、岩倉は薩摩藩士大久保利通へ国学者玉松操に作成させた錦旗の図面を渡し、大久保は生地などの必要な材料を調達した。これは、大久保から長州藩士品川弥次郎へと託され、品川は長州へ戻り日月旗各二流、菊章旗・紅白旗各一〇流を調製したという。その後、錦旗は長州と京都薩摩藩邸に「密蔵」されていたが、内乱勃発にともなって実際に使用されることになった。幕末段階における錦旗の由来を、所の論考に依拠してまとめると以上のようになる。慶応三年以降の叙述は、『岩倉公実記』などに記載されており現在では通説化している。(6)

先行研究から、錦旗の由来やデザインはある程度知ることができる。しかしながら、「官軍」の表象ということ以外に、錦旗が果たした役割については「官軍」の士気を高め、「賊軍」のそれを挫いたとする漠然としたイメージの域を出ない。かかる表面的洞察のみではなく、錦旗を有効たらしめるために新政府が施した演出を具体的に分析して、そこに仮託された政治性を解明することこそ、内乱における天皇権威の役割を考証する上で重要な作業となる。

本章では、錦旗の分析を通じて新政府が勤王の正当性を喧伝してゆく過程をみていきたい。なお、錦旗や勤王理念に対する旧幕府軍、草莽隊、民衆などの反応も肝心な論点であるが、こちらはのちの章で論及する。

一　錦旗の登場

慶応四年正月三日、鳥羽・伏見開戦の一報を得た新政府参与大久保利通は、同議定岩倉具視と三条実美へ意見書を提出した。意見書は、数か条からなる内乱勃発にともなう具体的献策である。その一つで大久保は、仁和寺宮嘉彰親王を「征東将軍」に任命する勅命を下し、即刻陣頭指揮を執らせるように建言している。そこには、天皇から節刀を下賜し、進軍の際には錦旗をひるがえして「官軍之威ヲ輝し候事」が併記された(7)。同日夜、軍事闘争の起こりに「たまり兼」ねて、伏見口まで戦況見物に赴いていた参与西郷隆盛は、翌四日には「追討将軍」である嘉彰親王が錦旗を押し立てて、東寺（教王護国寺）に本陣を置くよう大久保へ促した(8)。

結果的にこの案は実現することになり、四日嘉彰親王が征討大将軍に選任、錦旗・節刀が下賜され、東寺に入った。佐々木克は、この時点をもって「鳥羽・伏見戦争は幕府と薩長とのあいだの私闘ではなく、薩長の論理が正統化された〈官〉と〈賊〉との戦闘であると性格づけられたのである」と評価する。大久保らが、嘉彰親王の征討大将軍就任と錦旗・節刀の下賜にこだわったのはまさしくこのためであり、この点では佐々木の見解に異論を差し挟む余地はなかろう(9)。

では、どこにベクトルを向けた薩長の論理の正当化なのであろうか。錦旗がもたらした効果は絶大であり、薩長軍の士気を鼓舞、旧幕府軍は意気阻喪、どっちつかずの日和見藩は新政府軍に引きつけられたとする佐々木の見解からすれば、薩長の兵士、旧幕府軍、日和見藩ということになるのであろうか。まず、この点を整理しておきたい。

開戦直後の新政府内では、嘉彰親王出陣をめぐって論議が交わされていた。議定伊達宗城（前宇和島藩主）は、「当今戦争之意者薩長両藩而巳、其他諸藩者其意無之、若唯薩長に御依頼被為在候而者　朝議一に薩長之旨趣に出候様ニ相成実歎息之至、何卒被為従諸藩之議論之上公平至当之御所置之様」と天皇へ言上し、薩摩・長州藩兵を率いての嘉彰親王出陣に否定的見解を呈した。同じく議定の山内容堂（前土佐藩主）、浅野茂勲（長勲、芸州藩主世子）もこれに続いた(10)。伊達らのほかに、松平慶永（春嶽、前越前藩主）や徳川慶勝（前尾張藩主）といったいわゆる公議政体派の議定は、内乱の不拡大を図ったが、すでに事態は収拾できないところまできていた。結局、慶喜の政権参入を企図する彼らの政治プランは崩れ去り、以後薩長に遅れをとることになる(11)。

述べるまでもなく、伊達らにとって鳥羽・伏見の戦いが薩長・旧幕府間の局地的な私闘のうちに終わるのと、天皇公認の「朝敵」征討になるのとではまったく異なる。薩長が、皇族である嘉彰親王と錦旗の引き出しに成功してその指揮下に収まることとは、形式上薩長の兵が「官軍」、慶喜が「朝敵」となったことに等しく、薩長に対する伊達らの政治的敗北を意味するのである。反対に大久保らは、なんとしてでも薩長の兵を「官軍」としなくてはならなかった。大久保が岩倉、三条に提示した三日作成の覚書にて、嘉彰親王が率いる部隊を「薩兵」ではなく「禁衛ノ兵」と表現していることは極めて恣意的であろう(12)。

伊達、山内、浅野が反対していたことで、当初嘉彰親王は「自分召連候ハ薩兵計にて安心モ不致、参謀諸侯異論有之儘にてハ公平ならぬ」と出陣に強い抵抗感を示した(13)。しかしながら、大久保の強い請願を受けた岩倉、三条は「聖断」の名のもとに反対勢力を押し切り、嘉彰親王出陣を一決した。これにより、嘉彰親王も再三にわたる出陣要請を拒みきれず、「不止得」承諾して宣旨を受け、同日征討府が発足した[14]。薩長のほかに、芸州藩兵三小隊が征討府発足時の部隊に加わるが、これは薩長の私闘という批難を逸らすための配慮だと推察できよう。以降、内乱不拡大を目論んでいた諸藩は、方針転換を迫られ、勤王の功績をあげることで薩長への挽回を図ることになる（第2部第4章参照）。大久保や西郷らにとって、嘉彰親王の征討大将軍着任および錦旗・節刀の下賜は、旧幕府軍や日和見藩に加えて、新政府内部の内乱不拡大派に対し武力倒幕の正当性を確かなものとするための手段でもあったのである。嘉彰親王出陣と錦旗・節刀の下賜は、「官軍」の創設という事実だけでなく、新政府内における薩長の主導権確立を象徴する出来事だといえる。

次に、錦旗がどのように運用されていったのかを具体的にみてみたい。

二　日月旗の運用にみる儀礼

戊辰内乱期に使用された錦旗は、靖国神社遊就館が所蔵するものや各大名家に伝わったものなどいくつか現存している。それらのデザインや寸法は一様ではないが、戊辰内乱で使用された錦旗とされる旗は大別すれば日月紋が刺繡された日月旗と菊花紋が刺繡された菊章旗の二種に類型化できる[15]。両者の間には運用上の相違点があり、機能面でも差異が認められる。正確にいえば、錦旗は日月旗に限られ、菊章旗は錦旗ではない。日月旗から詳細に検討してみよう。

日月紋と菊花紋は、ともに皇室の紋章として知られる。日月紋は、日（太陽）は天照大神、月は月読尊を表し、文武天皇在位の頃（六九七〜七〇七）から使用されたといわれる。現在でも、即位の礼などの皇室の重要な儀式の場面で用いられており、確認できる範囲で最も古い錦旗の登場は、承久三年（一二二一）の承久の乱で後鳥羽上皇が用いた日月旗だとされる[16]。

戊辰内乱で日月旗が下賜されたのは、管見の限りでは合計で四度であった。そのうちの一例は、正月四日に侍従鷲尾隆聚へ下賜された日月旗で、これはほかの三例に比して異色である。鷲尾は、前年十二月八日に勅命を受け、陸援隊士などを率いて高野山へ出張していた[17]。鷲尾隊については、次章で取りあげるので、ここでは日月旗に関わる部分だけにふれておく。

通常、日月旗は日像と月像が刺繡された旗各一旒、計二旒で一対をなす。鷲尾以外の三例はいずれもこの形態であった。ところが、鷲尾に下された日月旗は、金銀の日月紋が一旒の左右に刺繡されていた[18]。この日月旗は、鷲尾隊に参加していた陸援隊士香川敬三らの懇願により内々に与えられたものである。京都から高野山へ日月旗を輸送した同隊士大江卓（斎原治一郎）の回顧談によれば、第二次幕長戦争の際に朝廷で調製されたが、使用の機会なく保管されていたものだという[19]。鷲尾に授けられた日月旗は、運用面からみれば後述する菊章旗と変わりない上、日月旗特有の運用サイクルにみられる儀礼的要素はまったくなく、日月旗とあわせて下賜されるはずの節刀も存在しない。その特殊なデザインや大江の回顧談の信憑性、由来については検討の余地が残るが、鷲尾隊に下賜された日月旗は例外的なケースといってよかろう。

ほかの三例は、仁和寺宮嘉彰親王と有栖川宮熾仁親王が、それぞれ征討大将軍・会津征討越後口総督、東征大総督に就任した時のケースである。この三例は、すべて皇族へ錦旗が下賜（天皇から皇族へ物品を渡す場合、「下賜」という表現を使用しない場合もあるが、ここでは史料中にみられる表記に従った）された例であり、そこにおける日月旗の取扱方法には菊章旗の場合とは異なる共通点が見出せる。

共通するのは、下賜と返還に儀礼をともなうことである。正月四日の征討大将軍就任時に嘉彰親王は、天皇と対面の上、御所八景間で宣旨を受け、小御所で日月旗を、御学問所で節刀を受け取った[20]。同月二十八日に大坂から凱旋した際には、中国四国追討総督四条隆謌と同監軍五条為栄を引き連れ、戦勝報告と日月旗・節刀返還のため即日天皇に拝謁している。(21) 熾仁親王の場合には、二月九日に東征大総督に就任したのち、十五日の進発前に小御所にて出師表を献上して勅諭を受け、日月旗と節刀を受領した。(22) 熾仁親王は、東北平定後の明治元年（一八六八）十月二十八日に東征大総督の辞任を奏請し、これが許されると、翌月二日に東京城の小御所代にて日月旗・節刀を返上した。その折りには、天皇から直接宸翰・天盃・金品が授けられ、祝酒が振る舞われた。(23) 嘉彰親王の会津征討越後口総督着任時も、ほぼ同様の段取りを経ている。六月二十二日朝、天皇は小御所で嘉彰親王と対面し、日月旗・節刀を授与した。(24) 日月旗の返還は、熾仁親王の二日後の十一月四日に行われ、同七日には天皇が熾仁親王を東京城へ招き労をねぎらった。(25)

以上の三例に共通するのは、天皇に面会した上で小御所および小御所代にて日月旗の授受が実施されていることと、返還の際も天皇に拝謁すること、日月旗は節刀と組み合わせで下賜されていることである。小御所は、幕末期には政治空間としても利用されるようになるが、本来的には践祚の儀を執行したり、天皇が京都所司代や将軍の上使と対面したりする儀礼の空間であった。(26) ここで日月旗の下賜が行われたことは、おのずとその行為が儀礼的要素を有することを示すといえよう。日月旗の下賜が、宮中で儀礼性を帯びて執り行われたのは、天皇の名代たる親王の出陣、すなわち代理親征であることを示威するためのデモンストレーションであったことによる。(27) 前節でみたように、それは新政府の外側だけでなく内部の政治勢力に向けたものでもあった。

ところで、戊辰内乱期以外に作成された日月旗の存在が、明治初期に一例だけ確認出来る。それは、徳川家康が征夷大将軍に就任した際、後陽成天皇から「太政御委任」の証として贈られたとされるものである。この日月旗は、長らく日光東照宮にて保管されていたが、明治三年（一八七〇）三月に徳川宗家から皇室へ返還された。慶応三年十月十四日の大政奉還時に返還すべきはずが、「前後ノ紛擾ニテ奉還ノ機会」を逸して大幅に遅れてしまったという。返還は許可され、天覧の上、宮内省にて保管されることになった。(28) 明治三年時点で徳川宗家が自発的に日月旗の返還へと乗り出した一因は、内乱において日月旗が王権の表象として具現化したことにあると考えられよう。この一件からも、日月旗が単なる「官軍」の装飾品でなく、王権の一部を委任するという意味をもつ存在になっていたことが看取できる。

日月旗と合わせて節刀の下賜も、天皇からの軍事権委任を表した。節刀は、幕末段階でも内乱以前に登場している。初見は、文久三年（一八六三）四月の石清水八幡宮行幸の際に、攘夷実行の証として孝明天皇から当時将軍後見職にあった一橋慶喜へ下賜されようとした節刀である。つづいて、第二次幕長戦争時にも将軍徳川家茂の名代であった慶喜へ下賜されている。慶喜は、慶応二年（一八六六）八月八日、御学問所にて天皇から天盃と節刀を拝領した(29)。このように、節刀下賜の表す意味は、戊辰内乱開戦以前にすでに確立されていたといってよい。

では、なぜ節刀のほかに戊辰内乱では日月旗が必要とされたのであろうか。端的に述べれば、新政府軍、正確にいえば薩摩・長州両藩には既存の秩序を打ち破るため、より強力に自己の正当性を主張する媒体が要求されたためだと考えられる。新政府軍は、佐幕理念を勤王理念をもって打ち消さなくてはならない。それゆえ、節刀以外に天皇権威を可視化した日月旗が必然性をもって登場したのである。支配体制が動揺していたとはいえ、依然社会の異端分子を取り除く立場にあった幕長戦争時の幕府の立場と慶応四年初頭時点の新政府のそれとでは、この点でまったく性格を異にする。

三　識別標識としての菊章旗

日月旗と比較して菊章旗は、戊辰内乱期に数多く出現した。徳川慶喜征討令が出された翌日の慶応四年正月八日、御所建礼門には菊章旗が二旒掲揚され、近江水口藩兵がその守衛にあてられた。つづく九日、宜秋門（公家門、唐門）と建春門にも同じく二旒が掲げられた。宜秋門は宇和島藩兵が守衛し、建春門には水口藩兵が転置され、代わって建礼門守衛は新谷藩兵が担当した[30]。十一日には、芸州藩、備前藩、土佐藩へそれぞれ福山藩、備中松山藩、伊予松山・高松藩の征討と旧幕府領接収の勅令が下り、菊章旗が下賜されている[31]。

　これ以降、出征命令が出された諸藩には、個別に菊章旗が下賜されていたが、正月二十七日にそれとは異なる達が出される。すなわち、出征を命じられた諸藩へは、菊章旗を各一旒ずつ「於家々可相調」というものであった[32]。ここで注目すべきは、菊章旗は下賜ではなく、各大名家が自弁で賄う形態をとるとされたことである。この達が出されたのは、菊章旗の製作が物理的に間に合わなくなったためと推察されるが、各大名家からは不満が寄せられた。正月十七日に会津藩征討を命じられた仙台藩は、菊章旗の下賜を新政府へ請願したが、「朝廷ニテモ有合ナキ故、其藩ニテ作ルヘシ」と回答されている。これに対して「朝廷ヨリ下附サルレハコソ錦旗モ神聖ナレ」と仙台藩は反論し、代金は藩主伊達慶邦から上納しても構わないから天皇からの下賜という形式をとるように願い出た。この要望は認められ、二月十七日に仙台藩へ菊章旗二旒が下賜された[33]。こうした混乱を避けるため、新政府は正月二十七日の達を撤回せざるを得なくなり、二月九日に以後はすべて「朝廷ヨリ御旗御渡」とする旨を改めて達した[34]。

　仙台藩の一件から錦旗を受領する側にとっては、錦旗の存在そのものよりも、みずからの手元に渡るまでの段取り、つまり天皇からの下賜であることが重要な意義をもっていたと読み取れる。対して新政府は、日月旗とは違い、菊章旗ではそうした過程や儀礼を重んじていなかったように考えられる。右の例以外からもそれはうかがえる。

　正月八日、建礼門の守衛を命じられた水口藩は、「菊之金御紋有之錦御旗二本」を授けられた。この際、水口藩士で守衛隊長をつとめた岩谷屯は、御所仮建にて参与久我通久より菊章旗を手渡されている[35]。仮建は、幕末の政治的必要性に応じて設けられた空間で、「①臨時に諸大名が参内して公家と評議する場、②陪臣（藩士身分）

が公家の諮問に預かる場」であり[36]、ここから受領者の身分に比例した日月旗の場合との差異がうかがえる。また、戦線が拡大してゆくにつれて菊章旗の授受は御所で行われなくなり、前線の鎮撫総督府で済まされるようになっていった[37]。

諸道の鎮撫総督府に下賜された事例もみてみよう。正月二十日に北陸道鎮撫総督に任命された高倉永祜と副総督四条隆平は、錦旗の下賜を要請し、これを受けて京都から菊章旗一旒が同総督府へ輸送された。その際に内国事務総督松平慶永が二月二十一日付で両名に宛てた書簡は、「御旗至而御麁末故、御損シ相成候ハヽ、無御遠慮被仰越候様致度候」という内容であった[38]。つまり、菊章旗は唯一無二ではなく代替がきくものであり、日月旗のように同一の旗の返還までが運用のサイクルには含まれていなかったのである。ここから、菊章旗は、日月旗のような王権委任、代理親征を意味するのではなく、「官軍」と「賊」を分ける識別標識としての機能面が強かったといえる。

このような識別標識は、菊章旗のほかに兵士の服装、外見にも求められた。元は、諸藩の寄せ集めにすぎない武装集団を「官軍」に仕立てるためには、外見上の一体感が必要とされた。薩摩藩と長州藩は、正月二十五日に連名で次の意見書を提出している。

今般　朝憲御更新相成海外万国御交際之時ニ相成候ニ付、別而兵制厳整第一之儀ニ付、服章者兵隊精粗之係る所ニ御座候得者、殊更鮮明を貴ひ候儀申迄も無御座候、就而者　征討大府より急速御大号令を被為下、官軍戎服徽章御一定、外国より一目了然たる様被為成、各国兵隊者各其国之徽号を添え相分ち候様被仰出度、管見左ニ記奉申上候

一、官軍戎服惣而黒色を用候事

一、司令以上者左右之肩へ金モール之輪二筋宛入候事

一、士官中ハ一筋之事

但、一手総督以上者別ニ一徽号を添候事

一、兵士者其国々之徽章相用候事

但、御親兵被為在候節者、分別之為其宜ニ従而御制度可被為定候事

正月二十五日

薩州

長州[39]

「官軍」の外見上の統一には、諸外国に対して新政府の一体性を示す目的も内在していたことがわかる。右の建言書が作成された正月二十五日に、英・仏・米・蘭・伊・普の六か国は局外中立を表明し、新政府軍と旧幕府軍を対等な交戦団体と位置づけた。これは、新政府にとって有利に働いた側面もあったが、局外中立の撤廃は明治元年十二月二十七日に成し遂げられるまで新政府の最重要課題の一つであった[40]。外見上に一体性をもたせることで、新政府軍が統一された精強な権威ある軍隊であることを諸外国に対して誇示し、新政府が日本の正当な政権であることをアピールしようとしたのである。

建言書中にみられる徽章は、実際には錦地の肩章となって実現した。この肩章は「錦布（切・裂）」とよばれ、東北平定後に拝領を許されたため、現在も各地に残されている[41]。具体的には、菊章旗とともに二月十八日に東山道鎮撫総督府と東海道鎮撫総督府へ七〇〇〇枚ずつ、北陸道鎮撫総督府へは三五〇枚が下賜された[42]。東山道鎮撫総督府は、二十一日に七〇〇〇枚のうち三〇七六枚を配布している（表1）。この時点で菊章旗や菊花紋は、こうした肩章と同じく、あくまでも「官軍」を演出するための装飾品、記号の一つだったのではなかろうか。菊章旗は、東北平定後の十月十八日付達で軍務官へ返納するように諸藩へ伝達されていたが、回収率が悪かったため明治二年（一八六九）正月十八日に貸し下げられていた兵器とともに再度返納命令が出された[43]。逆説的にそのこ

表1　東山道先鋒総督肩章配布先

配布先	枚数	備　考
薩摩藩	409	
土佐藩	613	
大垣藩	570	
坪内嘉兵衛組	6	旧旗本
岡田監物人数	39	中村藩士
松平範次郎人数	6	高須藩主
山科郷士	12	
因幡藩	600	
彦根藩	550	
長州藩	210	
坪内槍太郎	1	旧旗本
市橋長和家来共	15	西大路藩主
御内士	26	
多田郷士	19	
合計	3076	

註：「東山道総督府日記」慶応4年2月21日条（東京大学史料編纂所蔵、4140・6—53）から作成。

とは、それまでは必ずしも返還が義務づけられておらず、下賜された側も返納を絶対的責任とは認識していなかったことを示す。

しかしながら、内乱で「官軍」が菊章旗を掲げ、錦絵・風刺絵の中などで天皇や「官軍」を表す記号として使用されたことで(44)、菊花紋は次第に皇室の紋章として政治的重要性を帯びるようになる。菊花紋は、商人が皇室との由緒強調のために商標で利用するなど、近世社会において流布していた。幕府は、特にこれを制限しなかったので、菊花紋は濫用されていたが、新政府は規制するようになる(45)。菊花紋が、内乱において「官軍」の識別標識として用いられ、使用統制が不可欠となったことがその要因であることは想像に難くない。

新政府は、慶応四年三月二十八日に私的な菊花紋使用を原則全面禁止した(46)。実際に、菊花紋やそれに類似する商標を用いていた商人は使用を差し止められていった(47)。以後、紋章統制は明治四年（一八七一）六月十七日の統制令にて、皇族以外の菊花紋使用が一切禁止されたことで一応の完成をみる。内乱における識別標識として登場した菊花紋は、近代国家においては官公庁の壁や軍艦、下賜品などに装飾され、王権を表象する代表的な記号となっていった。

四　「官軍」の演出

下賜された日月旗や菊章旗が衆目を集めるのは、進軍の場面である。それゆえ、新政府軍の行列は、「官軍」たるにふさわしい演出がなされた。

まず、仁和寺宮嘉彰親王進発時の行列をみてみよう。嘉彰親王は、御所にて日月旗・節刀を受領したのち、東寺へ向かった。征討府付の参謀に議定東久世通禧、参与烏丸光徳、錦旗奉行に参与四条隆謌、参与助役五条為栄、監軍に甲斐権介平松時厚、下参謀に薩摩藩士髙﨑正風、仁和寺宮家士矢守平好、学習院儒官中沼了三がそれぞれ任命された。東寺へは、合計で六〇〇名程度が行列をなして進軍する。長州藩兵は、この行列には加わらず、薩摩・芸州藩兵がこれに従った。錦旗奉行下役の薩摩藩士春山弥兵衛、同田中鼎助の記録[48]によれば、一行は御所西面中央に位置する宜秋門を起点に中立売門を出て、中立売通を左折、室町通を下って四条通へ入り、大宮通を南下、東寺へいたった。東寺に到着後、嘉彰親王は宝菩提院に本陣を据えることを決定し、令旨・軍令を全軍へ布告した[49]。

東寺までの行列の見取り図は、左の通りである。

芸州藩兵　参謀東久世通禧　参謀烏丸光徳　監軍平松時厚　征討大将軍嘉彰親王　節刀　錦旗奉行五条為栄　錦旗奉行四条隆謌　薩摩藩兵

行列の目撃者は、嘉彰親王一行を「勅使与奉存候」と認知している[50]。これは、見る側の一方的認識ではなく、見せる側の演出によって発生したイメージである。騎馬に乗った嘉彰親王は、「式正ノ御鎧ニ錦キノ直垂」を着用し、「金作リノ御太刀ホウキ鞘」を帯刀する。錦旗奉行の四条と五条は、騎乗で錦の直垂、烏帽子を身に着け、

表2　錦旗奉行・旗監一覧

氏名	所属	職名	期間(慶応4年)	後職(11月4日までの軍事関係の役職)	備考
四条隆謌	征討府	錦旗奉行	正月4日~同月13日	征討府参謀兼中国四国鎮撫追討総督	
五条為栄	征討府	錦旗奉行	正月4日~同月13日	中国四国鎮撫追討総督府監軍	
壬生基修	征討府	錦旗奉行	正月13日~同月28日	軍防事務局親兵掛	正月28日、征討府解体
穂波経度	東征大総督府	錦旗奉行	2月9日~5月19日	大総督府参謀	兼参謀加勢(2月9日~5月19日)
河鰭実文	東征大総督府	錦旗奉行	2月9日~8月2日	不明	兼参謀加勢(5月19日~11月4日ヵ)
万里小路通房	東征大総督府	錦旗奉行加勢	7月10日~7月29日	旗監	
吉村長兵衛	東征大総督府	錦旗奉行加勢	7月29日~?	不明	津藩士、兼下参謀(5月19日~11月4日ヵ)
万里小路通房	東征大総督府	旗監	8月2日~11月4日	――	兼参謀(8月9日~11月4日)

註:『百官履歴』一・二(覆刻版、東京大学出版会、一九七三年)、『大日本維新史料稿本』(丸善マイクロフィルム版)、『復古記』一~八(覆刻版、東京大学出版会、二〇〇七年)から作成。

騎馬先には日月旗が押し立てられていた。烏丸ら「御附之面々」はいずれも甲冑、直垂などにて供奉し、薩摩・芸州藩兵は、洋式銃を装備して前後の守衛にあたった。また、矢守平好が節刀を掲げ、高﨑正風が嘉彰親王の兜の棒持者となった[51]。さらに、錦旗奉行(のち旗監と改称)が配されているのは、征討府、東征大総督府の日月旗の特色である。日月旗を守衛する公家は、「官軍」の「神聖」性をより一層強調した(表2)。

次に、東征大総督の場合を検討してみたい。「有栖川宮東征紀略」[52]に依拠すれば、有栖川宮熾仁親王は、二月十五日辰の上刻、日光宮里坊から御所へ向かった。熾仁親王は、御所へ向かう際、自身は乗馬して家臣や医師など合計七三名を引き連れた行列を組んだ。日光宮里坊から御所まではわずかな距離であるが、この時点からすでに「官軍」の演出は開始していたといえる。清和院門を通り宜秋門へ回った熾仁親王は、ここで下馬して昇殿した。

日月旗・節刀を下賜された熾仁親王は、日月旗を錦旗奉行へ手渡し、自前の刀を外して節刀を佩刀した。降殿した熾仁親王をはじめ錦旗奉行などは、宜秋門で乗馬し、一行は堺町門から堺町通りへ出て南下、三条通りを東に折れて蹴上方面へ向かい、同日申の刻に大津宿へ到着している。この時の行列は、左のようなものであった。

斥候銃隊（筑前藩兵）　先頭銃隊（筑前藩兵）　日月旗二旒（持手六名、助勢力士）

錦旗守衛銃隊（津和野藩兵）　錦旗奉行河鰭実文　同　穂波経度　東征大総督有栖川宮熾仁親王

参謀正親町正董　同西四辻公業　筆官四名・同付属二名　下参謀林玖十郎

合図方　御用物両掛長持四棹　竹長持之類　遊兵　殿銃隊（筑前藩兵）

宮御内初諸藩共駕ニテ参候向駕一行　小荷駄運送　兵糧方　会計方

正確な人数は判明しないが、筑前藩兵だけで五〇〇名が供奉していたことは確認できる。嘉彰親王の場合と同じく、日月旗とそれを守護する錦旗奉行や兵士および親王、参謀の公家が行列の中核をなしていたことが見取り図から読み取れよう。

こうした演出は、出征時だけではなく、各街道の進軍にあたっても行われた。駿州掛川にて東海道鎮撫総督を目撃した佐倉藩士依田七郎は、初めて見た「官軍」の特徴を日記に記している。天龍川を渡る時に東海道先鋒総督兼鎮撫使（二月六日に東海道鎮撫総督から改称）橋本実梁一行の行列を目撃した依田は、「両鎮撫使柳原（前光、副総督）、橋本二公、騎馬にして錦の直垂を着し、白地に菊の御紋を黒く附たる旗二流を持せて歩行せらる」と書き留めた。また、吉田駅の東征大総督の本陣についても「本陣に紫に菊紋付たる幕を引き、錦旗四流、菊の御紋附る旗四流を立てられたり」とその様子を記した(53)。菊章旗や菊花紋も、見る側に「官軍」を印象づける要素であったことがわかる。日月旗は王権委任と代理親征を、菊章旗・菊花紋は「官軍」の識別標識としての役割を仮託され、それぞれ使い分けられたが、外からの視線に対して天皇の軍隊であることを明らかにする上では双方とも同じ機能をもっていたといえる。

小括

本章では、錦旗の運用を具体的に分析することで、内乱における天皇権威の演出方法を考察してきた。

鳥羽・伏見の戦いを引き起こした薩摩・長州、とりわけ大久保利通や西郷隆盛らは鳥羽・伏見で起きた局地的戦闘を私闘に終わらせることなく、全国規模の「官」が「賊」を征伐する〝聖戦〟に仕立て上げなくてはならなかった。そのため、旧幕府軍、日和見諸藩と薩長の兵だけでなく、新政府内部の政治勢力の視線すらも意識して、天皇権威を身にまとう「官軍」は創設されたのである。そこで、「官軍」の視覚化にあたって王権の表象とされたのが錦旗であった。

一般的に錦旗とされるのものは、日月旗・菊章旗の二種類に大別され、その運用面にみられる儀式性の有無や取り扱い方法からそれぞれ異なる意味を有することを指摘した。厳密に定義すれば、錦旗は日月旗に限られ菊章旗は錦旗ではない。

日月旗は、天皇の代理親征、王権委任を表すものであった。日月旗は、鷲尾隆聚のケースを例外とすれば、必ず天皇に対面した上で下賜され、返還の際にも謁見をともなった。加えて、日月旗を下賜されたのは皇族だけで、進軍・凱旋の起点・終点は皇居（御所、東京城）であった。こうしたことをあわせて考えると、日月旗は天皇の身体の一部を表す媒体であると見なすことができる。日月旗を運用する側は、日月旗＝天皇の身体の一部が東征へと向かうことに、天皇親征のイメージを託したのである。こののち、日月旗は天皇の東幸時にも用いられ、江戸着輦時には有栖川宮熾仁親王がこれを守衛して行列を先導した(54)。

一方で、菊章旗は「官」と「賊」の識別標識としての側面が強かった。菊章旗は代替可能であり、当初は肩章などと同程度の意味をもつもので、「官軍」の一体性を表現するための装置の一つであった。しかしながら、内乱で「官軍」の証として菊章旗が用いられたことで、菊花紋は次第に政治的色彩が濃くなってゆく。それにともなって、一般に流布していた菊花紋が規制の対象となる。以降、近代社会における王権の表象として、菊花紋はその役割を確立していった。

天皇権威が衆目に晒される行軍の場では、「官軍」の行列は勅使・天皇の正規軍と判別するに十分な視覚的装飾があしらわれていた。それは、単なる兵士の行軍ではなく、示威的行進（パレード）と性格づけした方がふさわしい。もちろん、こうした行列は自軍の正当性を担保する天皇権威の可視化を目論んで形成されたものである。錦旗・服装・皇族・公家は、そうした空間を形成するのに欠かせない舞台装置であり、錦旗はその中でも行列の中核をなし、代表的な王権の表象とされたのである。この点に限っては、菊章旗と日月旗は類似する役割を果たした。

新政府は、「官軍」を視覚的に一目瞭然とすることで、諸侯やさまざまな身分で構成される社会集団、さらには旧幕臣たちにさえ政権選択を迫っていった。言い換えれば、「官軍」へ帰順・協力すれば勤王であり、抗すれば「朝敵」という回避不可能な二者択一の明白な構図を視覚的に創りあげたといえよう。王権の代表的な表象となった錦旗は、その触媒となったのである。実際に、征討を命じる達には、「錦旗ニ砲発シ大逆無道」＝「朝敵」

と文言としても表出する(55)。錦旗に銃を向けることと天皇に弓引くことを同一化する理論であり、この理論の中では錦旗は天皇の身体と変わらない。つまり、錦旗・「官軍」と対峙した人びとは、実質的には天皇への対応を求められたことになる。それにより、人びとは勤王もしくは佐幕の態度決定を行うが、時に彼らは両者のあいだの逃げ場のないジレンマへと追い込まれていった。

（1）淺川道夫「維新の戦乱と錦の御旗」（『歴史と地理』五八二、二〇〇五年）、保谷徹『戊辰戦争』（吉川弘文館、二〇〇七年）一四一〜一四四頁。

（2）山本幸司ほか編『岩波講座王と王権を考える第一〇巻　王を巡る視線』（岩波書店、二〇〇二年）の山本幸司「序論」。日本近代国家における王権の表象をめぐっては、行幸、肖像などに着目した研究が進展してきた。T・フジタニ著・米山リサ訳『天皇のページェント――近代日本の歴史民族誌から――』（日本放送出版協会、一九九四年）、多木浩二『天皇の肖像』（岩波書店、一九八八年）、原武史『可視化された帝国――近代日本の行幸啓――』（みすず書房、二〇〇一年）、佐々木克『幕末の天皇・明治の天皇』（講談社、二〇〇五年）ほか。

（3）近世段階における将軍権威の表象については、西光三「近世大名家における葵御紋使用統制令の受容と展開――「御威光」の統制から藩主権威の形成へ――」（『立正史学』九六、二〇〇四年）、同「表象する権威――近世社会における「御威光」の統制と再生産に関する一試論――」（竹内誠編『徳川幕府と巨大都市江戸』東京堂出版、二〇〇三年）などが参考となる。

（4）所功「〝錦旗〟の来歴・再検証」（『京都産業大学日本文化研究所』四、一九九八年）。

（5）ほかに、前掲、註(1)淺川「維新の戦乱と錦の御旗」がある。

（6）従来の説は、大部分を多田好問編『岩倉公実記』上（覆刻版、書肆沢井、一九九五年）の記述に依拠しているが、錦旗の由来について、現状で知られている一次史料から確かな史実を得ることは困難である。今後、新史料の発掘が期待される。

（7）『大久保利通日記』一、慶応四年正月三日条（覆刻版、東京大学出版会、一九八三年）。
（8）慶応四年正月三日「大久保利通宛西郷隆盛書簡」（『大久保利通文書』二、覆刻版、東京大学出版会、一九八三年、一五〇・一五一頁）。
（9）佐々木克『戊辰戦争——敗者の明治維新——』（中央公論社、一九七七年）二六・二七頁。
（10）「御出陣中左右日記」慶応四年正月四日条（「東伏見宮家記」〈東京大学史料編纂所蔵、四一七五—一二二五〉所収）。
（11）原口清『戊辰戦争』（塙書房、一九六三年）六二頁、原口清著作集編集委員会編『原口清著作集三　戊辰戦争論の展開』（岩田書院、二〇〇八年）所収。
（12）慶応四年正月三日「岩倉具視・三条実美宛大久保利通意見書」（『大久保利通文書』二、一五八・一五九頁）。
（13）『伊達宗城在京日記』慶応四年正月四日条（覆刻版、東京大学出版会、一九七二年）。
（14）「御出陣中左右日記」慶応四年正月四日条。
（15）錦旗のデザインは、明治二十三年「戊辰所用錦旗及軍旗真図」（「公文附属の図」二九四号、国立公文書館蔵）、大正七年「錦旗調製一件幷調査書」（東京大学史料編纂所蔵、維新史料引継本—Ⅱい—五六）などの記録から、所功が細部にわたり再現しているので参照されたい。前掲、註（4）所「〝錦旗〟の来歴・再検証」。
（16）沼田頼輔『日本紋章学』（明治書院、一九二八年）、佐野恵作『皇室の御紋章』（三省堂、一九三三年）。
（17）平尾道雄『改版　中岡慎太郎陸援隊始末記』（中央公論新社、二〇一〇年）、亀尾美香「慶応三年の高野山出張に関する一考察——岩倉具視周辺の浪士を中心に——」（『中央史学』二七、二〇〇四年）。
（18）「高野山出張概略」慶応四年正月五日条（岩倉具視関係文書〈川崎本〉、国立国会図書館憲政資料室蔵、創泉堂出版マイクロフィルム版）。
（19）「大江卓君高野山挙兵実歴談附五四節」（『史談会速記録』二二五、一九一一年）。幕長戦争時に、幕府が錦旗を用いた事実は確認できない。
（20）「御出陣中左右日記」慶応四年正月四日条。
（21）「御出陣中左右日記」慶応四年正月二十八日条。明治八年「五条為栄事蹟」（東京大学史料編纂所蔵、四一四四—二〇一）。

(22) 「有栖川宮家記」慶応四年二月十日条(東京大学史料編纂所蔵、四一七五―一二一九)、「有栖川宮東征紀略」慶応四年二月十五日条(同上、四一四〇・六―五七)。
(23) 『熾仁親王日記』一、明治元年十一月二日条(覆刻版、東京大学出版会、一九七六年)。
(24) 「東伏見宮家記」慶応四年六月二十二日条(東京大学史料編纂所蔵、四一七五―一二二五)、『太政官日誌』一、慶応四年六月二十二日条(東京堂出版、一九八〇年)。『嵯峨実愛日記』二(覆刻版、東京大学出版会、一九八八年)や『総督宮北征日誌』(東京大学史料編纂所蔵、一〇六七―一三九)は、天皇が嘉彰親王と接見した場所を御学問所と記載しているが、ここでは右の史料と先例を参考として小御所と推定した。
(25) 「東伏見宮家記」明治元年十一月四・七日条。
(26) 久住真也「幕末期武家参内に関する空間的考察――諸大夫の間と仮建を中心に――」(『中央史学』三三、二〇一〇年)。
(27) 「輒誌(柳原前光日記)」慶応四年正月四日条(東京大学史料編纂所蔵、四一七三―一四一)には、日月旗・節刀の下賜をもって「為　主上御名代」と明記されている。
(28) 「公文録」明治二年・第二百二十巻・己巳六月~辛未七月・静岡藩伺(国立公文書館蔵、本館二A―九―〇〇・公二九一一〇〇)、宮内庁編『明治天皇紀』二、明治三年三月二十九日条(吉川弘文館、一九六九年)。
(29) 『嵯峨実愛日記』一、慶応二年八月八日条(覆刻版、東京大学出版会、一九八八年)。この節刀は、返還されないままに終わっていた。これが、慶応四年時点で問題化する。正月二十八日に京都へ凱旋した嘉彰親王は、日月旗の返還に関しては異論なかったが、当初「慶喜も節刀其儘故不及御返上」ことを根拠に、節刀の返上に難色を示した。「慶喜の例を以て征討将軍ニ准する如何之所意候哉」との批判を受けて、嘉彰親王はしぶしぶ返上に応じている(慶応四年正月四日「三条実美宛東久世通禧書簡」〈『大日本維新史料稿本』慶応四年正月四日条、丸善マイクロフィルム版〉)。嘉彰親王がこうした挙動に出た背景には、征討府解体に対する不満があったと考えられる(下山三郎『近代天皇制研究序説』岩波書店、一九七六年、五〇・五一頁)。なお、会津征討越後口総督解任時には、節刀は返上されなかった(「東伏見宮家記」明治元年十一月条)。この点については、別途検討を要する。
(30) 『復古記』一、慶応四年正月八日条(覆刻版、東京大学出版会、二〇〇七年)。
(31) 『復古記』一、慶応四年正月十一日条。

(32)『法令全書』明治元年、第五七。
(33) 藤田相之助『仙台戊辰史』(覆刻版、柏書房、一九六八年)、二五九・二六〇頁。
(34)『法令全書』明治元年、第八七。
(35)「加藤明実家記」慶応四年正月八日条(東京大学史料編纂所蔵、四一七五―九七八)。
(36) 前掲、註(26)久住「幕末期武家参内に関する空間的考察」。
(37) たとえば、閏四月六日に、奥羽鎮撫総督から秋田藩へ下賜された例がある。「秋田藩士岡忠昌日記」慶応四年閏四月六日条(『大日本維新史料稿本』慶応四年閏四月六日条)。
(38) 慶応四年二月二十一日「高倉永祐・四条隆平宛松平慶永書簡」(『北陸道先鋒記』七、東京大学史料編纂所蔵、四一四〇・六―七三)。
(39) 慶応四年正月二十五日「薩摩・長州建言書」(『大日本維新史料稿本』慶応四年正月二十五日条)。
(40) 石井孝『増訂　明治維新の国際的環境』(吉川弘文館、一九六六年)。
(41) 淺川道夫「戊辰戦争における「官軍」の肩印――錦裂と御印鑑――」(『風俗史学』一九、二〇〇二年)。諸藩の肩印は、同「明治維新期における諸藩兵の合印について」(『民俗と風俗』一七、二〇〇七年)を、東征軍の軍服は、太田臨一郎『日本近代軍服史』(雄山閣出版、一九七二年)をそれぞれ参照のこと。
(42)「輒誌」慶応四年二月二十六日条、「東山道総督府日記」慶応四年二月二十日条(東京大学史料編纂所蔵、四一四〇・六―五三)、「北征紀事」慶応四年年二月二十一日条(同上、四一四〇・六―五一)。
(43)『法令全書』明治元年、第八五一、同明治二年、第五七。東京大学史料編纂所編『維新史料綱要』九(覆刻版、東京大学出版会、一九六六年)をみると、徳島藩が菊章旗を返納した事例などを発見できるが、土佐藩に下賜された菊章旗などは山内家に伝来しており、不完全な回収であったことがうかがえる。
(44) 奈倉哲三編『絵解き　幕末風刺画と天皇』(柏書房、二〇〇七年)にて錦絵や風刺画にみられる天皇の記号について詳しく考察されている。
(45) 前掲、註(16)佐野『皇室の御紋章』。
(46)『法令全書』明治元年、第一九五。

(47)　一例をあげれば、明治元年十一月四日に伊勢山田の佐伯陸奥大掾が菊花紋の使用を差し止められている（「太政類典」第一編・慶応三年~明治四年・第四十七巻・儀制・徽章、国立公文書館蔵、本館二A—九—〇〇・太四七一〇〇）。
(48)　「春山弥兵衛・田中鼎助日記」慶応四年正月四日条（「慶明雑録」二五冊、国立公文書館蔵、一五一—〇〇二八）。
(49)　東寺に明け渡し命令があったのは、直前の四日未の刻であり、僧たちは急な対応を迫られた。そのため、兵士の出入りや配置などで混乱をきたす場面もあったが、概ね新政府軍側の要求通りに落ち着いた。「東寺日記」慶応四年正月四・五日条（『大日本維新史料稿本』慶応四年正月四日条）。
(50)　慶応四年正月四日「京都探索報告書」（著者蔵）。藩名は不明だが、同文書は内容から在京藩士が本藩に宛てた情勢報告書であることがわかる。
(51)　「春山弥兵衛・田中鼎助日記」慶応四年正月四日条。「髙﨑正風手記」慶応四年正月四日条（「慶明雑録」二五冊）。
(52)　「有栖川宮東征紀略」慶応四年二月十五日条。
(53)　『学海日録』二、慶応四年二月二十五・二十六日条（岩波書店、一九九〇年）。
(54)　仲村研・宇佐美英機編『征東日誌——丹波山国農兵隊日誌——』明治元年十月十三日条（国書刊行会、一九八〇年）。山国隊については、仲村研『山国隊』（学生社、一九六八年）、同『山国隊』（中央公論社、一九九四年）、坂田聡・吉岡拓『民衆と天皇』（高志書院、二〇一四年）ほか参照。
(55)　『法令全書』明治元年、第三九。

第2章　公家の位置——鷲尾隆聚を中心に——

はじめに

戊辰内乱では武家ばかりでなく、宮廷勢力である皇族・公家が新政府軍の指揮官や参謀および草莽隊の盟主として出陣した。慶応四年（一八六八）正月中には、征討大将軍仁和寺宮嘉彰親王（四日）、山陰道鎮撫総督西園寺公望（四日）、東海道鎮撫総督橋本実梁（五日）、東山道鎮撫総督岩倉具定（九日）、北陸道鎮撫総督高倉永祜（九日）、中国四国追討総督四条隆謌（十三日）、九州鎮撫総督沢宣嘉（二十五日）が次々と任命され、戦線へと赴いていった。また、侍従鷲尾隆聚、前左近衛中将花山院家理、侍従滋野井公寿、前侍従綾小路俊実や左兵衛権介高松実村は、草莽隊の盟主となり、京都を離れてみずからの意志で戦場へと飛び出してゆこうとする。これだけ多くの皇族や公家が、軍事的使命を帯びて洛外へ出るのは、前代未聞のことであった。

新政府が皇族や公家を登用したのは、彼らが「天皇のもっとも身近に位置」する、「王政復古の象徴的存在」であったためである(1)。前章でもふれたように、戊辰内乱期において皇族や公家は、勤王理念を視覚化し、「官軍」の正当性を誇示するために錦旗とあわせて不可欠な存在であった。しかしながら、岩倉具視や三条実美といった維新変革を主導することになる一部の人物を除いて、内乱期における公家の行動に研究者はほとんど関心を向けてこなかった。

その理由は、諸道鎮撫総督の場合、薩摩・長州・土佐藩士を中心とした参謀（下参謀）たちが実質的には指揮権を握っており、皇族・公家は征討・鎮撫組織のみこしにすぎないと考えられてきたからであろう。草莽隊の事例でも同様に、公家の存在は軽視されてきた(2)。実際にそうした面は否定できるものではなく、軍事の知識・経験をもたない公家は時に現場の参謀や浪士たちを混乱させることもあった。だが、指揮官や盟主の立場にあった皇族・公家のすべてが、まったくの〝お飾り〟であることに甘んじていたわけではない。また、軍事的な能力ではない部分で新政府の首脳が彼らに期待するところもあった。「官軍」の先頭に立った宮廷勢力の個性や、内乱において彼らに委ねられた具体的役割を考究することは、「官軍」の正当性が浸透してゆく過程を考える上で重要な作業である。そこで、本章ではこの点について一人の公家を中心に分析を進めたい。ここで取りあげるのは、鷲尾隆聚である。

鷲尾隆聚は、天保十三年（一八四二）十二月二十五日に鷲尾隆賢の次男として生まれた。鷲尾家は、山城国に一八〇石を領し、羽林家（旧家）の家格で正二位・権大納言を極位極官とする中級から下級の公家であった。鷲尾は、嘉永三年（一八五〇）九月二十八日に元服して昇殿を許され、文久二年（一八六二）十二月七日に侍従となる。王政復古の政変が起きる前日の慶応三年（一八六七）十二月八日には、勅命を受けて香川敬三ら陸援隊士を中心とする浪士たちや十津川郷士を率い、高野山に拠った。高野山で内乱発生を迎えると改めて勅令を受け、当時前将軍徳川慶喜が拠点としていた大坂城へ向けて進攻している。以後、慶応四年・明治元年中には、参与、軍防事務局親兵掛、奥羽追討総督、東征大総督府参謀、奥羽征討白河口総督を歴任した。明治期には、兵部大丞、五条県知事、若松県令、愛知県令、元老院議官などをつとめている(3)。明治十年（一八七七）の西南戦争では、土佐藩出身の不平士族らと結び付いて西郷隆盛へ同調する動きを見せるなど、明治政府に対する不満を発露した場面もみられる(4)。慶応四年時の鷲尾は、数え年で二七歳を迎える青年であった。

鷲尾の高野山出張の足取りは、『岩倉公実記』[5]や富田幸次郎『田中青山伯』[6]によって古くから知られていた。その後、平尾道雄『陸援隊始末記』[7]や亀尾美香「慶応三年の高野山出張に関する一考察」[8]で歴史学の俎上にのせられ、鷲尾隊の動きはほぼ明らかとなっている。しかしながら、課題設定上当然のことであるとはいえ、いずれも高野山出張に限定した論述に留まり、鷲尾が戊辰内乱期の政局に登場してきた背景や鷲尾の個性については等閑に付されてきたといってよい状況にある。

本章では、高野山出張以前の鷲尾隆聚の動静にも着目し、内乱に鷲尾が登場した背景を考察する。また、公家に期待された具体的役割もあわせて検証し、戊辰内乱における公家の位置づけを明らかにしたい。

一　政治意識の発露と政局への登場

鷲尾隆聚は、慶応三年の政局の中で朝廷を揺るがした二度の事件の渦中にいた。四月に起きた議奏・武家伝奏の辞職一件と八月に発覚した倒幕挙兵計画である。この二つの事件について分析した先行研究は管見の限り見当たらない。まず、両事件から高野山出張以前の鷲尾の動向を検討する。

(1)　慶応三年四月議奏・武家伝奏辞任一件

鷲尾が政局に登場するのは、確認できる限りでは当該事件が初見である。この頃の京都政局では、国内への告知期限が六月に迫っていた兵庫開港問題が過熱し、五月には薩摩藩の島津久光、前土佐藩主山内容堂、前越前藩主松平慶永、前宇和島藩主伊達宗城による四侯会議の開催が控えていた。結果的に四侯会議は決裂して、五月二十四日に将軍徳川慶喜は兵庫開港の勅許を獲得するが、この段階では慶喜に対して朝廷内の攘夷論者が強い不満を募らせていた。

事件は、四月十七日に発生した。議奏三名（広橋胤保、久世通凞、六条有容）と武家伝奏野宮定功が突如辞表を提出したのである。四名の辞意表明は自発的なものではなく、摂政二条斉敬からの勧告を受けたことによる。野宮の備忘録には、「内実有志藩々申立切迫子細有之、何時可及暴発哉形成ニ付、無拠本文（辞任勧告）之通被命候」[9]と、二条がやむを得ず辞任を勧告した経緯が端的に記されている。史料によって若干異なる部分もあるが、幕府や朝廷の事後調査に依拠して事件のおおよその経過をまとめれば次のようになる。

十六日の夜、左近衛権少将正親町公董は、鷲尾邸へ向かっていた途次で短銃を持った浪士四名に遭遇し、鷲尾邸まで同道するよう求められたという。鷲尾邸に着くと浪士は、両名に武家伝奏と議奏三名の退任を強く迫った。鷲尾らは、左近衛少将滋野井実在・侍従公寿父子と議奏柳原前光へすぐさまこれを知らせ、その日のうちに国事掛近衛忠房（内大臣）に内談した。近衛に告げられたのは、野宮らを「至急に退職させられすハ、（浪士たちが）由々敷変事をも起すへし」という鷲尾らの状況認識であった。浪士たちは、「今度幕府ニ於て、英人に京師接近の道路を通行せしめられしハ実に皇国汚辱なるを、議伝奏諸卿の内広橋殿以下其するに任せて聞置かれしハ職掌を尽くされさるなり」と主張し、要求が通らなければ野宮らに直接折衝するといって鷲尾らを恐喝したとされる[10]。英人とは、英公使パークス一行を指す。パークスは、冬季に凍結する新潟の代替港候補地として、敦賀・七尾へ大坂から視察に向かう予定であった。これにともなって、英人六・七人が伏見街道を通行する旨が、十五日に京都所司代松平定敬（桑名藩主）から朝廷へ通知されている[11]。

近衛は、同じく国事掛の九条道孝（大納言）と一条実良（同上）とともに二条邸へ出向き、善後処置を協議した。その結論が、辞任勧告となったのである。事件後鷲尾は、浪士とは土佐藩と備前藩の脱藩浪士各二名だと前中納言八条隆祐へ説明しているが、浪士の氏名は明らかでないとするなど供述内容の信憑性には疑問が残る[12]。つづいて、鷲尾らの供述を鑑みた朝廷は、十七日に薩摩・因幡・備前三藩へ京都警衛の命令を達した。この達は、鷲尾らの供述だけが背景なのではなく幕府が六・七人と伝えた英人の人数は誤りで実は一七人ほどにおよび、余剰の英人が洛中に「潜伏」している可能性がある、との風聞を根拠に出されている[13]。

幕府は、こうした朝廷の動揺を傍観しているわけにはいかず、事態の沈静化に乗り出す。十八日、慶喜は老中板倉勝静と松平慶永をともなって二条邸へ出向いた。二条邸には、一条・九条・議奏葉室長順が集まり、議論が交わされた。会議は長引き、慶喜が二条邸を退いたのは翌十九日の四ツ半時（午前十一時）頃であった。慶喜は、論点を「潜伏異人之御達」に絞り、「其証見度」と強行な態度で責任を追及した。つまり、真偽のほどもわからない浪士の口述をもとに、京都警衛を薩・因・備三藩へ達した点を責めたのである。九条らも抗弁したが、慶喜の弁舌が勝り、異人潜伏の風聞を真に受けて「軽挙」の行動に出たとされる朝廷関係者を処分することになった。十九日、二条は辞表を提出し（二十七日に却下）、「軽挙之儀有之候」ため近衛・一条・九条は国事掛を、柳原は議奏を罷免。鷲尾・正親町および滋野井父子は謹慎処分となった。また、野宮の代わりに武家伝奏には日野資宗が任命された[14]。幕府は、この事件の黒幕には小松帯刀ら薩摩藩士がいると推測していたが、結局確たる証拠はつかめなかった[15]。

さて、この一件が発生したきっかけ、つまり鷲尾と正親町が浪士に脅かされたという経緯は、鷲尾・正親町・滋野井父子の供述だけを材料に各史料に記載されており、事実かどうか非常に疑わしい。彼らの供述は、ただ浪士の脅威を説くのみで具体性を欠き、自己弁護に終始している。結論からいえば、この一件は、鷲尾ら攘夷論者の公家による策謀だといえる。十七日に正親町邸を訪問した土佐藩の浪士で七月に陸援隊を立ち上げる中岡慎太郎は、十六日の朝から鷲尾・正親町・滋野井が正親町邸で「四卿御免役ノ事」について会合していたと日記に記している。十六日夜に発生した事件の計画を練っていたことは明らかである。中岡ら浪士がこの計画に関与していたという証拠はこれ以上は見出せないが、浪士が鷲尾らを脅迫したとは到底考えられない[16]。むしろ、協力関係にあったと考える方が自然である。

十五日に所司代から伝達があった英人の伏見街道通行に関して、朝廷では二条のもとへ「誠ニ可悪、於幕且摂政ニモ為国家失彼信事故、可打取幕へ御返答有之度」との意見が多数寄せられた[17]。二条は対処に困って当惑したが、当初朝廷は幕府に対して拒否の意思を示さなかった。結果、兵庫開港問題をめぐって攘夷熱が再燃する中、英人通行を幕府に認めさせてしまった「失策」の責任追及の矛先は、「親幕派」と目されていた武家伝奏と議奏の四名へ向けられる。この事件の根底には、「兵庫開港一条御含ニ相成」ところが存在するのであって[18]、攘夷論者の公家にとって英人通行一件は「親幕派」排斥のための良い口実となったのである。浪士が述べたとされる野宮らを譴責する主張は、鷲尾ら攘夷論者の意見そのものであったといえよう。事件の処置についても、事の起こりは幕府が朝廷を「軽蔑」した態度をとったことにあると見なし、朝廷側だけ処分されたのでは「片手打」であると攘夷論を支持する公家からは不平が続出した[19]。さらには、「大樹の非を咎め候者」、すなわち兵庫開港に反対する公家が、幕府の意志によって退かされたのでは「朝憲も難立」との朝幕間のパワーバランスにまで論議が発展した[20]。

こうした議論を経て、近衛・一条・九条・柳原は、二十二日に復職を果たす。反対に、幕府の奏請があったにもかかわらず、先に辞任を迫られた野宮らの復職は実現しなかった[21]。鷲尾ら事件の中核にいた四名の謹慎は解かれなかったものの、結果的に十九日の処分は有名無実となり、攘夷論者の公家たちは目的を達成したことになる。以上のような朝廷の趨勢と、鷲尾らによる供述の信憑性の低さと中岡の日記の記述などを勘案すると、浪士に脅迫されて云々のくだりは野宮らを退任へと追い込むために創作されたフィクションである可能性が高い。同時期の朝廷内でも、「外国夷人刺客云々」は薩摩藩と結託した「滋野井、鷲尾、正親町息等之謀」であるとの見方が強かった[22]。また、鷲尾らに同調的であった前権大納言中山忠能は、十六日の夜に鷲尾らは積極的に国事掛へ「拝面篤ト再三申入」れたと日記に記している[23]。
この事件に関与した公家の人的範囲や、薩摩藩による背後工作の有無など検討すべき課題は残る[24]が、本論で重要となるのはこうした朝廷上層部の人事を動かすまでの一大事件に鷲尾や正親町、滋野井といったのちに戊辰内乱で戦場へ飛び出してゆく中下級の公家が、主体的にかかわっていることである。八月の事件では、その主体性がより鮮明に浮かび上がってくる。

（2）慶応三年八月倒幕挙兵計画

謹慎処分を受けた鷲尾隆聚邸には、浪士や西本願寺の家臣が頻繁に出入りするようになる。同時期に、鷲尾は自身の家臣を通じて西本願寺へ六万両の借り入れを申し入れていた[25]。二〇世宗主広如をはじめとする西本願寺勢は、攘夷熱が高まっていた文久二年（一八六二）七月に「報国勤王之忠節」を朝廷へ上申するなど攘夷運動を支持していた。また、西本願寺は元治元年（一八六四）に亀山天皇陵の修復を行ったり、同年八月二十日の禁門の変では幕府軍に追われた長州藩士を境内に匿ったりしている。翌年三月に新撰組が屯所を壬生から西本願寺内へ移したのは、そうした反幕的な姿勢を牽制するためであったという[26]。

鷲尾周辺の状況を憂慮した朝廷は、慶応三年（一八六七）八月十二日に九条道孝から西本願寺へ宛てて、「鷲尾家者謹中之儀ニ付、多人数出入致候而者不宜、万一不都合之筋ニ而も出来候時者尚又不相済」との警告状を送った。鷲尾の不穏な動きは幕府方も察知しており、六日後の十八日に山崎烝が率いる新撰組が鷲尾邸に踏み込んで、西本願寺家臣の樋口多蔵、早瀬内匠、井口重太郎（自主）を捕らえた[27]。新撰組は、早い段階から鷲尾の内偵を進めていたようで、髪結渡世和泉屋伝吉[28]の妹と娘が鷲尾邸へ下女奉公に出されていた。新撰組は、両名の証言をもとに鷲尾邸に出入りしている浪士の名簿を作成し、調査を進めた。西本願寺の家臣三名の捕縛には成功したが、同じく西本願寺家臣の天野弥市と陸援隊士笹岡半蔵（岡田範三）にはすんでの所で逃げられている[29]。新撰組は、捕縛者および鷲尾と親交があったとされる関係者の尋問を開始して、鷲尾らの挙兵計画とその首謀者を聞き出した。十九日夜に、会津藩士手代木直右衛門が鳥取藩へ報じた調査結果は次のようなものである。

> 鷲尾殿方へ集会ハ相違モ無之、浪士共ハ薩州下宿札を打右《（鷲尾邸）》へ潜伏、市中を致放火其紛れニ仁和寺宮様を引出し、伯州江連参り義兵を挙とも談謀、右主意ハ兵庫開港よりして攘夷を押立候見込之趣、薩ニ而諸浪士之肩を持候、尤彼等ニ事を発させ其機ニ乗し、　幕府を初会桑を打退け、　主上を引出す隠謀之趣、薩藩宮様付井上大和《（石見）》と申すものと、嵐山ハ勿論諸所間道専探索候よし[30]

尋問を受けた関係者は、攘夷を動機とした倒幕挙兵計画で、背後には薩摩藩の支援があると供述していたことがわかる。仁和寺宮嘉彰親王の引き出し、さらには天皇の遷座にまで言及されているが、嘉彰親王自身はこの計画を承知していなかったようである。ほかに、徳川慶喜の暗殺計画を自供した者もあった。前将軍徳川家茂の命日にあたる翌二十日に、慶喜、松平定敬、京都守護職松平容保（会津藩主）は知恩院へ参詣する予定であったが、このために警護が一層厳重に固められた[31]。

鷲尾のほかに首謀者として名前があがったのは、水戸・三河吉田・肥後・因幡藩の浪士および西本願寺と鷲尾家の家臣であった。また、薩摩藩士の西郷隆盛と藤井良節および藤井の弟で薩摩諏訪神社神主の井上石見も捜査線上にあがっている。朝廷や幕府は、この計画を「全薩之姦計」と見なしていた[32]。新撰組が、鷲尾邸に踏み込んだ際にひそかに逃亡した鷲尾家家臣の本多勘解由と山岡将曹は、西郷の手引きで二本松薩摩藩邸に身を隠したとされる[33]。結果的には、新撰組の調査では自供を得ただけで物的証拠は発見できず、鷲尾や薩摩藩関係者に処分がおよぶことはなかった。嘉彰親王からも事情聴取を行ったが、有力な情報は得られずに終わっている。結局、幕府は鷲尾・滋野井・正親町邸の警備を見廻組から会津・桑名藩兵に交代して人数を増加し、浪士を三名と接触させないように対応策をとっただけであった[34]。

この事件前後に、鷲尾と交際があった浪士を史料からまとめると次頁表3のようになる。鷲尾は、倒幕計画が露呈する前に自身が盟主となり、八月に浪士たちと盟約書を作成した[35]。そこに、署名した四〇名はほとんどが変名を用いているため、全員を特定するのは困難であるが、香川敬三、大橋慎三といった陸援隊の幹部や三宮義胤、池大六、山本一郎ら同隊士の名前が確認できる。四〇名のうち、少なくとも一五名（推定を含む）は陸援隊関係者であり、そのなかには陸援隊に入隊していた鷲尾家の家臣山岡将曹も含まれている。鷲尾と陸援隊の浅からぬつながりがうかがえる。陸援隊は、七月二十九日に土佐藩出身の浪士中岡慎太郎を隊長として、倒幕を目的に結成された集団であることが知られる。このような鷲尾の人脈をみるに、八月の挙兵計画に陸援隊が深く関与していたことは明白であろう。新撰組の捜査で判明した挙兵計画の首謀者にも、山本一郎ら数名の陸援隊士の名前があがっている。中岡は、四月十七日に武家伝奏・議奏辞任を聞きつけた翌日の十八日に鷲尾邸を訪問している[36]。先述の通り、中岡が四月の事件にどの程度関与していたかは判然とせず、中岡がなぜ事件後に鷲尾を訪れたのか詳細はわからないが、四月の事件を契機に鷲尾とのちに陸援隊を構成するメンバーの本格的な政治的交際が始まったことは推察できる。

香川や大橋、三宮は、高野山出張で主導的役割を果たすことになる。亀尾美香は、岩倉具視の存在を重要視して、高野山出張は岩倉と香川ら周辺にいた浪士たちの関係（柳の図子党[37]）の延長上に位置づくことを示唆しているが[38]、鷲尾が高野山出張以前に陸援隊士と独自の関係を築いていたことを考慮すれば、鷲尾の主体性も看過できない。高野山出張の前提には、鷲尾が攘夷・倒幕運動を水面下で展開する過程で、浪士たちの結集点となり、陸援隊士とネットワークを形成していた背景も存在したと考えられる。当時洛北の岩倉村に蟄居していた岩倉は八月の挙兵計画を承知していなかったようであり、「仁門鷲朝臣等事件に付探索甚敷旨」を聞いて息子の具綱・具

表3　慶応3年8月前後における鷲尾隆聚周辺の浪士

氏名(50音順)	出身など	慶応3年8月盟約	挙兵計画	陸援隊	高野山出発時
天野弥(孫)一(市・平)	西本願寺家臣		○		
飯邑彦一郎(信弘)	不明	○			
井口重次郎	西本願寺家臣		○		
池大六(安、山中敬三)	土佐藩陪臣	○		○	小荷駄
石田荘蔵(義一、松田清蔵カ)	(西尾藩)	○		(○)	
井上石見(長秋)	薩摩藩、神職		○		
岩淵三平	因幡藩		○		
上田與一右衛門	伯耆国郷士		○		
上村友治(次)郎	京都、町人		○		
大島貞之助	因幡藩		○		
大橋慎三(鐵猪)	土佐藩陪臣	○		○	輔翼兼参謀
香川敬三(鯉沼伊織)	水戸藩	○		○	輔翼兼参謀
掛札勇之介(為成)	水戸藩	○			
加藤原之進(義兼)	不明	○			
加藤鑛八	不明	○			
亀井孫六(山本一郎・速夫)	吉田藩(三河)	○	○	○	監察
亀井重保(片山幸次郎・山本二郎カ)	(吉田藩(三河))	○	(○)	(○)	(伍長)
神谷喜間多(一明、山崎喜都馬カ)	(土佐藩)	○		(○)	
萱野稼衛門(信)	肥後藩	○			
川辺春次郎	水戸藩	○		○	
菊池藤之進(義親)	水戸藩	○			
樹下石見守(茂国)	近江国日吉大社祝	○		○	
黒澤仙次郎(盛任)	水戸藩	○			
鯉淵誠三郎(親則)	不明	○			
小山轍太郎(正速)	三河国碧海郡小山村	○			
西郷隆盛(吉之助)	薩摩藩		(○)		
笹岡範策(厚、半蔵、岡田範三)	足守藩、西本願寺家臣	○	○	○	
佐々木市兵衛(保高)	不明	○			
三宮義胤	近江国正源寺	○		○	監察兼書記

高木久右衛門(直)	西本願寺家臣	○	○		
竹内左衛門(金定)	不明	○			
冨田九郎(一貫)	尾張藩	○			
内藤省吾	水戸藩		○		
中岡慎太郎(石川清之助)	土佐藩			○	
中島貞之丞(盛綱、信行ヵ)	(土佐藩)	○		(○)	(斥候)
仲田雄三(正勝)	不明	○			
西野六郎(堯義)	不明	○			
服部健之輔(義直)	不明	○			
花房亘理(保之)	不明	○			
林三蔵(祐裕)	不明	○			
早瀬鐵三郎(早川千太郎、黒沢鉄太郎)	水戸藩		○	○	
早瀬内匠	西本願寺家臣		○		
樋口多蔵	西本願寺家臣		○		
平川壽雄(吉輝)	不明	○			
蛭川清之進(鎮石)	不明	○			
福田千太郎(忠純)	水戸藩	○			
藤井勇七郎(利長、橋本皆助)	水戸藩	○		○	
藤井少進	有栖川宮家臣		○		
藤井良節	薩摩藩士		○		
本多勘解由(忠穏)	鷲尾家臣	○			
前野松次郎(義直)	不明	○			
茂木善三(義雄)	不明	○			
森敬助(啓介)	京都、曼殊院内医師		○		
山岡将曹(譲)	鷲尾家臣	○		○	書記
山岡良能佐(正良)	不明	○			
山下主税(谷口庸徳)	京都	○		○	
渡辺寛二(近勝)	不明	○			

註1:「黒川秀波筆記」(国立公文書館蔵、166-0215)、「高野山出張概略」(岩倉具視関係文書〈川崎本〉、国立国会図書館憲政資料室蔵、創泉堂出版マイクロフィルム版)、「南挙撮要誌」(東京大学史料編纂所蔵、維新史料引継本—Iい—214)、慶応3年8月「鷲尾隆聚等血盟書」(同左蔵写真版、維新史料引継本—IIほ—600)、『大日本維新史料稿本』(丸善マイクロフィルム版)、平尾道雄『改版中岡慎太郎陸援隊始末記』(中央公論新社、2010年)、亀尾美香「慶応三年の高野山出張に関する一考察——岩倉具視周辺の浪士を中心に——」(『中央史学』27、2004年)ほかから作成。
2:( )は推定。○は確実な人物にだけ付した。アミかけは、高野山出張時のメンバー。

定へ事件の詳細を報告するように催促している。[39] 香川らが、媒介者となって岩倉と鷲尾を結びつけたという側面もあったと考えられるが、鷲尾が独自に構築していた人脈も否定できないであろう。[40]

二　高野山出張と内乱の勃発

鷲尾隆聚の謹慎が解かれたのは、慶応三年（一八六七）十二月八日のことで、同日夜に鷲尾は陸援隊士を中心とする浪士や十津川郷士[41]など四〇名程度を率いて高野山へ向かった。先述の通り、高野山出張についてはすでに概略が明らかとなっている。行論に先立って、先学や鷲尾隊の行跡をまとめた「高野山出張概略」[42]、「南挙撮要誌」[43]（以下、断らない限り、本節の記述は上記の文献・史料を典拠・引用元とする）に依拠して鷲尾隊の足取りを簡単にまとめておこう。

十二月六日、中山忠能は謹慎中の鷲尾のもとへ香川敬三、大橋慎三、三宮義胤を使者として派遣し、高野山への出張命令を伝えた。旧桑名藩士で東京日日新聞主筆の岡本武雄が記した『王政復古戊辰始末』は、香川らは警備の目を逃れるために邸の塀を越えて鷲尾に面会し、「平生卿に随従せる有志の士を率ゐて紀州の高野山へ出張致すべき旨を、近日御沙汰あらせらる、筈に定まりたる趣を告げしかば、鷲尾殿は斜ならず喜ばれ、唯其御沙汰をば待れける」と、収集した史料や関係者の談話から当時の様子を再現している。[44] つづく八日に、正親町邸にて「鎮撫」と「反逆之賊有之時ハ率有志之輩速ニ征伐」を命ずる沙汰書が鷲尾へ下された。高野山出張の目的は、内乱が発生した場合における紀州藩の牽制および「官軍」への呼応挙兵にあったとされている。この日の夜、白川土佐藩邸に潜伏していた浪士を従えて一行は京都を出発する。鷲尾隊は、十二日に高野山へ到着し、十四日金光院を本陣に定めた。高野山出張を計画したのは、中山のほかに岩倉具視、正親町公董らであったという。亀尾美香は、その詳細ははっきりしないものの、十月十四日の討幕の密勅降下後から十二月九日の政変にいたるまでの間に高野山出張は計画されたと推定している。

高野山到着後、鷲尾隊は「重キ御沙汰」＝勅命を受けており、王政復古後の混乱に備えるべく出張していることを、紀州藩や新宮藩などの周辺諸藩および大和五条代官所へ通達した。また、この間に十津川郷士などを糾合し、最終的に鷲尾隊は一三一八名の兵力を有するまでに膨れあがる。内乱が勃発すると鷲尾隊へ日月旗一旒と大坂城進撃を命じた勅書が下された。慶応四年正月六日、陸援隊士大江卓（斎原治一郎）が、紀州藩主徳川茂承と十津川郷士宛ての勤王を命ずる勅書とともに京都から高野山へそれらを届けた。鷲尾隊は、すぐさま紀州藩と十津川郷士へ勅書を持参した。さらに、改めて紀州・郡山・岸和田・伯太・田原本・高取・小泉の各藩と大和五条代官所へ使者を派遣し、態度の決定を迫った。十日、大坂への進攻を開始するが、思いのほか早く大坂城が陥落したこと、西郷隆盛が鷲尾隊暴発による新政府軍の士気低下を危惧したことで(45)、大坂城進撃は中止となり、鷲尾隊へ帰京・合流するように命令が出された。これにより、鷲尾隊は十七日に大坂に在陣していた征討大将軍仁和寺宮嘉彰親王へ対面しただけで、大した戦闘に出くわすこともなく京都へ戻って解散した。

では、戊辰内乱が始まった慶応四年正月初旬という段階で、鷲尾隊が果たした役割とは如何なるものであったのだろうか。

鷲尾は、高野山に入山し金光院へ入る際に、軍装ではなく狩衣を、随従する隊士は陣羽織・立烏帽子を着していた。前章でみたような「官軍」の演出と同じ趣旨である。さらに、十二月八日に出された沙汰書を根拠に、鷲尾隊は周囲へ自己の正当性をアピールする。ところが、内乱勃発前における周辺諸藩は、この浪士集団に疑惑の視線を向けていた。香川によれば、「紀州藩抔も大ニあやしみミ、例之浪士抔かと存込候様子」であったという(46)。「例之浪士」とは文久三年（一八六三）八月に大和国で騒擾を起こした天誅組のことである。土佐藩出身の浪士吉村寅太郎ら尊王攘夷を主張する浪士集団は、天誅組を名乗って侍従中山忠光を擁立し、大和国で挙兵した。浪士集団と下級公家の組み合わせが、天誅組の変再来を想起させたのであろう。十二月十五日に、大坂城の幕閣から津藩主藤堂高猷へは、鷲尾は「中山侍従ノ類」であり、少しでも「軽挙暴動」があれば「無二念討取」るべしと達せられた(47)。こうした状況を解消すべく、香川らは、岩倉具視へ畿内一円と紀州の諸侯へ鷲尾の高野山滞陣が正当なものであることを告知し、鷲尾へ錦旗を下賜するように歎願した。前章でも述べたように、日月旗が実際に下賜されるのは内乱が発生してからのこととなる(48)。錦旗や「官軍」の存在は対立項である「朝敵」や「賊」が発生してはじめて創出されるのであり、鳥羽・伏見の戦い以前に実現しなかったことは自然である。内乱勃発前では、周囲に対して鷲尾隊の行動を名分化するに十分な社会的環境は整っていなかったといえる。当然、この時点で武力倒幕は普遍的正当性をもち得ない。

内乱勃発後、日月旗が下賜されると鷲尾隊は周辺諸藩と大和五条代官所へ勤王を促す達を出した。その内容は「(慶喜)朝敵顕然ニ候、依之速ニ征伐可致旨再度被為蒙勅命、幷錦御旗被相渡候条、四方之士民普天率土之大義ヲ弁明シ、王事ニ勤労可致事」というものである。これに対しての回答は、いずれも勤王を誓ったものであった。たとえば、紀州藩の場合は、「勤王之正義ニ於而ハ始終無二念無之」と宣誓している。「朝敵」の存在が周知されたことで、錦旗をもち公家をいただく鷲尾隊は無条件で「官軍」となり、諸政治勢力に態度を問うにたる存在となる。すなわち、内乱の勃発は、天皇と徳川の政権選択を支配の受け手へ迫ることを必然とし、その意味で鷲尾隊は畿内の諸藩へ二者択一を不可避とする絵踏となったのである。鷲尾隊へ協力することは勤王となり、反対に攻撃を加えることは「朝敵」となることを意味する。ここでは、兵力の多寡や装備面での性能は優先される問題とはならない。

この点について、兵力の寡少性や小規模な戦闘が一度行われただけであったことから、「鷲尾一行の「官軍」としての役割は限定されたものとならざるを得なかった」とする、亀尾の評価と筆者のそれは大きく異なる。鷲尾隊、あるいは鷲尾個人が果たした役割は、軍事面よりも右記の点にこそあるといえよう。かかる角度からみれば、紀州藩をはじめ畿内周辺の諸藩に勤王理念を承認させた鷲尾隊の成果は決して小さかったとはいえない。

三　戊辰内乱における公家の位置

鷲尾隆聚は、帰京後の慶応四年正月二十五日、参与と軍防事務局親兵掛に登用され、閏四月二十一日に太政官制が発足するまでの間その任をつとめた。その後は、六月七日に奥羽追討総督に就任し、同月十日に東征大総督府参謀へ転任。七月十三日からは奥羽征討白河口総督を兼任した。

鷲尾だけでなく、内乱において新政府の征討組織の指揮官となった公家は多数存在する。次頁に掲げた表4は、皇族・公家の任命状況を一覧化したものである。この表から気づかされるのは、皇族と九条道孝、醍醐忠敬、西園寺公望を除いて、いずれも出自が羽林家以下の中下級の公家だということである。また、全体的に幕末において攘夷志向を有していた人物が多く、年齢は二〇代から四〇代初頭にかけての少壮公家が大半を占める。鷲尾や正親町公董もそうであるし、文久三年八月十八日の政変で京都を追われた尊攘派の公家七名のうち、岩倉具視とともに新政府の副総裁になっていた三条実美、高齢であった三条西季知（五八歳）、元治元年に死去した錦小路頼徳を除いた四名（東久世通禧、壬生基修、沢宣嘉、四条隆謌）が出陣している。天皇権威を体現するだけの〝お飾り〟であれば、五摂家や清華家、大臣家出身で朝廷内の重職を経験したことがある年長者の方がより役目に適うであろう。そのような方針がとられなかったのはなぜであろうか。実際のところ、二月九日に奥羽鎮撫総督府参謀に任じられた長州藩士品川弥次郎と、二十六日に同職へ就任することになる薩摩藩士黒田清隆は、奥羽平定は容易ではなく、「是非宮大臣方之内ならてハ、迚も王化ニ不可服」と、皇族もしくは高い家格の公家を総督に任命するよう岩倉へ請願している(49)。要望を受けて、二十六日に九条が沢為量に代わって奥羽鎮撫総督に就任

表4　新政府征討組織における親王および公家人事一覧（慶応4・明治元年〈1868〉）

組織名	職　名	氏　名	期　間	家格	新政府内役職	年齢
征討府	大将軍	仁和寺宮嘉彰	1.4－1.28	親王家	議定	23
	参謀	東久世通禧	1.4－1.22	羽林家	参与	35
		烏丸光徳	1.4－1.28	名家	参与	36
		四条隆謌	1.13－1.28	羽林家	参与	41
	錦旗奉行	四条隆謌	1.4－1.13	羽林家	参与	41
		五条為栄	1.4－1.13	半家	参与助役	27
		壬生基修	1.13－1.28	羽林家	参与	34
	監軍	平松時厚	1.4－1.13	名家	なし	46
山陰道鎮撫総督府	総督	西園寺公望	1.4－4.19	清華家	参与	20
東海道鎮撫(先鋒)総督府	総督	橋本実梁	1.5－5.19	羽林家	参与	35
	副総督	柳原前光	1.5－5.19	名家	参与助役	19
東山道鎮撫(先鋒)総督府	総督	岩倉具定	1.9－5.19	羽林家	なし	17
	副総督	岩倉具経	1.9－5.19	羽林家	なし	16
北陸道鎮撫(先鋒)総督府	総督	高倉永祐	1.9－5.19	半家	なし	31
	副総督	四条隆平	1.9－5.19	羽林家	なし	28
中国四国追討総督府	総督	四条隆謌	1.13－1.28	羽林家	参与	41
	参謀加勢	平松時厚	1.13－1.28	名家	なし	46
	監軍	五条為栄	1.13－1.28	半家	参与助役	27
九州鎮撫総督府	総督	沢宣嘉	1.25－5.4	半家	参与、外国事務総督	33
奥羽鎮撫総督府	総督	沢為量	2.9－2.26	半家	なし	57
		九条道孝	2.26－11.18	摂家	なし	30
	副総督	醍醐忠敬	2.9－2.26	清華家	なし	30
		沢為量	2.26－11.18	半家	なし	57
	参謀	醍醐忠敬	2.26－11.18	清華家	なし	30
	総督(会津征伐大将軍)	有栖川宮熾仁	2.9－10.28	親王家	総裁、神祇事務総督	34
	錦旗奉行	河鰭実文	2.9－8.2	羽林家	なし	24
		穂波経度	2.9－5.19	名家	なし	32
	錦旗奉行加勢	万里小路通房	7.10－7.29	名家	なし	21
	旗監	万里小路通房	8.2－11.4	名家	なし	21

東征大総督府	参謀	正親町公董	2.9-8.2	羽林家	参与	30
		西四辻公業	2.9-7.8	羽林家	参与助役	31
		穂波経度	5.19-7.8 8.?-10.28	名家	なし	32
		柳原前光	5.19-10.28	名家	参与	19
		鷲尾隆聚	6.10-9.13	羽林家	参与	26
		四条隆謌	6.24-10.28	羽林家	参与	41
		万里小路通房	8.9-10.28	名家	なし	21
	参謀加勢	穂波経度	4.?-5.19	名家	なし	32
		河鰭実文	5.19-?	羽林家	なし	24
会津征討総督府	総督	高倉永祐	4.19-5.19	半家	なし	31
海軍先鋒総督府	総督	大原俊実	2.30-5.19	羽林家	なし	36
奥羽征討越後口総督府	総督	高倉永祐	5.19-6.27	半家	なし	31
奥羽征討白河口総督府	総督	岩倉具定	5.19-6.7	羽林家	なし	17
	副総督	岩倉具経	5.19-6.7	羽林家	なし	16
奥羽追討総督府	総督	鷲尾隆聚	6.7-6.10	羽林家	参与	27
		正親町公董	6.10-7.4	羽林家	参与	30
会津征討越後口総督府	総督	仁和寺宮嘉彰	6.14-11.4	親王家	議定	23
	参謀	西園寺公望	6.14-10.28	清華家	参与	20
		壬生基修	6.14-11.4	羽林家	参与	34
奥羽追討白河口総督府	総督	鷲尾隆聚	7.9-8.9	羽林家	参与	27
		正親町公董	8.9-10.29	羽林家	参与	30
仙台追討総督府	総督	四条隆謌	7.3-8.13	羽林家	参与	41
奥羽追討平潟口総督府	総督	四条隆謌	8.13-11.17	羽林家	参与	41

註1：『百官履歴』1・2(覆刻版、東京大学出版会、1973年)、『大日本維新史料稿本』(丸善マイクロフィルム版)、『復古記』全15冊(覆刻版、東京大学出版会、2007年)を主として、個人の伝記、履歴書、戦記類を利用して作成。
2：年齢、役職は就任時点のもの。
3：東海道、北陸道、東山道三道の鎮撫総督は、2月6日に先鋒総督兼鎮撫使と改称。終戦時まで存続した組織における役職の解任日は、明確に分かる人物以外は東京へ帰京した日とした。
4：史料によって就任・退任日が1日単位で前後する場合があったが、それぞれ複数の史料を突き合わせて日付を比定した。

した。このように新政府軍の参謀の中に、家格を重視した起用を望む声があったことは確かであろう。また、それは実現可能であった。しかしながら、九条以外では圧倒的に中下級の青年公家が多いのが事実である。

こうした人事は、岩倉の意志を強く反映して行われたと考えられる。以下、岩倉の言説から軍事面における公家任用の観念について検討してみよう。

岩倉は、自身の次男である具定と三男具経を正月九日に東山道鎮撫総督・副総督に据えたが、ここからは岩倉の公家起用に対する思惑がうかがえる。両名は、慶応四年時には弱冠一六・七歳で、もちろん戦闘経験は皆無である。政治に関する経験・知識もない。下参謀に任命された諸藩士のような、軍事面・政治面での資質を期待されたわけでないことは明らかであろう。岩倉の期待するところは、二人の息子が京都を離れて一か月以上経ったのちに出した書簡からわかる。岩倉は、書簡中で兵士と寝食をともにして兵心を失わないようにすること、軍務の間には読書や乗馬・銃術などの稽古に励むことなどの心得を訓告しているが、特筆すべきは次の箇所である。

王師たるの法則顕然と相立候様奮発可給候、足下等も兼而決死出馬之覚悟、我等も二人之兄弟一時に戦場へ差向候儀は、元弘・建武以来の官軍進発に付、公卿の中に一二人も賊弾に斃る丶者有之候は丶、天下忠憤之士も之を聞き、興起可致一端とも相成り、為朝廷大幸と存候心底に有之候、是非足下等は一死を以て敵地に進入、諸隊指揮致候様可被心掛候(50)

岩倉は、息子二人へ死をもって「官軍」の士気高揚を喚起するように促している。これは、死を覚悟するというありきたりな文句であったり、婉曲的な表現ではなく、まさに先陣に立って戦死を遂げることを望んでいたのである。岩倉は、東山道鎮撫総督府参謀で腹臣であった宇田栗園（京都、医者・漢学者）と北島秀朝（仙太郎、下野国出身）および従軍させていた香川敬三へも右の書簡と同時に、「兄弟両人戦場に出馬、諸隊を指揮、一人は敵丸に斃れ候事希望致候」と明確に書き送っている。その目的は、公家の「柔弱之気性」を一変し、「朝廷之御為」とするためだとされた[51]。こうした岩倉の姿勢は、内乱を通じて一貫している[52]。

岩倉が、息子の戦死を必要視したのは、右に掲げた書簡でみられるように、兄弟二人の出兵、「官軍」の進発を「元弘・建武以来」になぞらえていることに関係するであろう。『太平記』などにおいて、軍事に奔走する人物として描かれる南朝方の公家四条隆資は、正平六年（観応二年・一三五一）に後村上天皇を守って憤死したとされている。また、その息子隆貞・隆俊兄弟も出陣して、隆俊は長慶天皇の盾となって戦死し、隆貞は政争のうちに殺害されたという。岩倉が、自分と息子二人をこのエピソードに同一化しようとしたのかどうかはわからないが、『太平記』は江戸時代に広く知られた軍記物語であり、周知のように新政府は建武中興を王政復古のアナロジーとすることで、政権の正当性を創造しようとする側面があった。慶応四年三月には、早くも南朝の「忠臣」楠木正成の奉祀が建議されている[53]。

岩倉にとっては、公家の奮戦・戦死は内乱を遂行するための、王政復古のための必要不可欠な要素であり、それを二人の息子に求めたのである。また、そうした対象は息子だけにとどまらず、鷲尾に宛てても「元弘・建武苦楽之事情実に可鑑」と軍の指揮をとるにあたっての心構えを説いている[54]。岩倉にとっては、息子の死ですらも公家の意識改革、勤王理念強化のための舞台装置であり、ほかの公家にも同様の役割を求めたのである。

しかしながら、息子二人は一度も戦線に立つことはなく、岩倉の思うような働きができなかった。また、岩倉が私情をもって息子を重職につけ、その息子たちは「黄白を費し会計の道を不知、国家の興廃をも不顧」との不満が一部の公家たちから噴出した[55]。このため、岩倉は両名を更迭せざるを得なくなり、辞表を提出させることになる。ここで岩倉は、最終的にみずからの進発に思いいたる。岩倉は、肥前藩の背後工作もあって六月に「出師説」を議定・参与へ示し、出陣を歎願したが、これは参与大久保利通や同木戸孝允の強硬な反対に遭って断念した[56]。そこで述べられている出陣の理由も、「今日ノ戦未タ公卿諸侯一人能ク弾丸矢石ノ下ニ斃ル、アルヲ聞カス、僅ニ狗鼠ノ残賊ノ為メニ龍駕ヲ動カス、此尤臣子ノ所不忍ナリ」というものであった(57)。

岩倉にとって公家の戦死は、内乱に不可欠な「物語」であり自身の生命をもってそれを実行しようとしたのである。岩倉の立場に立てば、公家は〝お飾り〟ではなく、天皇を守る壁となるべき存在であった。そこで、主体的に戦場へ飛び出して行くことができる公家こそが必要だったのであり、岩倉はその人材を幕末期に尊攘運動あるいは倒幕運動に積極的に関与した、中下級の少壮公家に求めたと考えることができよう。しかしながら、遂に戦死を遂げた公家は戊辰内乱期には現れなかった。

小括

本章では、戊辰内乱期に戦線へ登場した公家の一例として、鷲尾隆聚の動向を幕末期からみてきた。また、公家の任用を主導していた岩倉具視の人事についても言及し、公家に求められた役割も考察した。

鷲尾は、慶応三年に攘夷意識を媒介として政局に躍り出た。鷲尾は、攘夷・倒幕運動を展開する過程で陸援隊士などの浪士と盛んに交際し、彼らと連動して政治工作を行ってゆく。その背景には、従来指摘されてきた岩倉との関係だけではなく鷲尾独自のネットワークも垣間見られた。高野山出張は、そうした慶応三年以降に形成された鷲尾の人脈の延長線上に位置づけられる。また、高野山出張や鷲尾は従来寡少評価されてきたが、政権選択の絵踏となることで勤王理念の喧伝・浸透の役割を果たすという面からみれば、内乱勃発後に公家である鷲尾が果たした役割は決して小さくなかったといえる。

鷲尾のケースはほんの一例に過ぎないが、戊辰内乱で新政府の指揮官や草莽隊の盟主となった公家は、時期的な違いはあれど、ある程度似たような段階を経て内乱の舞台に登場したと考えられる。つまり、攘夷意識の発露によって政局へ登場し、それが倒幕運動へと推移、最終的に武力倒幕である内乱への出陣へとつながるパターンである。正親町公董や滋野井公寿などは、鷲尾と極めて近い道程をたどった公家だといえる。彼らの出陣に際しては、幕末以来培ってきた人間関係が基盤となる。

戊辰内乱に出陣した公家の多くは、中下級の家を出自とする少壮の公家で、岩倉は彼らに内乱においてただの〝みこし〟ではなく、天皇を守る盾として活躍することを期待した。そこでは、軍事的な部分における実質的貢献よりも、天皇のために尽力する宮廷勢力を演出するための「物語」の創出が重視された。岩倉にとって公家の憤死は、王権をより強固にするための装置であり、勤王理念の喧伝のために考案された舞台装置だったのである。以上の点からして、錦旗と同様に公家の主体的な活躍は、内乱における新政権の正当性、すなわち勤王理念の喧伝に重要な役割を期待されていたといえる。

（１）　松尾正人『維新政権』（吉川弘文館、一九九五年）三六・三七頁。
（２）　公家を盟主とする草莽隊の研究は、高木俊輔『明治維新草莽運動史』（頸草書房、一九七四年）をはじめとしてすでに重厚な蓄積がある。草莽隊に関する詳しい研究史は、第３部の冒頭で整理したのでそちらに譲るが、一九八〇年代頃までの研究では、草莽隊から民衆的要素を抽出し、「抑圧された」維新史像を描こうとする傾向が強かった。そうした戦後の歴史学の潮流も、盟主となった公家の研究を停滞させた一因であろう。
（３）　明治八年六月「鷲尾家譜」（東京大学史料編纂所蔵、四一七五―三九二）、『百官履歴』二（覆刻版、東京大学出版会、一九七三年）、小玉正任監修・大賀妙子編『幕末公家集成』（新人物往来社、一九九三年）。堂上家の家格は、大きくは摂家―清華家―大臣家―羽林家―名家―半家と段階づけされる。
（４）　明治十年三月十日「西郷隆盛ニ隆聚面接尋問鷲尾隆聚建言」（岩倉具視関係文書、国立公文書館蔵、二六五―〇二八六）。明治期以後の鷲尾の動向は研究が皆無であるが、かかる問題の検討は本書の趣旨から逸れるので別稿を期すことにする。
（５）　多田好問編『岩倉公実記』上（覆刻版、書肆沢井、一九九五年）。
（６）　富田幸次郎『田中青山伯』（青山書院、一九一七年）。ほかにも、田中光顕の回顧録である『維新風雲回顧録』（覆刻版、河出書房新社、一九九〇年）などがある。
（7）平尾道雄『改版 中岡慎太郎陸援隊始末記』（中央公論新社、二〇一〇年）。
（8）亀尾美香「慶応三年の高野山出張に関する一考察――岩倉具視周辺の浪士を中心に――」（『中央史学』二七、二〇〇四年）。
（9）「野宮定功伝奏在職中記録」慶応三年四月十七日条（東京大学史料編纂所蔵、維新史料引継本―Ⅰほ―六三四）。
（10）『続再夢紀事』六、慶応三年四月十七〜十九日条（覆刻版、東京大学出版会、一九八八年）。
（11）慶応三年四月十五日「武家伝奏宛京都所司代上申書」（『続通信全覧』一四、慶応四年四月十五日条〈雄松堂出版、一九八四年〉）、『続再夢紀事』六、慶応三年四月条。実際にパークス一行は、五月十八日に大坂を出発し、伏見街道にて敦賀へ向かっている。
（12）『続再夢紀事』六、慶応三年四月十九日条。
（13）「長防追討録」二一、慶応三年四月十七日条（国立公文書館蔵、一六六―〇三三一）。
（14）「黒川秀波筆記」慶応三年四月十八・十九日条（国立公文書館蔵、一六六―〇二一五）。黒川秀波は、同文書の記述内容から幕臣だと推定できる。青山忠正「家茂の参内と勅語――慶応元年夏の場景――」（『人文学報』七三、一九九四年）は、旗本級の幕臣と比定している。明治初期には、太政官正院に出仕していたことが確認できる。
（15）『続再夢紀事』六、慶応三年四月十九日条。四月二十三日に、「諸隊選挙士民」の名で英人通行の一件を薩摩藩による企てだと誹謗する貼紙が、二本松薩摩藩邸に貼られる事件があった（「黒川秀波筆記」慶応三年四月二十三日条）。
（16）「中岡慎太郎日記」慶応三年四月十七日条（東京大学史料編纂所蔵、維新史料引継本―Ⅱほ―六）。中岡が正親町邸を訪れたのは、日記をみる限りこれが最初である。
（17）『朝彦親王日記』二、慶応三年四月十五日条（覆刻版、東京大学出版会、一九六九年）。
（18）「黒川秀波筆記」慶応三年四月十六日条。
（19）『中山忠能日記』四、慶応三年四月十九日条（覆刻版、東京大学出版会、一九七三年）。
（20）『尾崎忠征日記』一、慶応三年四月十八日条（覆刻版、東京大学出版会、一九八四年）。
（21）『朝彦親王日記』二、慶応三年六月十五日条。

(22) 『朝彦親王日記』二、慶応三年七月二十二日条。
(23) 『中山忠能日記』四、慶応三年四月十九日条。
(24) 少なくとも、近衛・一条・九条・二条は、一連の騒動が発生するまで計画を知らなかったようである。また、管見の限り、薩摩藩士が関与したことを示す確かな史料は見当たらない。ここでは、長州藩士品川弥次郎が、英人通行一件につき「公卿方大ニ奮発」と薩摩藩士大久保利通へ報知しており、この時点で武力倒幕を志向していた人物たちが、鷲尾らの運動に共感を抱いていたことだけ指摘しておく（慶応三年四月十七日「大久保利通宛品川弥次郎書簡」〈『大日本維新史料稿本』慶応三年四月十七日条、丸善マイクロフィルム版〉）。
(25) 『朝彦親王日記』二、慶応三年七月二十二日条。
(26) 『孝明天皇紀』四、文久二年七月条（平安神宮、一九六八年）。西村兼文（西本願寺家臣）「新撰組始末記」（『野史台維新史料叢書』三〇、覆刻版、東京大学出版会、一九七四年所収）参照。
(27) 「黒川秀波筆記」慶応三年八月十九日条。
(28) 和泉屋伝吉は、新撰組に浪士の情報を流していた人物で、七月十日に何者かに暗殺されている。小野寺千春「慶応三年六月の新選組脱局事件についての一考察――和泉屋伝吉書簡を中心に――」（『霊山歴史館紀要』一八、二〇〇七年）参照。
(29) 「黒川秀波筆記」慶応三年八月十九日条。
(30) 「鳥取藩庁記録」慶応三年八月条（『大日本維新史料稿本』慶応三年八月十九日条）。
(31) 「黒川秀波筆記」慶応三年八月十九日条。
(32) 『朝彦親王日記』二、慶応三年八月二十八日条。
(33) 岡本武雄『王政復古戊辰始末』三（金港堂、一八八九年）、七二頁。
(34) 「慶応丁卯筆記」慶応三年八月二十六日条（『大日本維新史料稿本』慶応三年八月二十六日条）。
(35) 慶応三年八月「鷲尾隆聚等血盟書」（東京大学史料編纂所蔵写真版、維新史料引継本―Ⅱほ―六〇〇）。この盟約書は、冒頭に「有渝斯盟　神明倶殛之」とあり、鷲尾を筆頭として盟約者が氏名・花押を記している（一部花押を欠く）。
(36) 「中岡慎太郎日記」慶応三年四月十八日条（東京大学史料編纂所蔵、維新史料引継本―Ⅱほ―六）。
(37) 慶応元年（一八六五）の春頃から、隠棲中の岩倉のもとを「志士」たちが頻繁に訪れるようになり、岩倉を中心とした人脈が広がっていった。これを仲介したのは、非蔵人松尾相永と元三条家の家臣であった藤井九成である。彼らの邸は、安政四年（一八五七）頃より諸国から上京する志士たちの社交場となっていた。松尾と藤井の邸は、隣り合わせであったことから、地名に因んでこの集団は柳の図子党と呼ばれている。大橋や香川は、その一員でほかに土佐藩士武市瑞山や長州藩士久坂玄瑞、小浜藩士梅田雲浜などがいた。佐々木克『岩倉具視』（吉川弘文館、二〇〇六年）七七～八一頁参照。

(38) 前掲、註(8)亀尾「慶応三年の高野山出張に関する一考察」。

(39) 慶応三年九月七日「岩倉具綱・具定宛岩倉具視書簡」（『岩倉具視関係文書』三、覆刻版、東京大学出版会、一九六八年、三六一～三六三頁）。

(40) なお、柳の図子党について、藤田英昭「草莽と維新」（明治維新史学会編『講座明治維新三　維新政権の創設』有志舎、二〇一一年）が紹介した「草莽姓名録」は具体的な人物が判明する貴重な史料である。

(41) 当該期における十津川郷士の研究は、十分に行われているとは言い難い。当面は、中西孝則編『十津川記事』（私家版、一八九二年）、吉見良三『十津川草莽記』（奈良新聞社、二〇〇三年）参照。

(42) （明治）「高野山出張概略」（岩倉具視関係文書〈川崎本〉、国立国会図書館憲政資料室蔵、創泉堂出版マイクロフィルム版）。

(43) （明治）「南挙撮要誌」（東京大学史料編纂所蔵、維新史料引継本―Ⅰい―二一四）。

(44) 前掲、註(33)岡本『王政復古戊辰始末』、七〇～七三頁。

(45) 慶応四年正月七日「本多勘解由宛西郷隆盛書簡」（『大日本維新史料稿本』慶応四年正月七日条）。亀尾は、本多勘解由を土佐藩出身の浪士と類推しているが、本多は鷲尾家の家臣で山岡将曹と並ぶ側近である。書簡が、鷲尾や香川宛でないことから「公式なものである可能性は低い」とするが、著者は本多が鷲尾の側近であることから正式な帰京命令であったと考える。

(46) 慶応三年十二月十四日「岩倉具視宛香川敬三書簡」（『大日本維新史料稿本』慶応三年十二月十四日条）。

(47) 「旧津藩近世事蹟」慶応三年十二月十五日条（東京大学史料編纂所蔵、維新史料引継本―いⅡ―二四）。

(48) 大江は、内乱勃発まで京都にて待機するように長州藩士品川弥次郎から忠告されたと回顧している（「大江卓君高野山挙兵実歴談附五四節」〈『史談会速記録』二一五、一九一一年〉）。

(49)　慶応四年二月二十二日「中山忠能宛岩倉具視書簡」（『大日本維新史料稿本』慶応四年二月二十九日条）。

(50)　慶応四年二月二十三日「岩倉具定・具経宛岩倉具視書簡」（『岩倉具視関係文書』三、四三〇〜四三三頁）。

(51)　慶応四年二月二十三日「宇田栗園・北島秀朝・香川敬三宛岩倉具視書簡」（『岩倉具視関係文書』三、四三四・四三五頁）。

(52)　たとえば、岩倉は閏四月十二日にも香川らへ「唯願くは兒兄弟之中壱人に而も戦場に出馬を以て弾丸に当らんことを欲す」と書簡を送っている（慶応四年閏四月十二日「宇田栗園・香川敬三・藤井九成宛岩倉具視書簡」〈『岩倉具視関係文書』三〉四九二・四九三頁）。

(53)　兵藤裕己『太平記〈よみ〉の可能性——歴史という物語——』（講談社、一九九五年）。

(54)　慶応四年正月九日「鷲尾隆聚宛岩倉具視書簡」（『岩倉具視関係文書』三、四一二頁）。

(55)　慶応四年四月十五日「岩倉具定・具経宛岩倉具視関係文書」（『岩倉具視関係文書』三、四六三〜四六七頁）、慶応四年七月五日「岩倉具視宛三条実美書簡」（同上四〈覆刻版、東京大学出版会、一九六八年〉四一〜四六頁）。

(56)　佐賀藩は岩倉具視に佐賀藩兵を率いて出陣させるように工作し、奥州で戦功をたてることで「幕末以来の薩長に対するおくれをとりもど」そうとした（『佐賀県史』下巻〈名著出版、一九七四年〉一五〜二一頁）。木原溥幸「幕末・維新における西南雄藩の動向（上）——佐賀藩の場合——」（『九州史学』二七、一九六四年）参照。

(57)　慶応四年六月「出師説」（『岩倉具視関係文書』一〈覆刻版、東京大学出版会、一九六八年〉三一二〜三一五頁）。

補論　榎本軍首脳部処分問題にみる「朝敵」寛典の論理

はじめに

戊辰内乱における「朝敵」処分問題は、発足後間もない新政府にとって最も重要な案件の一つであった。慶応四年（一八六八）五月二十四日に決定した徳川氏の駿府移封について、原口清は「関東における伝統的な権威を一掃し、天皇の絶対的権威を全国に貫徹させるために絶対に必要なこと」[1]であったと論じ、石井孝はこの処分によって徳川氏は「天皇政府支配下の一大名」[2]になったと述べている。また、松尾正人は、十二月七日に出された東北諸藩処分の詔書は、「天皇の「教化」と「徳威」を示すための儀式であった」とする。[3]以上の先行研究は、処分の決定が国内に向けて天皇権威を示す重大な機会であったと見なす点で一致する。このように戊辰内乱の処分問題は、政治史上の重要な問題だと認識されているが、従来の戊辰内乱を題材とした研究の多くは東北戦争あるいは箱館戦争の終結までを対象期間としている。そのため、箱館において明治二年（一八六九）五月まで抗戦した旧幕府軍の首脳部榎本武揚（釜次郎）らの処分過程は、これまで本格的に検討されていない。

一方で、箱館戦争に関する論考は数多くあるが、いずれも戦闘経過や「榎本政権」の性格、新政府の局外中立撤廃をめぐる外交交渉などに着目したもので、戦後処理問題を取りあげた研究は進められてこなかった。[4]さらに榎本に関する評伝類は、榎本が死罪を免じられたのちに明治政府に登用された要因を、新政府軍の参謀として榎本軍と対峙しながらも榎本の才覚を高く評価し、助命歎願に尽力した黒田清隆（了介）の功績だと述べる[5]。なぜ、榎本らの処遇の最終的な決定が明治五年（一八七二）まで遅れたのか、榎本らの処分が新政府の政治問題としてどう処理されたのか、という問いにこれらの先学は応えてくれない。

また、旧幕府の軍事顧問団として雇われていたフランス陸軍士官ブリュネらが、榎本軍に参加していたことで戦後日仏間に外交問題が生じる。これについては、大塚武松[6]、鳴岩宗三[7]がフランス側の史料などを駆使して検討している。両者の研究から、この問題に対するフランスの対応が明らかとなり、対外的にも箱館戦争の戦後処理は重大な要素を内包していたことがわかる。しかし、研究視座設定の上で当然のことではあるが、ブリュネの処分についての日本国内における議論には言及しておらず、榎本らの処分問題との関係性も明らかではない。

これまで研究が進まなかった大きな原因には、関連史料の残存状況が良好でないことがあげられる。そうしたなか、中央大学図書館蔵「明治初期各家書簡・草案集」のなかにある「榎本武揚の処分・外交問題の処理に関する草稿」は、この問題について重要な示唆を与えてくれる。詳細は本文中でみていくことにするが、同史料からはブリュネらフランス人の処分問題と榎本らの処分問題が政治的課題として連動していたことが看取できる。二つの問題は、分離されたものではなく密接に関連するものとして捉えねばならないと考えられる。

箱館戦争の戦後処分は、天皇の権威を内外に示し、勤王理念の浸透を図るための重大な課題であったにもかかわらず、「反乱軍」の首脳部榎本らの処分問題は十分な検討が行われてこなかった。そこで本章では、①榎本軍に参加したフランス人をめぐる対仏交渉と榎本軍首脳部処分問題の関係の分析、②黒田清隆による榎本寛典論の再検討、③寛典処分決定までの政治的過程の検証を課題とする。その上で、新政府にとって榎本ら「朝敵」の処分がどういった意味を有したのかを明らかにしたい。

一　ブリュネらの処分と対仏交渉

明治元年（一八六八）十月二十日、旧幕府海軍副総裁榎本武揚を首領とした旧幕府抗戦派は、蝦夷地鷲ノ木に上陸し、十一月中旬には蝦夷地のほぼ全域を制圧した。新政府は、蝦夷侵攻を翌二年春に決定して、この間懸案であった局外中立撤廃のための交渉を進展させ、十二月十八日、その獲得に成功する。ここにおいて、新政府は国際的に唯一の正当な政権と認知され、榎本軍は反乱軍とみなされることになったのである(8)。しかし、なお新政府が危惧したのは、諸外国による榎本軍の支援であった。翌二年正月二十八日、外国官から各国領事宛に次のような書簡を送っている。

以手紙啓上いたし候、然者今般南貞助箱館符江為取調出張相成候、就而者追々官軍進発之上同所賊徒可及追討候、各国人民彼に党与可致筈ハ決而無之筋に候得共、万一彼に与し候者見認候歟、或者弾薬粮食等輸送之陰に彼の声援となす者確乎証跡於有之者、仮令脱籍之者たり共貴国政府において罰金其外之御所置可有之筈ニ付、委細御確論承知いたし置度、勿々御回答可被下候、此段可得御意如斯御座候、拝具(9)

周知の通り、安政五年（一八五八）以降日本が諸外国と結んだ条約は、各国に領事裁判権を認めていた。したがって、仮に榎本軍を後援する外国人がいたとしても、条約上はその行為を日本側が裁くことはできない。そこで新政府は、英・仏・米・独・伊・露・葡・蘭・白（ベルギー）・丁（デンマーク）・瑞（スイス）の各国領事へ、外国人による榎本軍の援助があった場合の処分方法について事前に問い合わせたのである。これは単なる問い合わせではなく、各国に対する新政府からの牽制だったことはいうまでもない。イタリア・ポルトガルからはどのような返答があったのか、あるいは返簡がなかったのかは判然としない。ほかの一〇か国は、ほとんどが事前の明確な回答を避けた。大多数の返答は、万が一支援行為があった場合には該当者を領事へ引き渡して、吟味した上で本国の法あるいは万国公法をもって罰するというものであった。

新政府が懸念した外交問題は、戦後実際にいくつか生じることになる。イギリスのハウエル商社が榎本軍に石炭を売却した一件や、アメリカ人ウエンリートから榎本軍副総裁松平太郎が金を借り受けたと疑惑があった件などである。(10) そのなかで最大の問題となったのが、旧幕府に雇用されていた軍事顧問団の構成員を中心とするフランス人の榎本軍への荷担行為であった。

榎本軍と行動をともにしたフランス人の経歴については、すでに詳らかにされているのでここでそれを反芻することはしないが、行論の前提として必要な範囲で彼らの行動を略述しておきたい。慶応三年（一八六七）正月十三日、幕府の招聘を受けてフランス陸軍上級大尉シャノアンヌを団長とする軍事顧問団が横浜に入港した。幕府が崩壊すると、慶応四年七月二十八日、軍事顧問団は新政府から正式に解雇を言い渡される。フランスはこれに同意し、十・十一月の間に大部分のフランス人は帰国の途についた。しかし、砲兵教授ブリュネ、乗馬方カズヌーヴ、砲兵教師フォルタン、歩兵教師ブーフィエ、歩兵教師マルランの五名は帰国命令を無視して北方へ向かい榎本軍に参加した。これに、同年二月十五日の堺事件（堺に入港したフランス軍艦と同地を守衛していた土佐藩兵との間で起きた事件）に際して来日していた海軍士官候補生ニコール、コラッシュなどが加わる。榎本軍陸軍奉行大鳥圭介の回顧録「南柯紀行」(11) によれば、榎本軍に加わったフランス人は合計で一〇名であったとされるが、新政府とフランスとの間で問題となったのは八名である。すなわち、フランス軍艦コエトロゴン号に拿捕されたブリュネ、カズヌーヴ、フォルタン、マルラン、ブーフィエの五名と新政府軍が生け捕ったコラッシュおよび行方不明となったニコール、クラトーの二名である。行方不明者を除く六名は、戦前に確認した通り条約に従ってフランス本国へ送還されて裁かれることになった。(12)

コラッシュは、明治二年三月二十五日の宮古湾海戦で捕虜となり、ブリュネら五名は四月二十九日、箱館に碇泊していたコエトロゴン号に収容された。榎本軍にフランス人が協力していたことは、新政府に強い衝撃を与えた。さらにこの一件は、新政府内にとどまらず広く巷間に疑惑と憶測を生んだ。榎本軍の背後にフランス政府の援助があるのではないかとの疑惑である(13)。参与木戸孝允は、フランス人が生け捕りになった件が世間に混乱を巻き起こし、さまざまな疑惑が生じて「政府之妨害」となることを懸念した。そのため木戸は、外国交際上の規則に従った処置をとり、外国官もしくは軍務官から「条理」を「世間に御示しに相成、世間可成丈け安堵仕候様」に軍務官副知事大村益次郎と議定岩倉具視に申し入れた(14)。また東京や横浜では、榎本軍の幹部が新政府の追及を逃れて箱館から逃走するのをフランス軍艦が手助けして、匿っているとの風聞まで流布していた。新政府は、この風聞の真偽を解明すべくすぐさまフランス公使ウトレーに確認をとっている(15)。さらに五月十日、新政府はウトレーへ本国におけるブリュネらの処分の顚末を通知するように要求した(16)。

このように疑惑・憶測が飛び交った根底には、旧幕府を支援していたフランスが榎本軍に荷担し、日本侵略を目論んでいるのではないかという危機感が存在した。この危機感に拍車をかけたのが、外国官副知事寺島宗則である。寺島は、あるイギリス人士官から前フランス公使ロッシュの内命を受けてブリュネらは行動を起こしたとの情報を得た。これを基に寺島は、五月二十六日と六月十二日の二度、外国官判事に宛てて意見書を提出した。このイギリス人士官は、匿名を希望しており史料からは正体不明だが、ブリュネが所持するロッシュの指令書を見たと述べる。イギリス人士官は、指令書自体が手元にあるわけではなく確かな証拠がないとしないながらも、フランスはブリュネの行動を意図的に見逃しており、その背景にはロッシュの指令が存在したとする。ロッシュの目的は「去ルニ臨ても謀を遺し己レか罪を償ん」ことだと推測し、日本における自身の失策を帳消しにしようとしたという。さらに、「仏帝（ナポレオン三世——引用者註）之命ありたる哉も難計」との可能性まで示唆した。寺島は以上のような情報を提示して、新政府からフランス政府へ責任を追及する必要性を主張した。ブリュネの行動によって日本は多大なる損失を受けたと論じ、箱館戦争の軍事費用の半分をフランス政府に賠償請求するように要求したのである。(17)

これを受けて新政府は、榎本らを尋問の上フランス政府に責任を追及することに決定する。七月二十七日、新政府は榎本らに事実関係を糺問の上、ブリュネらの件に関して責任追及の交渉にあたる旨をウトレーへ通知した。(18)後述するように、榎本らへの尋問内容はフランス人の行動およびその意図に重点が置かれたが、結局ロッシュの指令やフランス政府の意図があったという確証は得られなかった。そのため新政府は、フランスとの交渉ではロッシュあるいはナポレオン三世の指令の件にはふれず、フランス側の監理不行届責任を論点とすることになる。これに対して、フランス側はブリュネらの脱走行為の犯罪性を認めつつも、それはブリュネがフランス陸軍の服務に反した点にあるのであって、フランス政府の日本政府に対する一切の落度を認めなかった。むしろ箱館戦争が起きた責任は、榎本艦隊が徳川家の旗を立て、品川沖に碇泊していたのを新政府が野放しにしていたことにこそあると反対に責められる始末であった。(19)新政府は、これに対して即座に反論することができなかった。鳴岩宗三が述べる通り、「百戦錬磨のフランス外交のしたたかさ」の前になすすべがなかったといえよう。(20)

その後、十月中に、兵部省は榎本軍らの尋問を繰り返し、フランス政府との関連を必死に問いただした。しかし、彼らは異口同音に「本国（フランス）政府ハ素ヨリコンシユル、ミニストル等エハ内密ニテモ申合」はなかったと供述するのみであった。(21)結局成果はあがらず、新政府はフランスとの交渉を再開せざるをえなくなる。十二月六日、外務卿沢宣嘉と外務大輔寺島の連名でウトレーにブリュネらの処分の結果を問い合わせた。(22)十一日に届いた回答は、ブリュネが退役処分になったことを知らせるものであった。退役処分は、厳罰であることを述べてフランス政府の「邪ナラザル実情ノ証」だとしている。しかしながら、ウトレーは次のような一言を付した。すなわち、ウトレーは一八六〇年から一八六四年にかけてアメリカでおこった南北戦争に言及し、アメリカ政府が南部軍に関係した外国人をすべて解放した処置を賛辞した[23]。また、ブリュネ以外は「ノンアクティウィティ(non-activity)」つまり「同人等者唯其長ブリユ子氏之命令に従ふ丈ケの罪として裁判」にかけられたことが別日通達された[24]。翌明治三年（一八七〇）三月中までいく度かの折衝があったが、日本側はこれ以上責任を追及する材料をもたず、結局はフランス政府の処分を「満悦」として交渉を打ち切った[25]。

交渉を打ち切らざるをえなくなったのは、榎本らからフランス政府の責任を追及する確たる証拠が入手できなかったことのほかに、榎本らの処分が未決状態であったことによる。外務省は弁官に、「榎本釜次郎其外之者共御裁許済之上ニ無之而者聢与其懸合および兼候」と交渉継続の困難さをうったえている[26]。榎本の処分決定が如何にして長引いたのか、ブリュネらの処分問題とどう関わるのかを次節以降で検討していこう。

二　処分決定の延期

榎本武揚ら榎本軍首脳部は、明治二年五月十八日に降伏後、江戸に護送され、六月三十日、「揚げ屋」（辰ノ口糺問所牢獄）に投獄された。入牢を申しつけられたのは、榎本のほかに松平太郎、大鳥圭介、永井玄蕃、荒井郁之助、沢太郎左衛門、松岡磐吉、渋沢成一郎、佐藤雄之助、仙石丹次郎の計一〇名である。榎本の親類預けとほか九名の恩赦が認められたのは、明治五年正月六日のことであるから約二年半にわたり投獄されることになる[27]。入牢以来、榎本らが尋問を受けることはほとんどなかったが、一時期徳川家との関係を問いただされたことがあった。また、「仏人の我党に入たる事を頻りに尋ね」られ、その焦点は、「仏国政府我（榎本）と同意して隠に日本を窺んと款する深謀」があるかどうかにあてられた。榎本らは、徳川家とフランス政府の関係性の両方を否定した[28]。後者は、ブリュネらの処分と関連したものである。新政府は、榎本らの罪状を明らかにするよりも、榎本軍を援助したフランス人の行動の背後にフランス政府の内乱介入の意図がなかったかを究明しようとしていたのである。

榎本らの処分は、箱館平定後新政府内で寛典論と厳罰論主張者の間で折り合いがつかず決定しかねていたが、七月後半頃から新政府は本格的にこの問題の解決に取り組み出した。ブリュネらの処分について、新政府がフランスとの交渉に乗り出したことが大きな要因である。「榎本武揚の処分・外交問題の処理に関する草稿」から、その関係性ついて具体的にわかる。

榎本ノ人々ヲ詰問シ様子ニ依リ我ゟ頼ムト雖、和親ノ国ナルニ其乱幕暴■ニ同意シタルハ如何ト云ヲ以仏人ヲ譴責スル道理也、然ルニ其罰ハ如何スルソ、

條約ニ夷人我国人ニ無礼スル時ハ彼国法ニ所スルト云コトアリ、扨又、我国ニテ朝敵ニテ国内軍ヲ起サセタル魁人慶喜ヲ始メ皆助命寛大ナレハ、強テ外人ヲ讀ルニ道ナシト云ヘシ、（頭欄書入）「頼ミタルカ悪シ、ト云道ノミ」、（挿入）「但コレカ彼万国国公法テ和親ノ国向ヒ悪ヲナシタルハ如何スルソ、併大寛大ニ所シタレハトテ強テ論スルコトモナルマイ歟、外人ヲ苛酷ニシテ償金ヲ余分ニ取ト云コト如何、和親国ナレハ緩ニセネハナルマイ、然レハ論スル迄ノコト歟、サレハ■忿ヲ漏ス丈事ナラン」、然ハ応接スルトモ我国人スラ寛典ナレハ、況外人ニ於テヲヤ、只寛典ト云ゟ外アルマシ、只榎本抔カ頼タル歟相済ント云計ナラン、

扨又、榎本一団何ト罰セラル、ソ、是第一也、甚六カシ、先ニ考ヘネハナラヌ事也、榎本ノ云振ハ主人ノ為ト云ナルヘシ、勝阿波ノ言ニ今奇才ノ人ハ不用也、只薪ニ座シ胆ヲナメル人ヲコソ可用ト云ヨシ、是大志也、能々思慮アルヘシ、夫故只々人心ヲ得給道勘要也、

夷ノ言ニ追々日本ヲトルト云ヨシ可悪々々、是ハ脱人ヲ指シテアル故嘘喝ヲ唱ヘテ恐レシムルナラン[29]

同史料の作成者は不明だが、新政府の首脳であることは間違いない。作成年代も記されていないが、フランス公使に責任追及の通達を出した明治二年七月後半頃だと推定できる。この意見書によれば、新政府のブリュネら

の罪を追及する「道理」は、フランスは「和親ノ国」であるにもかかわらず、榎本軍に同意・参加したという抽象的な点であった。この時点で、どれほどの罰を要求するのかは決まっておらず、新政府が見切発車でフランスと交渉に入ったことが読みとれる。ここで注目されるのは、前将軍徳川慶喜以下を「助命寛大」に処置するのであれば、外国人を譴責する道理は立たないと述べている点である。言い換えれば、国内の「朝敵」処分問題の方向性によっては、ブリュネらの罪は問責できなくなるということになる。史料の作成者は、ブリュネらの罪も不問に付してしまえば、大した問題にはならないことも述べ、そうすればこの問題は「論スル迄ノコト歟」との見解を示す。日本が「和親国」であるとの立場からの意見である。また、榎本らの処分決定は、ブリュネらの問責よりも「先ニ考ヘネハナラヌ事」という。国内で「朝敵」を寛典に処せば、ブリュネらのみ問責する理論は成立しない。ましてや、ブリュネらと行動をともにした榎本らであればなおさらである。

さらに、「夷ノ言ニ追々日本ヲトルト云ヨシ」とあるのは、先に見た寺島宗則の意見書を指すと推察できる。その下の書き込みの「是ハ脱人ヲ指シテアル」の「脱人」はブリュネらのことであろうが、「嘘喝ヲ唱ヘテ恐レシムルナラン」との一言は確証を得られていない寺島のような論を指すと思われる。ブリュネらの罪を追及するかどうかは、フランス政府による日本侵略の意図の有無をどう考えるかによっても異なってくるといえよう。

以上から、榎本らの処分が未決であったにも関わらず、フランス政府へブリュネらの罪を問うてしまった新政府の自己矛盾が浮かび上がってくる。フランス政府の責任追及と榎本らの処分は、密接不可分に結びついていたのである。

九月に入ると慶喜、前会津藩主松平容保以下の処分と関連して、新政府は「朝敵」処分問題を解決する必要に迫られることになる。九月中に慶喜・容保以下の寛典処分問題と、榎本ら箱館戦争における旧幕府軍首脳部処分の審議を主題とする御前会議が計一四回開かれた(30)。結果として、榎本らの処分のみ延期され、九月二十八日慶喜・容保以下を寛典に処する詔書が出された[31]。

新政府は、慶喜以下榎本らを含む「朝敵」の処分を一度に行うことを前提に議論を進めていたが、慶喜や容保らの処分のみ榎本らのそれに先行して断行されたのは、参議大久保利通の意向が反映されていた。十八日の御前会議では榎本らの処分は、対仏交渉が決着した後と決定された。対仏交渉の結果によっては、榎本らの処分内容が左右される可能性があったからである。つまり、フランス政府がブリュネらの罪と監理不行届責任を認めてそれに見合った処置をとった場合、榎本らを寛典に処すことはできなくなるのである。十九日には榎本らの処分延期にともない、慶喜以下の寛典処置も延期すべきとの意見が大勢を占めて決定事項となっていた。慶喜以下の処置を遅らせたからといって、機会を失することはないというのがその論拠である。これに対して、大久保はこの決定が慶喜を寛大に処遇する「大御目的」を失したものだと感じ、参議副島種臣とともに「歎息之談」をもらす[32]。慶喜赦免の目的について山嵜千歳は、「朝敵」を赦す「寛容さ」を新政府が示すこと、旧幕臣の登用のため慶喜の寛典が必要であったことが背景にあったと考察している[33]。翌二十日朝、大久保は大納言岩倉具視に「榎本事件」と慶喜の処置について自分の見込みを述べに行った[34]。大久保の言は岩倉を動かし、同日の夜岩倉は右大臣三条実美と談じて、翌日榎本らの処分は「外国談判重事に付」フランスとの談判後と決し、慶喜以下の処置のみ先行して実施することを大久保と副島に通知した[35]。

以上のように、榎本らの処分は対仏交渉の結果が出るまで延期されることになり、ほかの「朝敵」処分問題とは別に取り扱われることになった。ブリュネらの罪をフランス政府に問責したことにより、榎本らの処分は対仏交渉が終了するまでの間、国内の単独の問題として片付けることが出来なくなっていたのである。

三　黒田清隆の寛典論と木戸孝允の厳罰論

次に新政府内で、榎本武揚らの処分をめぐってどのような議論が展開されたのかをみていきたい。明治三年時点における榎本ら一〇名の処分問題に関する議論は、次に引用する参議佐佐木高行の日記が端的に伝えてくれる。

一、是年（明治二年）、箱館平定後榎本釜次郎等ヲ御処置ノ義ニ付、薩長大ニ議論相違ナリ、薩ハ黒田了介参謀ハ山田市之允ニテ、黒田論ニハ降伏ノ上ハ赦免当然ト云ヒ、山田論ニハ最初会津等トモ違ヒ実ニ賊首ニテ、降伏トイヘドモ攻メ附ケラレタル上ナレバ厳重ニ処置致シ、名義ヲ天下ニ示スベシトノ事也、長人ハ木戸モ広沢モ厳重論ナリ、板垣モ木戸論ナリ、後藤ハ内心ハ藩論ヲ尤ト思フ事ナレ共、木戸板垣ヘ対シテ表面ハ赦免不可然ト申唱ヘタル也、条公ハ長州論ヲ聞込ミ、岩公ハ薩論ヲ聞込ミ、副島ハ学者故和漢例ヲ引キ、官兵ニ降伏スルヲ殺スハ美事ニアラズト云フ、是ハ薩論ヲ助ケルトテ長ヨリハ別ケテ悪ム事也、此ノ辺ノ議論六ケ敷事也、高行ト斉藤利行ハ寛大議也、薩ノ私意ヲ張ツ迚後藤板垣モ殊ノ外ニ不平ヲ鳴シタル也(36)

戊辰内乱の東北諸藩処分問題をめぐって、寛典論を唱える薩摩藩勢と厳罰論を主張する長州藩勢が対立したのは知られているが、榎本らの処分についても同様の構図が形成されていたことがわかる。特に黒田清隆が主導する薩摩藩の寛典論に対して、参議木戸孝允ら長州藩士たちは真っ向から厳罰論を展開した。また、土佐藩の藩論は寛典論であったが、これに反して板垣退助は厳罰論を唱えた。副島種臣は故事をひいて、降伏人を死罪に処すことは「美事」ではないと述べ、寛典論を主張した。さらに、岩倉具視は寛典論を、三条実美は厳罰論をそれぞれ支持していた。薩摩藩と長州藩を基軸に新政府内では、榎本らの処分に関する意見が二分していたことがわかる。

木戸は、箱館平定直後の早い段階から榎本らの厳罰を持論としていた。箱館戦争において新政府軍の参謀をつとめた黒田らの寛典論を「情を以義を誤るの説」と断じ、[37]明治二年六月に大村益次郎へ宛てた書翰のなかでは、「榎本等も可惜才芸は有之候得共、実に於条理如何とも難仕」とした上で、「巨魁之もの丈け死罪、司令已上於生藩禁錮、其余は軍務におゐていか様とも御委任」という具体的な罰則にも言及している。[38]厳罰論の論拠は、「賊首」である榎本らを厳格に処分することで新政府の「条理」を広く明示することにあった。三条はこうした木戸ら長州勢の意見を聞き入れ、フランスとの交渉をまたずに「是非今日ニ御決評云々と之趣」を主張した。[39]

右の佐佐木の日記を見れば、明治三年段階においても木戸がその姿勢を崩していないことがみてとれる。木戸は、榎本らの赦免が決定する最終段階にいたっても一人かたくなに厳罰論を主張し続けていた。赦免決定後、参議西郷隆盛は「木戸一人の処甚だ六ケ敷御座候」との感想を桂四郎にもらしている。[40]また、明治四年の暮れに華族外山光輔と愛宕通旭が起こした国事犯事件の処分を巡っても薩摩藩と長州藩は見解が分かれたが、このときは寛典を是とした木戸の論拠は「箱館等賊徒ノ巨魁モ御寛典相成」というものであり、佐々木は「長州ハ其時モ大ニ不平アリ」とこの木戸の発言を批判している。[41]

これに対して寛典論を首唱する薩摩藩の代表格は、黒田であった。従来、黒田が榎本の助命に尽力した動機は、箱館五稜郭において死を覚悟した榎本が『万国海律全書』という書物を黒田に送り、それが黒田を強く感動させたという著名なエピソードによって説明されてきた。[42]しかしながら、そのエピソードによって黒田が動いたことを示す確実な史料は見あたらない。ただし、箱館戦争時に海軍参謀をつとめた曾我祐準は、箱館の最前線において黒田、海軍参謀増田虎之助と三名で、もし「賊将」らで降伏する者があったならば「其の生命は我々が必ず救ふ」ことを約束したとのちに回顧している。[43]この談話が史実であったとしても、榎本と黒田の個人的な関係には何らふれてはいない。しかしながら、黒田が榎本ら降伏者の赦免のため行動したのは事実である。先にあげた桂宛書翰のなかで西郷は、「黒田は初心は不変透間々々には追々議論持出し」ており、黒田の「勇力」なしでは榎本らの命はなかったであろうと述べている。[44] だが、この書簡からも黒田と榎本だけが特別な関係にあったことは読みとれない。

黒田本人がこの問題について残した史料は乏しいが、明治三年十二月二十九日に三条へ提出された左の建言書が確認できる。

一、榎本釜次郎元来薩長ヲ恨ミ王師ニ抗シ箱館ニ拠ル、其罪小ナルニ非ス、然トモ　聖上寛仁之徳ニ感シ、終ニ軍門ニ降伏ス、夫レ既ニ其降ヲ受ケ東京ニ護送シ、又是ヲ戮ス条理ニ背キ、千載青史ニ愧ツルアリ、故ニ死一等ヲ宥メ朝典公平ニ出ルヲ以テ適当トス[45]

黒田が寛典論を主張したのは、榎本ら「賊軍」の首脳部を寛典に処すことで、新政府の「条理」を示す点にあったことがわかる。薩摩藩などの寛典論の根底にあるのは、「王師ニ降リタル以上私憤ヲ以処」すことをせず、天皇の徳威をアピールするという発想であった。[46] 言い換えれば、「官軍」に降伏したものはたとえどんな「賊」であろうとも寛大に赦すという、副島種臣がいうところの新政府の「美事」を創出することが第一義にあったのである。榎本のような「賊の巨魁」の場合、一般の「賊徒」を寛典に処するのと比べて「美事」はより効果的なものとなる。黒田も単純に能力・実力を高く評価して榎本を助けようとしたのではなく、こうした立場から寛典論を主張したのではなかろうか。

ただし、戊辰内乱の全過程を通じて薩摩藩が寛典論を貫いていたわけではない。一例をあげれば、大久保や西郷は、慶応四年二月中旬頃には徳川慶喜の切腹を論じていた。[47] いつ薩摩藩をして寛典論に傾倒せしめたのか、明確な線を引くことは容易ではないが、先にもふれた通り少なくとも明治元年十二月の東北諸藩処分の段階では、薩摩藩は寛典論を主張している。戊辰内乱の結末が見えない段階では顕在化しなかった「朝敵」を赦す「勝者」の寛典論が、内乱に勝利することが確実になった時点で出てきたことは推測できよう。

寛典論と厳罰論は、一見まったく異なる方向を向いているように思われる。だが、新政府の「条理」、すなわち物事の道理を広く示すことによって新政府の権威を顕示しようとした点においては共通していた。目的達成のための方法が、寛典か厳罰かという点で差異が生じたのである。

四　榎本軍首脳部の赦免

新政府関係者の議論とは別に、榎本武揚らの助命を新政府に働きかける動きもあった。よく知られているものに、榎本の親族と親族に依頼された福澤諭吉による榎本の助命歎願運動がある。福澤は歎願書の案文を作成し、それを榎本の姉おらくに浄書させ母ことの名前で明治二年九月に新政府へ提出した(48)。しかしながら、この歎願書は親子の感情を全面に出したもので、政治的な影響力はほとんど期待できなかった(49)。

ほかに、旧会津藩士武田信愛が、明治四年十一月九日に川路利良を介して大久保利通へ提出した歎願書が確認できる(50)。武田は、箱館戦争で榎本軍に参加しており、この時は兵部省造兵司に登用されている。武田の歎願書は、ほとんど知られていないのでここで紹介しておきたい。

武田は、榎本を「周之頑民殷之忠臣」であると評し、榎本北行の原因は「恐クハ信愛か旧藩会津之君臣ヲ誘導するニ因る」と述べ榎本には罪がないことを主張する。その上で「曾て朝敵之巨魁ト称せられし者ハ」、みずからの旧主松平容保であり、榎本らは「其枝葉」に過ぎないという。その容保の子容大ですら家督を継ぐことが許され、華族に列せられているのだから榎本を寛典に処すのは当然だとし、さらに続けて次のように述べる。

榎本子ハ盖世之英傑なるとハ世人之所知ニして、闔天下之人民榎本子之再ひ世ニ出んことを渴望すること大旱之雲霓を望むか如し、今之か罪を免して世ニ出し御登用あらハ天下之人民弥悦服し、国家之為ニ鴻益を為スこと幾何哉（中略）漢高祖ハ季布を不殺のミならす却て之を用ゆ、後世以て為美談、豊臣太閤ハ降者を使用す、故ニ速ニ天下を掌握す、晩近米利幹内乱之時其政府之叛賊なる南部之大統領某戦敗れて政府ニ降ル、政府之ヲ免して其行蔵を肆ニせしむ、ボナパルテ氏就擄之後ヘレナ島ニ禁錮せられ終ニ島中ニ死ス、地球上之万国之を憐む、後二十年ニして仏都巴利ニ帰葬ス、挙国人民大ニ悦服し、為之仏国得勢、遂ニ帝国ニ位す、独り皇国中無双之英傑と被称し榎本子何そ不可宥罪あらんや、不可用之理あらんや

まず、世間に榎本待望論が高まっていることを根拠に赦免を要求しているが、実際に榎本への期待がどれほどのものだったのか、あるいは現実に存在したのかはわからない(51)。ここで目をひくのは、武田は榎本を赦免するだけではなく、新政府へ登用するところまで見込んでいる点である。さらに武田は、榎本赦免・登用論を清・アメリカ・フランスおよび豊臣秀吉の例を引いて裏付けようとしている。これは、副島種臣の理論に近似するものでありアメリカの南北戦争の例は、ブリュネ問題に際してフランス公使ウトレーも持ち出していた。武田が、榎本の赦免・登用をうったえた背景についてはさらなる考察が必要となるが、旧会津藩出身の箱館降伏人で、その後新政府に登用された人物からこのような歎願がなされていたことは注目に値しよう。

しかしながら、これらの歎願はいずれも榎本らを寛典に処す決め手とはならなかった。福澤と榎本の親族の歎願運動は、政治的な効果をあげることはできなかったし、武田の願書が提出された時点では、公表されてはいなかったが榎本らを赦免することが新政府内部ですでに決定していた。そのため、榎本らの処分結果に影響を及ぼしたわけではない。

では、榎本らの赦免を決定させた要因は何だったのであろうか。西郷隆盛によれば、明治四年(一八七一)十一月十二日の岩倉遣欧使節団発遣の直前に榎本らの処分問題をめぐって新政府内で大議論が展開したという。その焦点は、南北戦争の折、アメリカ政府は速やかに南部軍の降伏人を赦す処置を行い、それが国際社会で高く評価されていることであった(52)。もし、榎本らを厳罰に処した場合、国際社会で非難を受け、条約改正のため使節団

を派遣しても徒労に終わることもあり得ると考えたのである。

すでに明治二年末、アメリカ公使デロングは、外務省へ次のように意見していた。

> 合衆国ニ而大逆賊を鎮撫せし時、大統領親兵ニ敵対せしたるもの共を不残赦免すへき旨を普告したり、右処置の智術なる事疑ひなし、且其後実功充分顕れたり、日本新年今近きニあるか故寛大之所置を以て右之もの共を職務ニ任る時は、日本政府之威勢顕然となり、且　天皇陛下の美名各国主君の内に耀き、合衆国及ヒ他の国々ニ而相当ニ尊敬するニ至るへし、此事を閣下ニ報する事余か職掌たり、政府之大量なる事必らす外国中就中合衆国ニ顕るへし、右は日本と外国との交際上ニ益ある事疑ひなけれは、　天皇陛下ニ而其政府ニ逆ひしもの共を新年之期ニ至り全く赦免あらんことを希望す、謹言[53]

デロングは、自国の例にならって寛典処置を施した場合の利点を強く説いている。なかでも、外国交際上尊敬を得られるという点は、条約改正を急務の課題として岩倉使節団の派遣を決定した政府にとって重要な点と考えられた。南北戦争においてアメリカ政府が「大統領親兵ニ敵対」する者をすべて寛典に処したことは、ウトレーも賞賛したようにたしかに国際社会で「美談」となっていた。明治二年末段階では「御来旨ノ趣ハ我内国事務ノ義」として外務省はこの忠告を保留し、日本政府は明確な回答をしなかったが岩倉使節団の出発直前になって問題として再浮上したのである。この時にいたって、黒田清隆ら寛典論の主張者は勢いを得、それまで厳罰論を支持していた長州勢も木戸孝允一人を残して寛典論に傾く[54]。その木戸も、岩倉使節団の派遣を前にして諸外国から如何にみられるかは重大な問題として捉えていたようで、外国では榎本のような存在がどのような罰に処されるのかを調査していた[55]。

また、明治四年十一月十七日の大嘗会を好機として、新政府は依然禁錮などの処分になったままであった「朝敵」を恩赦に処すことを勘案していた。この恩赦にともない、大久保利通らは榎本や大鳥圭介らを政府に登用することまでを企図していた。もちろん、この背景には右のような対外関係を意識した問題が存在していた。しかしながら、大久保らのねらいは容易には実現できず、大久保は「榎本一列丈は大嘗会之大赦に入る﹅与申様なる曖昧なる事にて八寸益無御座」と岩倉具視に述べた。ほかの「朝敵」とは違い、榎本らに関しては赦免・登用の理由をより明確にする必要性があったのである。さらに大久保は、榎本らの処分が未決なままであるのは、薩長の対立から延引してきたことであるので、「使節出払之上いか様立派に御処置有之候ても感心不仕候」とした。そう認識した上で、「皇国全体を以海外に当り候」体制を創造するために榎本らの登用が必須であることを、正院での赦免・登用決定の論拠にすべきだと岩倉に説いた[56]。「朝敵」の「巨魁」と目されていた榎本を寛典に処し、さらには新政府に取り込むことで「挙国一致体制」をアピールしようとする意図である。そしてこれは、国内だけではなく外国の視線を意識したものである。岩倉使節団の派遣にともなって、それが意識されたことは述べるまでもなかろう。

この処置を実施するためには、厳罰論者である木戸の了解が必要であり、十一月八日朝、岩倉と内談した西郷は木戸を訪ね説得をはかった[57]。最終的には、木戸も「乍否」寛典処置を認め、正院にこれをはかって岩倉使節団出発のまさに直前、榎本らの赦免・登用が決定したのである。

明治五年正月六日、松平容保以下の「朝敵」が赦免され、青森・福島・仙台の各県に禁錮・永預となっていた「朝敵」諸藩の藩士が特赦、徳川慶喜が従四位に、旧小田原藩主大久保忠礼以下「朝敵」諸藩の旧藩主一〇名が従五位に叙された。これと同時に松平太郎ら九名が赦免、榎本の親類預けを発表。榎本は、少し遅れて三月七日に赦免、八日開拓使四等出仕を仰せ付けられた[58]。榎本一人の処分を遅らせることで、「朝敵」の「巨魁」とほかとの差をつけたのであろう。

榎本らの赦免・登用は、国内だけでなく国外へ向けても日本政府の方向性を表明する手段となった。岩倉使節団の派遣は、榎本らの赦免・登用決定の大きな機会となり、新政府は長い間棚上げにされていた榎本らの処分問題をようやく片付けることができたのである。

小括

榎本武揚ら箱館戦争における「反乱軍」首脳部の処分問題は、単に国内での問題として済まされるのではなく、ブリュネらフランス人の対外問題と密接に関連したものであった。それゆえにその決定までの過程は困難を極めた。新政府は、榎本軍にフランス人が混在していたことに脅威を感じ、フランスへブリュネらの罪の追及することになる。対仏交渉は長引き、結果としてほかの「朝敵」処分に比して榎本らの処分のみ決定が延期された。

フランスとの交渉終了後も、新政府内部では薩摩藩を中心とした寛典論と長州藩が主導する厳罰論が衝突して容易に議論は決定しなかった。だが、寛典論派も厳罰論派も政府の「条理」を広く示すことを目的とした点では方向性が一致していた。その方法論に決定的な差異が生じていたのである。

そして寛典論・厳罰論それぞれの代表格であったのは、黒田清隆と木戸孝允であった。たしかに、黒田が榎本らの助命に尽力したことは間違いない。しかしながら、『万国海律全書』の物語に表出されるような私情ではなく、新政府にとって寛典に処するのが良策と判断したため、黒田は榎本らの赦免に力を注いだのである。黒田は、新政府の「条理」を示すために寛典を主張したのであり、黒田と榎本の特別な関係から榎本の命は救われたとする説では、榎本らの赦免すべてを評価することはできないことは明らかであろう。

榎本らの赦免・登用決定は、最終的に明治四年十一月の岩倉使節団派遣直前まで引っ張られることになる。岩倉使節団派遣は、諸外国の視線を新政府に意識させ、「朝敵」処分問題を再燃させた。その背景には、アメリカからの要求があったのはみてきた通りである。新政府は岩倉使節団派遣を契機に、未処理となっていた榎本らの処分に乗り出す。新政府にとって榎本らの処分は、国内に向けて天皇の寛容さを示し、勤王理念を浸透させるための政策であると同時に、国外に向けて「反乱軍」を赦す日本政府の姿勢、「挙国一致体制」をアピールするための外交策でもあったのである。

奇しくも西郷隆盛が述べたように、黒田が榎本の助命に尽力した業績は「千載の美談[59]」として現在にいたるまで語りつがれている。箱館の戦線で対峙したにも関わらず、勝利した側の参謀が敗軍の将を救うという物語は、「美談」として語られるに十分な要素を備えている。どのようにして、こうした「美談」としての戊辰内乱史が形成されてきたのかは別に検討しなければならない課題である。

（1）　原口清『戊辰戦争』（塙書房、一九六三年、原口清著作集編集委員会編『原口清著作集三　戊辰戦争論の展開』岩田書院、二〇〇八年所収）二〇五頁。原口は、『明治前期地方政治史研究』上（塙書房、一九七一年）において徳川宗家の処分問題をさらに詳しく検討している。

（2）　石井孝『維新の内乱』（至誠堂、一九六八年）八八頁、同『戊辰戦争論』（吉川弘文館、一九八四年）一五四頁。

（3）　松尾正人『維新政権』（吉川弘文館、一九九五年）七七頁。このほかに、徳川家処分問題に加えて「朝敵」諸藩処分問題を検討した下山三郎『近代天皇制研究序説』（岩波書店、一九七六年）がある。下山は、「朝敵」諸藩の寛典処分にみられる新政府の基本姿勢には、①大量の浪人発生を防ぐための治安上の配慮、②すべての藩と等しく距離をとろうとする方向性があったとしている。

（4）　大山柏『戊辰役戦史』下（時事通信社、一九六八年）、石井孝『増訂　明治維新の国際的環境』（吉川弘文館、一九七三年）、佐々木克『戊辰戦争――敗者の明治維新――』（中央公論社、一九七七年）、武内収太『箱館戦争』（五稜郭タワー、一九八三年）、田中彰「壮大なる幻影・蝦夷共和国の虚実」（『戦国幕末の群像　榎本武揚』旺文社、一九八三年、同『北海道と明治維新――辺境からの視座――』北海道大学図書刊行会、一九九九年所収）、『函館市史』通説編二・第四編（函館市、一九九〇年）、友田昌宏「局外中立撤廃の過程と徳川箱館出兵論」（『日本史研究』四九六、二〇〇三年）、保谷徹

『戊辰戦争』（吉川弘文館、二〇〇七年）、樋口雄彦『箱館戦争と榎本武揚』（吉川弘文館、二〇一二年）など。ただし近年、箱館奉行所の旧幕臣処分問題を考察した門松秀樹（「箱館戦争の戦後処理における旧幕臣の処遇に関する一考察」『法学政治学論究』五八、二〇〇三年）や、箱館戦争で降伏した後の旧幕臣の動向を検討した樋口雄彦（「箱館戦争降伏人と静岡藩」『国立歴史民俗博物館研究報告』一〇九、二〇〇四年）の研究が成果をあげている。

(5) 一戸隆次郎『榎本武揚子』（嵩山房、一九〇九年）、加茂儀一『榎本武揚』（中央公論社、一九六〇年）など。なお、黒田清隆の関係文献（井黒弥太郎『黒田清隆』吉川弘文館、一九七七年など）でもこの点は一致する。

(6) 大塚武松『幕末外交史の研究』（寶文館、一九五二年）。

(7) 鳴岩宗三『幕末日本とフランス外交――レオン・ロッシュの選択――』（創元社、一九九七年）。ほかにブリュネらについては、篠原宏『陸軍創設史――フランス軍事顧問団の影――』（リブロポート、一九八三年）、澤護「箱館戦争に加担した十人のフランス人」（『千葉敬愛経済大学研究論集』三一、一九八七年）、岡田新一ほか『函館の幕末・維新――フランス士官ブリュネのスケッチ一〇〇枚――』（中央公論社、一九八八年）、鈴木明『追跡――一枚の幕末写真――』（集英社、一九八四年）、市川慎一・榊原直文編訳『フランス人の幕末維新』（有隣堂、一九九六年）、クリスチャン・ポラック『絹と光――日仏交流の黄金期（江戸時代～一九五〇年代）――』（アシェット婦人画報社、二〇〇一年）など参照。

(8) 前掲、註(4)『増訂　明治維新の国際的環境』。

(9) 「単行書・大使書類原稿・訴訟書類　第九」（国立公文書館蔵、本館―二A―三三―〇六・端〇〇二九〇一〇〇）。

(10) 前掲、註(9)、外務省調査部編『大日本外交文書』第二巻～第四巻（日本国際協会、一九三七～一九三八年、以下『外』と記す）参照。なお、これらの外交問題は従来検討されておらず、今後分析する必要がある。

(11) 「南柯紀行」（『旧幕府』一―六、一八九七年）。

(12) フランス人の人数や人名は、史料・論者によって若干異なる。本稿ではその確定のための準備はなく、また目的ともしないので前述の八名を対象に論述を進める。『外』第二巻・第三巻参照。

(13) 上総国望陀郡高柳村名主重城保の日記の慶応四年六月十八日条には、「江戸市中も少々動揺之説、仏人専ら会藩徳川江加担之故なるへし」とあり、慶応四年段階ですでにフランスによる旧幕府軍荷担説が流布していたことがうかがい知れる（菱田忠義・重城良造編『重城保日記』第六巻、うらべ書房、一九九四年）。

(14)　明治二年五月十三日「大村益次郎宛木戸孝允書簡」・明治二年五月「岩倉具視宛木戸孝允書翰」（『木戸孝允文書』三、覆刻版、一九七一年、東京大学出版会、三四八〜三五一頁、三六四・三六五頁）。
(15)　『外』第二巻・第一冊、明治二年五月十・十一日、八四九〜八五四頁。
(16)　『外』第二巻・第一冊、明治二年五月二十六日、九二九・九三〇頁、同第二巻・第二冊、明治二年六月十二日、八三〜八五頁。
(17)　『外』第二巻・第一冊、明治二年五月十日、八五〇・八五一頁。
(18)　『外』第二巻・第二冊、明治二年七月二十七日、四二五・四二六頁。
(19)　『外』第二巻・第二冊、明治二年七月二十八日。
(20)　前掲、註(7)鳴岩『幕末日本とフランス外交』、二六四頁。
(21)　『外』第二巻・第三冊、明治二年十月十三・十五・十八日、九三・九四頁、一〇三〜一一二頁、一二六〜一三一頁。
(22)　『外』第二巻・第三冊、明治二年十二月六日、四五八〜四六〇頁。
(23)　『外』第二巻・第三冊、明治二年十二月十一日、五〇六〜五一四頁。
(24)　「公文別録・太政官　第一巻」（国立公文書館蔵、本館―二A―〇〇一―〇〇・別〇〇〇〇一一〇〇）。
(25)　『外』第三巻、明治三年八月三日、五頁。
(26)　「公文別録・太政官　第一巻」。
(27)　「諸官進退・諸官進退状　第四巻」（国立公文書館蔵、本館―二A―〇一八―〇〇・任A〇〇〇〇四一〇〇）。
(28)　明治三年十月十六日「榎本武揚書簡」（榎本隆充編『榎本武揚未公開書簡集』新人物往来社、二〇〇三年、四五〜四七頁）。
(29)　「明治初期各家書簡・草案集」（中央大学図書館蔵、K二八一、〇四／Me二五）。
(30)　宮内庁編『明治天皇紀』第二、明治二年九月二日条（吉川弘文館、一九六九年）。
(31)　『法令全書』明治二年、第九三八。
(32)　『大久保利通日記』二、明治二年九月十八・十九日条（覆刻版、東京大学出版会、一九八三年）。
(33)　山嵜千歳「明治期における徳川慶喜の待遇」（『史友』三〇、一九九八年）。

(34)『大久保利通日記』二、明治二年九月二十日条。
(35)明治二年九月二十一日「大久保利通等宛岩倉具視書翰」（『岩倉具視関係文書』二、覆刻版、東京大学出版会、一九六八年、三一四・三一五頁）。
(36)『保古飛呂比　佐佐木高行日記』四、明治三年十二月条（東京大学出版会、一九七三年）。
(37)『木戸孝允日記』一、明治二年六月十日条（覆刻版、東京大学出版会、一九六七年）。
(38)明治二年六月十三日「大村益次郎宛木戸孝允書簡」（『木戸孝允文書』三、覆刻版、東京大学出版会、一九七一年、三七四〜三七七頁）。
(39)『大久保利通日記』二、明治二年九月十八日条。
(40)明治五年四月十二日「桂四郎宛西郷隆盛書簡」（『西郷隆盛文書』覆刻版、東京大学出版会、一九八七年、八六〜八八頁）。
(41)『保古飛呂比　佐佐木高行日記』五、明治四年十二月三日条（東京大学出版会、一九七四年）。
(42)前掲、註(5)参照。
(43)明治四十二年十二月二十一日「箱館戦争中海軍実歴談附三十八節」（『史談会速記録』合本二九、覆刻版、原書房、一九七一年）。
(44)明治五年四月十二日「桂四郎宛西郷隆盛書簡」。
(45)明治三年十二月二十九日「黒田清隆建言書」（宮内庁宮内公文書館蔵、七三八九四）。
(46)『保古飛呂比　佐佐木高行日記』五、明治四年十二月三日条。
(47)原口清「江戸城明渡しの一考察」一・二（『名城商学』二一―三、一九七二年、前掲、註(1)『原口清著作集三　戊辰戦争論の展開』所収）。
(48)明治二年九月十三日「榎本武揚老母の歎願書案文」（慶應義塾編『福澤諭吉全集』二〇、岩波書店、一九六三年、二〇〜二二頁）。福澤の歎願運動については、前掲、註(5)加茂『榎本武揚』、石河幹明『福澤諭吉傳』一（岩波書店、一九八一年）に詳しい。
(49)福澤は、『福翁自伝』（岩波書店、一九九一年）で榎本の助命歎願運動を支援した経緯を回顧している。

(50) 明治四年十一月九日「大久保利通宛川路利良書簡」（立教大学日本史研究室編『大久保利通関係文書』二、吉川弘文館、一九六六年、二八六〜二八八頁）。
(51) ただし、箱館において榎本の写真が盛んに売れており、外国人までも競って買い求めるほどの人気があったという（明治三年三月十六日「母・観月宛榎本武揚書翰」『榎本武揚未公開書簡集』三九頁）。
(52) 明治五年四月十二日「桂四郎宛西郷隆盛書簡」。
(53) 『外』第二巻・第三冊、明治二年十二月二十六日。
(54) 明治五年四月十二日「桂四郎宛西郷隆盛書簡」。
(55) 榎本が獄中で入手した情報には、「昨今或る役人の話に木戸参議等西洋に参り候序に西洋と我輩の如き罪科をさばき候所置を問い合せ、其上にて御所置振り相定め申す由内々申聞き候」とある（明治四年十一月二十一日「観月・多津宛榎本武揚書簡」『榎本武揚未公開書簡集』六六・六七頁）。
(56) 明治四年十月二十四日「岩倉具視宛大久保利通書簡」（『大久保利通文書』四、覆刻版、東京大学出版会、一九六八年、四〇九・四一〇頁）。
(57) 明治四年十一月八日「岩倉具視宛大久保利通書簡」（『大久保利通文書』四、四一二・四一三頁）。
(58) 『明治天皇紀』第二、明治五年正月六日条。
(59) 明治五年四月十二日「桂四郎宛西郷隆盛書簡」。

第2部

旧幕府抗戦論の限界

第3章　旧幕府抗戦論の正当性

はじめに

慶応四年（一八六八）正月七日に前将軍徳川慶喜の征討令が出され、前時代の国家統治権者であった徳川宗家の当主に対し、天皇に敵対する「朝敵」の烙印が押された。それは、天皇による現行秩序の否定を意味し、徳川将軍を頂点とする従来の社会規範は明確に破られてゆく。そこで主導権を握ろうとしたのが、天皇原理であり、勤王理念である。内乱において新政府が、勤王理念を喧伝・浸透させてゆく過程では、それまでの時代を支配していた佐幕理念の取消、塗り替えが必然的に生じた。

一方で、旧幕府側で抗戦を続ける集団も徳川再興のため、内乱を遂行するための支配理念の確立に迫られる。佐幕理念がどのような性質なものであり、なぜ勤王理念に抗しえなかったのか、大多数の諸侯や社会集団が旧幕府ではなく新政府を正当性を有する政権だと選択したのはどうしてなのか、その要因を旧幕府抗戦派が主張した抗戦論の中に探ることが本章の課題となる。

さて、政治史的観点から戊辰内乱の主戦とみなされてきた鳥羽・伏見開戦から江戸開城までの期間[1]における、旧幕府側の政治過程――慶喜の態度決定、静寛院宮・天璋院の歎願運動、三月九日の西郷隆盛・山岡鐵太郎会談、同月十三・十四日の西郷・勝海舟会談など――は、これまで多数の文献、小説で取りあげられてきた。また、江戸開城前後に旧幕府脱走兵が関東各地で起こした策動や、上野戦争も明治期以来多数の関心を集めてきた歴史的事件である。しかしながら、旧幕府陣営に関する諸問題を独立したテーマに設定して、本格的な分析を試みた研究は少ない。特に抗戦を主張した人びとの実態は、残された史料が少ないこともあり不明瞭な点が多い。

正月十二日の慶喜の江戸帰城から五月十五日の上野戦争までの経過を一連の流れとして、旧幕府抗戦派の状況をふまえつつ詳細に検討したのは、原口清「江戸城明渡しの一考察」(2)が唯一といってよい。本章で取りあげる抗戦論の問題に限ってみれば、原口は正月中旬に行われた開成所における攻守論議に注目して、慶喜の東帰から上野寛永寺大慈院蟄居までの時期は、恭順・抗戦両論が完全な分裂にいたっていないとしている。つづいて、二月中旬から江戸開城当日までには、恭順・抗戦両論が次第に純化し、それ以後明確に分離してゆくことを指摘する。この区分には、筆者も同意するところである。

原口のほかにも、個別のテーマを設定した実証的な研究が近年進められてきた。江戸を脱走した部隊に関しては、近藤靖之「戊辰戦争期旧幕府軍の一考察」(3)、松尾正人「多摩の戊辰戦争」(4)、安田寛子「幕末の日光山をめぐる人々の意識」(5)などによって各部隊の個別具体的な軍事行動や地域社会との関係性が明らかになりつつある。また、徳川宗家の家政改革に論点を特化して深めた、藤田英昭「慶応四年の徳川宗家」(6)や風刺錦絵を材料に民衆思想史の視座から江戸民衆の政治意識をひもといた奈倉哲三「もう一つの戊辰戦争」(7)などがある。

原口とそれ以後の研究によって、旧幕府抗戦派がたどった上野戦争までの道筋の輪郭は描ける。しかしながら、原口は静岡藩成立の前提としてかかる研究を進めており、抗戦論の分析は慶喜蟄居（二月十二日）以前の開成所における議論内容にほぼ限定されている。また、近年発表された研究は、いずれも抗戦派全体の動静解明を目的としたものではない。

本章では、冒頭で掲げた問題に応えるべく、鳥羽・伏見の戦い（正月三日）から江戸開城（四月十一日）後までの抗戦論と、その前段階となる大政奉還の上表（慶応三年〈一八六七〉十月十四日）前後の江戸府下における佐幕論の展開を分析していきたい。すでに、江戸開城までの政治過程に関する諸事実は原口によって詳らかにされているので、単なる繰り返しは避け、江戸幕府終末期における抗戦論、佐幕論議に焦点を絞った分析を行う。

一　江戸府下における佐幕論の展開——大政奉還から慶応三年末まで——

慶応三年九月頃の江戸では、「親藩」および「譜代」諸侯の連携を図り、徳川支配の危機的状況を解消しようとする動きが諸藩士間で本格化していた。すでに土佐藩が、後藤象二郎らを中心として大政奉還の具体的画策を進めていた時期である。佐倉藩江戸留守居役であった依田七郎（百川、学海）の日記[8]から、大政奉還より慶応三年末にいたる江戸府下の具体相をみてみよう。依田は、同年二月二十九日から留守居役をつとめている[9]。

親藩・譜代諸侯の連携を企図する江戸詰め諸藩士の中心にいたのは、紀州藩周旋方武内孫助である。慶応二年（一八六六）十二月二十一日に発足した武内が主宰する「新聞会」に参加するなど、依田は武内と頻繁に面会し、連絡を取り合っていた[10]。依田や武内が、親藩・譜代諸侯の連携策に向けて本格的に始動するのは、九月十六日に尼ヶ崎藩士神山衛士より、京都栂尾にて八月十一日に「親藩会合」があったことを告げられてからであった。この会合は、会津・紀州・桑名・尾張藩を中心とする参加者五〇名を超える大会議で、「外藩やうやく跋扈の勢ありて幕朝孤立の危におもむかせ給へり、これ親藩勲臣等の坐視するにあらず」との趣旨で開催されたという[11]。これに触発された依田は、同月二十一日に開かれた新聞会にて、武内や紀州藩士斉藤政右衛門らと「親藩・譜第（代）の諸藩親睦を謀りて国勢を挽回すべきよし」を議論した[12]。

その後、武内は紀州藩内における工作を進め、依田も膳所藩士福田雄八郎などへ連携合従を周旋して回っている。だが、九月末から十月初頭時点で日記上には「親藩・譜第合従して国脈を強くせん」、「幕朝を奉戴すべき」、

「幕朝の御勢古へにかへらせ給ふ」といった曖昧な文言が飛び交うだけで、具体策にまでいたっていない[13]。

現実味を帯びてくるのは、十月十四日の大政奉還の上表が江戸へ伝わってからである。依田が大政奉還を知ったのは二十日のことであり、その信憑性に確信を得ると「今の朝廷はいかなる朝廷ぞや、逆藩等陰に公卿を誘して非法の政を為す、これ君にかへすにあらず、賊にあたふるなり、惜べしく〳〵」と激昂している[14]。依田のように、江戸府下において親藩・譜代諸藩の藩士や幕臣の大政奉還に対する反発は強く、二十三日に帝鑑間・雁間・菊間詰諸侯が江戸城に集められ、「軽挙妄動」がないように老中稲葉正邦から申し諭された[15]。すでに十五日に、朝廷は一〇万石以上の諸侯を召集し、さらに二十一日一〇万石以下にも上京命令を出した。これに対する諸侯の対応は消極的で、原口清によれば何らかの反応を示した二一八藩のうち、上京した諸侯は一七にすぎず、ほかは病気を口実に延期を願い出たり、重臣の代理入京で対処し、朝召を事態する藩も九七あった[16]。

二十二日の早朝から依田は、赤坂紀州藩邸にて武内孫助、紀州藩儒臣榊原耿之介、新宮藩士飯田鞭児などと会して、「親藩譜第の有志の士を会して大議論を発せずんばあるべからず」と意見が一致し、尾張・水戸両家へ紀州藩用人岡田清右衛門を向かわせた[17]。武内や依田は翌日以降、「密議」をくり返して、帝鑑間詰諸侯の留守居や幕臣本多敏三郎らと連絡を取っている[18]。武内・榊原らの工作は、紀州藩を動かし、十一月三日から五日に紀州藩邸で開催された「大集会」へと発展する。

武内は、紀州藩の名で親藩・譜代の諸藩士へ召集状を廻し、三日に帝鑑間詰、四日雁間・菊間詰、五日に柳間詰諸侯の重臣あるいは留守居役を紀州藩邸に集めて会議を開催した。三日の会議には、一七〇〜一八〇人が参会し、紀州藩邸は人であふれかえっていたという。武内と榊原は集めた諸藩士に向けて、勤王・討幕を企てる「草莽不逞之徒」に対して親藩・譜代をはじめとして連携して対抗すること、諸藩の兵制一致を進めること、朝廷の召集に応じて「忘恩之王臣」となるよりは、応じずに「全義の陪臣」となるべきことなどを書き上げた檄文を提示した。[19]

ここで注目されるのは、最後の点である。理屈からすれば、上京して王臣となれば徳川宗家と親藩・譜代の主従関係は解消されることになる。それは、徳川への恩に反するから朝召を辞すべきだとする論理である。これを受けて、諸侯に官位を返上する者が相次ぎ、合計で九四家が十一月中に官位返上の願書を朝廷へ提出した。また、十五日に菊間詰諸侯、同月十六日には帝鑑間詰諸侯三八名が連署して朝召を辞した。菊間詰諸侯が提出したものは、「禁闕ニ罷出候儀第一非分僣上之儀ニ相成、奉対　御家君臣之大義不相立」という内容で会議の内容を反映していることがわかる。[20]朝廷は、こうした親藩・譜代諸侯の動きを鑑みて、紀州藩士の動きなどを抑え、「王憲ヲ可被正」ように徳川慶喜へ指示した。[21]

井上勲は、この王臣化拒否と江戸からの慶喜東帰の要請に、天皇権威を掌中に握る薩摩・長州・芸州・土佐藩に対する徳川権力の正当性確立の可能性を見出している。[22]依田は、会議が低調に終わった印象をもっているが、[23]井上が述べるようにこの会議の意味は看過できるものではない。ただし、ここで注意せねばならないのは、王臣化の拒否がすぐさま天皇・朝廷の否定には直結していないという点である。あくまでも、朝廷を牛耳る「草莽不逞之徒」や薩長などを敵に想定しており、これを天皇・朝廷と幕府の対立に結びつけることはできない。その点で、依田らが幕府だけではなく「幕朝」の権力再生を議論していることは、重要な意味をもつ。

会議を受けて、水戸藩主徳川慶篤からは「列藩ノ兵制必定一致」を説く回答書が紀州藩へ寄せられたが、[24]薩長などに対抗するための幕府側の兵制一致問題もこの頃から現実化してきた。幕府は、文久二年（一八六二）の軍制改革を皮切りに、西洋式の強力な直属軍創出を進めていたが、第二次幕長戦争では十分に能力を発揮できなかった。[25]この段階で親藩・譜代の兵制を一致して、幕府の直属軍とするための方策が協議されたのである。ここで中心的に周旋活動を展開しているのも、やはり武内ら紀州藩士とその周辺にいた依田たちであった。

十一月二十二日に、溜間詰・帝鑑間詰の諸藩の藩士が再び紀州藩邸に集まって、兵制一致を協議した。つづいて、十二月六日にも集会し「仏蘭西伝習会を立て、速に兵制一致すべき議」が議論された(26)。このように、譜代・親藩の兵制一致が具体化してきたのは、大政奉還の上表を直接のきっかけとするが、江戸における薩摩藩邸浪士隊の挑発行動も要因であったと推察できる。薩摩藩邸浪士隊は、薩摩藩士西郷隆盛らの意を受けて相楽総三をはじめとする浪士たちによって組織された工作部隊で、江戸市中を攪乱し、幕府側を挑発することを目的とした。幕府側はこの挑発に乗り、十二月二十五日未明、庄内藩兵などで構成される軍勢が薩邸を囲んで焼き打ちしている。依田らも薩邸の浪士の動きを警戒しており、彼らの危機感を煽ったであろうことは想像に難くない(27)。

十二月九日の政変後、かかる議論は急速に加熱する。依田は、諸藩兵を急いで合体し、速やかに京都へ向けて進軍することを十六日に武内らと議している。また、十九日にも依田は紀州藩周旋方へ「諸藩合兵登京のこと」を迫り、諸藩士たちと実現に向けた協議を行った(28)。もはや、内乱勃発は不可避と判断した出兵上京案である。しかしながら、親藩・譜代諸藩の兵制一致という大問題が一昼夜で定まるはずもなく、出兵上京は実現しないまま依田らは内乱の勃発を江戸で迎えることになる。

大政奉還前から慶応三年末までの江戸における一連の動向をみると、この段階における佐幕論は徳川宗家との親疎関係を軸においた佐幕論であったことがわかる。それは、京都政局での外様大藩の浮上に対する対抗軸としての親藩・譜代合従論であり、幕府瓦解の危機増大に比例するかたちで徳川宗家と親藩・譜代の「君臣の義」が強調された。これは、親藩・譜代による武力での薩摩・長州排除、「幕朝」再興の方向へと向かってゆき、こうした佐幕論は内乱開戦直後にピークを迎える。

二　開成所会議での抗戦論

慶応四年正月三日に起きた鳥羽・伏見の戦いで敗戦を喫すると、六日に徳川慶喜は側近を率いて大坂を脱出、十一日海路品川に帰着し、十二日江戸城へ入っている（事実経過の概略は次頁表5参照）。慶喜東帰後、江戸では恭順・抗戦が論議された。抗戦論は、主に旧幕府陸軍奉行並兼勘定奉行小栗忠順や会津・桑名藩士および十四日に開催された開成所会議にて主張される。鳥羽・伏見での敗戦の一報が入った時点で、佐幕論者たちは「賊徒勝に乗て淀、枚方にせまり、官軍敗走して淀城を去ると、慨嘆にたへず」と歎いた(29)。この時点での彼らの認識は、依然旧幕府方が「官軍」であり、薩摩・長州が「賊徒」だったのである。

開成所会議は、抗戦論がもっとも大規模に議論された場である。正月十二日に、旧幕府閣老の許可を得て開成所が作成した廻状に、「紀州藩外交方」の添状が付されて会議の開催が各方面に周知された。会議の目的には、「国家危急之場合に付、同心唱義皇国御為徳川氏御再興之儀を計」ることが標榜され、主に京都に攻め上る「攻」と江戸で防戦する「守」の選択が論点となった。十四日に開催された会議に参加したのは、三六藩の藩士と多数の旧幕臣であった。会議を主導したのは、紀州藩士武内孫助、榊原耿之介ら大政奉還以後、親藩・譜代合従策を推進していた人物たちで、依田七郎もここに主体的に関わっている。参加者は、親藩・譜代の諸藩士を中心に会津藩士が多く、のちに彰義隊結成にあたって中心的役割を果たすことになる旧幕府陸軍調役並伴門五郎・本多敏三郎などもいた(30)。本多とも依田や武内は、慶応三年末から連携しており、親藩・譜代合従策の中で展開された佐幕論及び人脈の延長上に開成所会議の抗戦論は位置づくといえる。

開成所会議の記録である「会議之記」には、参加者から提出された意見書二〇通以上が所収されているが、そのほとんどが「攻」を主張するものであった。その中で、原口清が「抜群の見解」と評した武内の意見書をみて

表5　関連年表(慶応4年正月3日～5月15日)

月日	出　来　事
正.3	鳥羽・伏見の戦い
.4	仁和寺宮嘉彰親王、征討大将軍に任命される
.5	橋本実梁、東海道鎮撫総督に任命される
.6	徳川慶喜、大坂脱出
.7	慶喜追討令が出る
.10	慶喜ら27名、官位を剝奪される
.12	慶喜、江戸帰城(11日、品川着)
.14	開成所会議開催
.15	旧幕府、主戦派の小栗忠順(陸軍奉行並・勘定奉行)を罷免
.19	慶喜、恭順路線を表明
.23	人事刷新、勝安房、大久保一翁など抜擢(以後数度人事を刷新)
2.5	旧幕府伝習隊約400名、八王子方面へ脱走
.7	旧幕府歩兵500名脱走
.9	慶喜、鳥羽・伏見の戦いの責任者を処分
.12	慶喜、上野寛永寺大慈院へ退去
.23	彰義隊結成
3.9	西郷隆盛・山岡鐵太郎会談〈駿府会談〉
.13·14	西郷・勝安房会談
.20	明治天皇、大坂親征行幸へ発駕
4.3	元新撰組局長近藤勇、流山で捕縛される
.4	大鳥圭介軍、下総市川から宇都宮方面へ向かう
.11	江戸開城、慶喜、水戸へ退去
	榎本武揚、旧幕府海軍の艦船7隻を率いて館山へ脱走
	その他抗戦派関東各地へ一斉に脱走
.21	東征大総督有栖川宮熾仁親王、江戸城に入る
.25	大鳥圭介軍、日光東照宮到着
閏4.3	市川・船橋戦争
.7	五井戦争
.29	田安亀之助、徳川宗家を相続
5.3	奥羽列藩同盟成立
.15	上野戦争、彰義隊壊滅

註：『復古記』1・2・3(覆刻版、東京大学出版会、2007年)、『大日本維新史料稿本』(丸善マイクロフィルム版)から作成。

みよう。長文にわたるが、当該期の抗戦論の実態を理解するための好史料なので全文を掲げる。

一昨年来　大君には公明正大御恭順を御主張被為在、今般之戦争も　皇朝の御為難被為忍御場合ゟ君側の奸を御攘ひ可被遊　思召にて、兵士御引率御上京被遊候儀は、実以　天朝江被為対仮りにも御不敬之思召は万々不被為在候得共、奸藩之術中に御陥被遊　天朝江被為対御誠意御徹底不相成、朝敵之汚名を被為蒙候段、身《（臣）》子之分として切歯之至極に候へは、速に兵を京師へ被差向、賊徒御追討被為在候様仕度は勿論に候得共、憤激之余り御再挙の名儀にて御進発被為在候ては、是迄公明正大御恭順之御所業御権謀に相当り、弥以朝敵之汚名を被為蒙候様成行、列藩へ　朝敵追討之命令等も下り候ては御成功之程も如何可有之哉に付、願くは御名正しく御恭順之実を被為尽候ゟ事の爰に及ひ候不被為得止之御条理を列藩中、加両肥仙米盛岡二筑阿因備雲越柳川其他可然向へ御使を以被仰進候共、御役人之内内憂国赤心之御方々御越被成候とも、両様之内にて何分朝敵之汚名を被為蒙候段御遺憾之至極、　神君已下御代々之尊霊江被為対候ても恐入思召、就中　先朝には数年御奉仕格別之　御寵遇を被為蒙、朝暮勤　王之思召は御忘却不被遊、御厚意之余り奸藩恣成所行　禁中之御模様も御承知被遊、　先朝江被為対且当今江之御忠節を可被為尽御誠意ゟ出候儀に候処、豈量御誠意徹底に至り兼候儀は御運之微々たると　皇国擾乱之時至り候儀と深く　御憂慮被遊候、願はくは列藩二百五拾年之御親を被存候は丶、朝敵之汚名を一洗し、　大君勤王之御誠意徹底可申候様厚く周旋之儀御依頼被遊候、　大君におゐて　朝帝《（ママ）》之思召に不相叶、是非罪科に可被処　叡慮にも候は丶、仮令御身は如何様に被為成候とも、聊不被為厭徳川氏二百五十年海内鎮撫昇平之功業一時に空しく朝敵之汚名を被為　蒙候儀如何にも御歎き思召候、況や臣子之分として号泣之外無之候間、見込之趣無覆臓被申聞賜るへく旨書取並口上にても演述仕候上、外藩之見込にも御随ひ御処置被為在候ても可然哉に奉存候、猶又此趣　静寛院宮様同門様江も被仰上、御譜代之面々在府在邑在京之輩江も御布告被遊候は丶可然や、其上にて御進発被遊候御時節にも候は丶御名を千載の後迄正しく御伝汚名を被残候儀無之様被遊度奉存候、切迫之今日右等之儀申上候ては迂遠之見込と御笑も可有之候得共、素と〳〵公明正大御恭順を御主張被為在候御儀に候得は、此儀を普く衆人に知らしめ将又摂海に碇泊之英船は何か疑はしき挙動も有之趣、彼れ若し奸藩之後援を仕候様にては不容易御事柄に付、此辺迄も御心を被為配、関東之兵力も御量り御再挙被為在候て十分之御勝算を御見定、先鋒之大総督も此度は家格に不拘、人材御登用重く被為在候て、御取懸り相成候様仕度奉存候、前言悉く因循に亙り候得共、愚昧之私御為真実に存上候ゟ吐露仕候儀に付、宜御取捨可被下候、已上[31]

（傍点引用者）

武内は、慶喜が天皇・朝廷に逆らう意志がないことを前提に、天皇に対して弓を引くのではなく、薩摩・長州ら「君側の奸」を取り除くことを至上命題としている。そのためには、まず慶喜が着せられた「朝敵」の汚名をそそぐことが肝要であるとして、具体的方策を論じる。そして、慶喜が勤王の精神を徹底して、天皇に対し逆らうつもりがまったくないことを周囲にアピールし、「朝敵」の汚名を返上してから攻撃に移るべきであると説く。

原口は、武内の意見書を「基本的には「攻」の立場をとりながらも（中略）天皇イデオロギーのもつ効力を充分に計算し、政治を軍事に優先させる」意見だと解釈している[32]。軍事的戦略よりも、旧幕府方の正当性確立を最優先する武内の思考の要点を鋭くついた考察だといえよう。こうした発想は、大坂にいた幕臣たちも同様で「朝敵之名者如何候而消候」と画策されている[33]。

さらに注目すべきは、武内の議論では旧幕府方の正当性が、「朝敵」の汚名を返上することでしか成り立たないと示唆されている点である。武内ほど具体的ではないが、ほかの意見書にも同様の特徴がみられる。たとえば、開成所調役下役の上野初三は、「願くは速に檄を東山・東海及北陸の諸藩に移し、　徳川家累代忠を　王室に竭し薩土浸潤の讒遡よりして初国未曾有朝敵の汚名を蒙り、且薩土か輩朝権を恣にし、凶徒を煽動し、妄に公卿を黜陟するの罪を鳴らし速に西上し、　君側の悪を掃ひ　天子を挟み四方に号令」と献策している。[34] このように、開成所会議前後の抗戦論には、勝利の必要条件として慶喜の「朝敵」赦免、勤王の発露が共通してみられるのである。抗戦論者は、まったく無策な抗戦論や天皇・朝廷との対決を主張していたわけではなく、「君側の奸」を除いて旧来の幕朝関係を取り戻すことに軍事闘争の終着地点を見出していた。こうした、抗戦論の性格は、東北戦争・箱館戦争においても変わらない。

開成所会議の翌日、旧幕府では主戦論者の小栗忠順が罷免され、徹底恭順路線に向けて動き出す。開成所会議の結果を受けて、十六日に紀州・会津・庄内藩士と開成所の所員は、旧幕閣に面会を請うが多忙を理由に断られた。この日、新撰組の近藤勇と土方歳三も慶喜に再挙を薦めるため旧幕閣に面談を申し入れるが実現していない。[35] 慶喜自身は、東帰当初から恭順を決めていたわけではなかったが、会津や桑名の再征要請にも従わず、十九日江戸城で恭順を表明した。「大旆を出さる、の御心なし」と聞いた抗戦論者たちは再挙を訴えるが慶喜は耳を貸さなかった。[36] 旧幕府はこれ以降、勝海舟や大久保一翁を登用、鳥羽・伏見の戦いの責任者を処分し、慶喜自身は二月十二日上野寛永寺大慈院に蟄居する。

慶喜が徹底恭順を表明したことで、親藩・譜代諸侯による抗戦論は挫折を余儀なくされる。二月二日、帝鑑間詰の諸侯は、佐倉藩主堀田正倫を中心に朝廷へ慶喜赦免の哀訴を行うことに決定し、親藩・譜代合従策の中核をなした紀州藩は本藩が早々に恭順したこともあって、江戸藩邸でも抗戦論を放棄した。[37] 依田も内心では激しく葛藤しながらも、堀田正倫が京都へ歎願のため上京するのに随行することとなった。こうした恭順路線に不満をもつ人びとは、二月二十三日に結成された彰義隊に加わるか、江戸を離れて関東各地を戦場としていった。次節以降では、そうした人びとの志向も含めた抗戦論の性格を検討したい。

三　天皇権威をめぐって

よく知られているように、徳川慶喜は、朝廷への恭順工作の経路として、薩摩藩主島津家出身の天璋院や新政府の議定松平慶永（春嶽、前越前藩主）のほか、静寛院宮、輪王寺宮公現法親王に期待した。このうち、静寛院宮と輪王寺宮は、それぞれ孝明天皇の異母妹、仁孝天皇の猶子であり、江戸において最も天皇に近い存在であった。勤王の名分を立てることによって佐幕の正当化を図ろうとした抗戦論者たちは、こうした江戸に在する天皇権威に目をつけた。

すでに、旧幕府との関係が悪化することを想定した朝廷は、慶応三年五月頃から「江戸追々夷人跋扈毎町三軒夷人住居売買ヲ始、度本丸ヲ可建立杯之事申立、（中略）此上ハ如何成珍事ニ可及も難計」とか、孝明天皇の命日に合わせた山陵参拝などを口実に静寛院宮の上京を幕府へ再三斡旋していた。しかし、幕府は種々の理由をつけて延期し、実現していなかった(38)。慶応三年十月末から十一月頃には、薩摩藩邸に出入りしている浪士たちが、江戸城に火をかけ、その混乱に乗じて天璋院、静寛院宮、輪王寺宮を奪い、江戸市中へ放火する計画を企てているとの風聞が市中に出まわった。これが、幕府閣老の耳に入り、天璋院、静寛院宮の警護が厳重化されている(39)。内乱が勃発したのちには、新政府副総裁岩倉具視が旧幕府抗戦派の静寛院宮擁立計画を聞きつけて、勝安房、大久保一翁へ静寛院宮の護衛・還京を内々に指示したという(40)。一方で、参与西郷隆盛らは「静寛院宮与申ても矢張賊之一味と成り」と冷淡な態度を示している(41)。

実際に静寛院宮や輪王寺宮を擁立しようとする動きは存在した。伊予松山藩の江戸留守居役十河鑑次郎が、開成所会議の際に提出した意見書にそれはみられる。十河は、征討大将軍仁和寺宮嘉彰親王が「日月の旗を翻て来攻」した場合には、「自然人心姦藩に与する者多し」と述べ、これに対抗するには静寛院宮あるいは輪王寺宮を擁立し、「先帝《孝明天皇》の遺詔をも為継候名儀」を立てた上で慶喜みずから陣頭指揮を執るべきだとしている(42)。先にみた武内孫助らの論と同じく、軍事面よりも旧幕府軍の正当性確立を優先する意見である。「幼主」であるのを良いことに薩摩・長州が天皇をほしいままに操作していると断じて、前年正月三十日に死去した孝明天皇の遺志を徳川再興の根拠にしようと画策する方向性が看取できる。

静寛院宮擁立案は実現しなかったが、輪王寺宮は旧幕府軍に同調的だったため上野で彰義隊に担がれ、江戸脱出後には北行して仙台に入り、奥羽列藩同盟の盟主となっている。また、二月後半には東海道を上って駿府の東征大総督府の本陣まで慶喜の赦免歎願に出向いた。輪王寺宮は、慶応三年五月に日光輪王寺門跡および上野寛永寺貫主となり、歴代の輪王寺宮と同じように寛永寺に常在していた。戊辰内乱期の輪王寺宮の動向は、寛永寺執当職覚王院義観の日記(43)とそれを活用した藤井徳行「明治元年・所謂「東北朝廷」成立に関する一考察」(44)に詳しい。ここでは、旧幕府抗戦派が輪王寺宮を擁立した意図に限定した考察を行う。

彰義隊は四月十一日に江戸城が明け渡され、慶喜が水戸へ退去したのちも、徳川家の霊廟守護を名目に寛永寺にとどまった。彰義隊は、輪王寺宮を擁立して日光東照宮を拠り所とすることを計画し、錦旗の調製を企てていたとされる(45)。当該期の関東では、江戸を脱走した旧幕府部隊が各地で騒擾を引き起こしていたこともあり（第４部参照）、彰義隊と輪王寺宮の処置は江戸治定の上で新政府の懸案材料であった(46)。輪王寺宮の側近であった寛永寺執当職覚王院義観と龍王院堯忍は、閏四月下旬に前会津藩主松平容保とその養子で同藩主の喜徳、前橋藩主松平直克、紀州藩主徳川茂承へ檄文を出した。左はその草案である。同内容の檄文は、前加賀藩前田斉泰と同藩主慶寧宛のもの、並びに七月二日に仙台へ入った際に仙台藩主伊達慶邦、米沢藩主上杉斉憲へ宛てられたものが確認できる(47)。

　客冬来四藩兇賊等欺罔　幼主威逼、廷臣違　先帝遺訓而、黜摂関幕府、背　桓武嘉謨而毀神祠仏殿、加之誣前内府除、奸之忠以為朝敵之挙矯六師蹂躙生霊遂、使　幼主大不孝於　先帝大不仁、百姓暴逆奸詐開闢以降所未曾有者也故、今以子儀光弼之任嘱之貴藩宜建大義之旗、諭大小之藩以正安史之罪、上解幼主之憂悩、下済　宗家之危急百姓之倒懸矣都勉哉、天下所視順逆已明、四民所望雲霓爰新、勝算固不容疑者　輪王寺一品大王釣命執達如件

慶応四年戊辰後四月　老臣中(48)

……参議宰相（松平容保）殿
……若狭守（松平喜徳）殿
……大和守（松平直克）殿
……中納言（徳川茂承）殿

冒頭の四藩が、どの藩を指すのかはっきりしないが、薩摩・長州両藩が含まれることには異論なかろう。その四藩が幼主を欺罔して孝明天皇の遺訓を違えたがために、「幼主大不孝」、「先帝大不仁」の事態になっていると主張される。さらに、大義の旗を掲げ、「安史之罪」を正すようにこの檄文は要請している。「安史之罪」とは、八世紀後半の唐で一〇年近く続いた反乱（安史の乱〈七五五～七六三〉）のことで、最終的に唐王朝は反乱軍を鎮圧することに成功した。薩摩・長州など四藩を安史の乱の反乱軍に、輪王寺宮擁する自軍を唐王朝になぞらえて、正当性を謳っているのである。

また、輪王寺宮が仙台に入った七月二日に「奥羽越公議府」が出した「日光宮奥羽御動座布告文」にも旧幕府陣営の正当性を主張する文言がみられる(49)。布告文には、五月十五日の上野戦争にて、新政府軍が「勅額ノ掛リシ中堂諸社、宮様御殿ニ至ル迄砲弾ヲ以て焼打シ」たとあり、新政府軍の残忍性が強調されている。寛永寺の勅額

や輪王寺宮への攻撃が誇張されているのは、皇族である輪王寺宮を攻撃した新政府軍を、錦旗に発砲した「賊」に等しいと表現するためである。さらには、「宮様ニハ　先帝ノ勅命ニテ出家入道シ玉ヒ、確乎タル御道心ニテ、慈悲忍辱仏法ノ本旨ヲ以、万民ノ塗炭ニ苦シムヲ救ハセラレントノ思召」とあり、孝明天皇の勅命による輪王寺宮の正当性と民衆への「徳」が示される。

以上の静寛院宮・輪王寺宮擁立策に共通しているのは、幼少の天皇（明治天皇）は薩長の傀儡とみなして、自己の正当性の根拠を先代の天皇である孝明天皇におく方向性である。孝明天皇の妹である静寛院宮や父仁孝天皇の猶子である輪王寺宮は、それを体現するための媒介者と位置づけられ、抗戦論の正当性の根拠とされた。開成所会議での議論と同じく、ここでも勤王理念から独立した佐幕理念はみられない。換言すれば、旧幕府の抗戦論には、勤王理念を排除した徳川再興のための独自の佐幕理念が発見できないのである。

四　「神君」徳川家康への回帰

勤王理念を排せないながらも、抗戦論の中には佐幕理念独自の正当性を確立しようとする志向もみられる。左は、桑名藩士中村武雄の記録で、正月十六日の記述である。この日、徳川慶喜は、恭順する意向を表明して、徳川宗家の当主を一橋家当主一橋茂栄へ譲りたいとの意志を本人に伝えた。これを茂栄から聞いた松平容保と桑名藩主松平定敬は、慶喜を叱咤して発言を撤回するように迫ったが、慶喜は聞き入れず、容保、定敬の「御用部屋入御免ノ義モ無余義」とまで言い放ったという。定敬は、旧旗本などへ混乱した事態が波及することを恐れて早々に退いた[50]。そうした状況下での史料である。藩主不在の桑名藩は、新政府軍の征討対象となっている。

初メ我公（松平定敬）已ニ江戸ニ着キ玉ヒ、邸内ニ入リ玉ハス、昼夜御登城被為在、会津侯ト共ニ大坂ノ御趣意今一度思召被為立候様種々言ヲ尽サル、ト云トモ、前将軍更ニ用ヒ玉ハス、却テ寡人ヲシテ此ニ至ラシメンハ肥後（松平容保）ト越中（定敬）トノ業ナリ抔仰セラル、程之事故、今ハ致方無之トテ築地ノ邸ニ帰ラセ玉ヒ、是ヨリ閉居シテ出玉ハス、江戸ノ議論ニハ桑名モ已ニ罪ニ服シ、徳川家ニモ御恭順ノ上ハ　御謹慎ノ外有之間布トテ謝罪状ヲ肥後藩ニ託シテ御謹慎在セラル、大坂ノ残兵江戸ニ着シ、此有様ヲ見テ有志ノ士ハ憤怒ニ堪ス、相議シテ申シケルハ夫レ大坂ノ事固ヨリ毫末モ朝廷ニ敵スルノ意アルニ非ス、君側ノ奸を掃ント欲スルナリ、不幸ニシテ軍サ敗ルト云トモ、其誠心天地ニ質シテ疑ヒナシ、誓テ挽回ノ策ヲ立テ、日月ヲシテ光明ナラシムヘシ、且徳川氏奸臣ノ陥ル所トナリ、看々顛覆ニ至ラントス、祖先ノ御神霊之ヲ何トカ云レナン、我藩ハ固ヨリ譜代ノ世臣、必ス興廃存亡ヲ共ニセサルヲ得ス、今主家危殆ニ臨ンテ興復ノ策ヲ立サル時ハ、何ヲ以テ東照公ニ地下ニ見ヘン、桑名ニテハ御母公御介弟（松平定教とその母）敵中ニ在セラル、事ナレハ、我公恢復ヲ謀ラル、時ハ御両君ノ事未タ何如（ママ）ヲ知ラスト云トモ、古ヨリ忠孝ハ両全ナラスト云ヘリ、去レトモ之ヲ処スルノ方ヲ説キ、唯其所在而致死ト云リ、今徳川氏ノ危急如此ナレハ是親ヲ捨テ君ニ致スノ時ナリト論シケル、又恭順家ノ説ニハ、今母公介弟敵中ニ在セラル、ニ、当方ニ於テ過激ノ処置アラハ両君ノ御身甚タ危シ、縦ヒ徳川氏ニ忠ナリトモ御養子ノ御身ヲ以テ御両所ヲ死地ニ陥ラレテハ不孝不友ノ罪ヲ逃レマシ、且徳川氏モ御恭順ノ事ナレハ妄リニ恢復ヲ説ク者獨リ御両君ニ忍フノミナラス、併セテ徳川氏ニ負クナリトノ論ナリ、夫レ徳川氏ノ社稷ハ宗祖ノ社稷ニシテ、今将軍ノ社稷ニ非ス、縦ヒ今将軍ノ措置何クニ出ルトモ其事日光ノ御神意ニ叶ハスハ、之カ臣子タル者豈黙々トシテ枉テ其意ニ従ハンヤ、彼生ヲ愉ミ死ヲ惜ムノ徒、説ヲ両君ト徳川氏ニ借リテ己カ愉安ノ非ヲ掩フハ悪ミテモ猶余リアリ、如此恢復恭順ノ二論紛々トシテ合セス、邸中日夜雑踏ス[51]

江戸の桑名藩邸での抗戦論・恭順論の具体相が読み取れる。中村武雄によれば、恭順派は桑名本藩がすでに新政府軍の征討を受け、定敬の弟と母の命が新政府の掌中に握られていること、慶喜がすでに恭順の意向に固まりつつあることを理由に恭順を唱えた。反対に中村を含む抗戦派は、徳川宗家への忠義は母への孝に優るとして反論する。さらに、抗戦派は恭順を決め込もうとしている慶喜を批判した。その論拠は、徳川の存亡はただ慶喜一人にかかる問題ではなく、徳川家康以来の徳川の血脈に関わることであり、慶喜の恭順は「日光ノ御神意」に適うものではないという。この抗戦論は、徳川家康以来の徳川宗家への忠義を第一とし、勤王理念を排した佐幕理念構築の可能性をもつ。しかしながら、徳川権力の挽回を図ることで「日月ヲシテ光明ナラシムヘシ」ともみられ、勤王理念を完全に排除しきれてはいない。

このような、「神君」家康への回帰をはかることで、旧幕府方の正当性を確立しようとする動向はほかの事例にもみられる。

旧幕府歩兵奉行大鳥圭介は、四月初旬に伝習隊を率いて江戸を脱走、ほかの旧幕府勢力を吸収しながら、本所、下総市川を経て日光方面へ向かい、下野小山、宇都宮、今市を転戦した。四月十一日、下総鴻之台に集まった脱走兵約三〇〇〇名は、大鳥圭介、土方歳三、会津藩士秋月悌次郎が協議して、大鳥は宇都宮方面へ、土方、秋月は下総国水海道から宗道へ向かった。ここで、脱走兵部隊は「東照神君ノ白旗」を翻している(52)。安田寛子「幕末の日光山をめぐる人々の意識(53)」は、日光東照宮への「進軍の過程で、大鳥はともに戦おうとしない「譜代恩顧の臣下」たちへの強い批判意識と、戦うこと、勝つことに対する意識を高めていった」とこの行為を評価する。部隊内部へ向けて士気を高めるとの見方であり、そうした意味も確かにあったであろう。だが、この「東照神君ノ白旗」の旗には、外部に向けて旧幕府軍の正当性を喧伝する意義も有したと考えられる。

伝習隊の一隊は、下野国の小山宿で新政府軍と交戦し、四月十六日には一度新政府軍を破った。この際、旧幕府部隊幹部は、討ち取った敵の首級を晒して、「三百年来ノ重恩ヲ忘却シ、君家ニ敵スル人面獣心ノ奸賊天誅」と掲げた。徳川への恩をないがしろにした「賊」の罪をただすことにより、自軍の正当性を周囲へアピールしようとする方策である。この部隊は、十七日に敗戦するとその翌日、新政府軍方に与して進軍を妨害した壬生藩へ宛てて「東照宮ノ御旗ニ向ヒ砲発ニ及候ハ何等ノ暴挙ナルヤ」とする問責状を送りつけている。これは、「東照宮の御旗」を徳川家康の身体に擬していることにほかならず、立場は違えども錦旗の場合と同じように対峙した相手に対して旗が絵踏の役割を果たすものであったことを示す。このように伝習隊は、徳川の聖地である日光東照宮へ向かう道中において、恭順した慶喜ではなく「神君」徳川家康に回帰することで旧幕府軍の正当性を確立させようとしたのである。また、大鳥は譜代の大藩でありながら新政府軍に荷担した彦根藩の隊長を討ち取った時に「日光ノ奉慰神慮候」と隊士へ感状を送っており、ここでも旧幕府軍の行動の根拠をすべて家康の遺志あるいは、家康以来の徳川への恩に帰す方向性がうかがえる。(54)

こうした、家康の時代に回帰しようとする発想は上総国に脱走した撒兵隊の場合にもみられる。撒兵隊は、「古昔三河武士ニ彷彿タル意願相立ヘク候」との指針を打ち出している(55)（撒兵隊の策動については第4部第9章参照）。これら抗戦派の行動にも、桑名藩士の抗戦論にみたのと同種の勤王理念を排除した佐幕理念確立の可能性が読み取れる。慶喜が新政府に対して徹底恭順したことで、旧幕府抗戦派は戦闘継続のための名分を一旦喪失した。しかし、抗戦派の中には慶喜の否定の上に立つ家康の時代への回帰により、徳川再興のための独立した正当性を打ち立てようと試みた人びとが存在したのであった。とはいえ、伝習隊の場合にしても、「抑我輩兵器ヲ携日光参詣ハ敢テ錦旗ニ抗スルニ非ス」と釈明しており、勤王理念と完全には決別できなかった。(56)結局のところ、旧幕府抗戦派は勤王理念を真正面から打ち消し得る佐幕理念を、あらゆる局面において成立させることができなかったのである。

小　括

大政奉還前後の江戸府下における佐幕論は、京都政局での外様大藩に対抗する方策として浮上した。それは、徳川宗家との親疎関係を基軸とした親藩・譜代合従による幕権回復策であり、兵制一致、出兵上洛までが考案されていた。内乱が開戦して徳川慶喜が東帰したのちに開催された開成所会議は、抗戦論議の場としては最も大規模であったが、この会議は、慶応三年末に展開した親藩・譜代合従運動にみられる佐幕論や人脈の延長上に位置づくものであった。

開成所会議での抗戦論は、天皇・朝廷と敵対することなく、慶喜の「朝敵」の汚名を返上してから、「君側の奸」である薩摩・長州を除くべきと主張するもので、軍事的な戦略よりも旧幕府方の正当性確立を重視していた。そこでは、佐幕理念と勤王理念が矛盾しないような抗戦論が模索される。同様の性質をもつ抗戦論は、静寛院宮や輪王寺宮公現法親王擁立計画の中にも表出される。それは、「幼主」の天皇および朝廷を薩長の傀儡とみなし、先帝孝明天皇の「遺訓」を根拠として新政府の正当性を打ち破ろうとするものであった。

また、恭順した慶喜を否定して「神君」徳川家康へ回帰し、徳川再興を喧伝してゆく方向性も史料からみられた。ここからは、勤王理念から独立した佐幕理念にもとづく抗戦論成立の可能性を見出し得るが、こうした動向も勤王理念から完全には離脱できなかった。

結局、旧幕府の抗戦論は、武力倒幕のために新政府が全面に押し出した勤王理念を完全に排除した内乱遂行のための佐幕理念＝権力の正当性を欠いた。旧幕府抗戦派の限界性はここにあったと考える。天皇・朝廷を新政府が抱え、社会全体に慶喜が「朝敵」だと明示されている以上、こうした抗戦論の行く先にはおのずと限界が立ちはだかる。新政府が勤王理念をもって佐幕理念を塗り替えていく以上、両者の共存は不可能なのである。そもそも、勤王理念から佐幕理念を独立させることが不可能であったのは、天皇・朝廷の存在を否定しえなかった徳川の支配体制に起因するのではないだろうか。

（1）原口清『戊辰戦争』（塙書房、一九六三年）、原口清著作集編集委員会編『原口清著作集三　戊辰戦争論の展開』（岩田書院、二〇〇八年）所収、石井孝『戊辰戦争論』（吉川弘文館、一九八四年）。

（2）原口清「江戸城明渡しの一考察」一・二（『名城商学』二一―二・三、一九七一・一九七二年、前掲、註（1）『原口清著作集三　戊辰戦争論の展開』所収）。ほかにも原口は、『明治前期地方政治史研究』上（塙書房、一九七二年）にて同様の問題を取りあげているが、趣旨は変わらない。

（3）近藤靖之「戊辰戦争期旧幕府軍の一考察」（『史学論集』三〇、二〇〇〇年）。

（4）松尾正人「多摩の戊辰戦争――仁義隊を中心に――」（同編『近代日本の形成と地域社会』岩田書院、二〇〇六年）。

（5）安田寛子「幕末の日光山をめぐる人々の意識」（大石学編『一九世紀の政権交代と社会変動――社会・外交・国家――』東京堂出版、二〇〇九年）。

（6）藤田英昭「慶応四年の徳川宗家」（『日本歴史』七二九、二〇〇九年）。

（7）奈倉哲三「もう一つの戊辰戦争――江戸民衆の政治意識をめぐる抗争　その一――」（『国立歴史民俗博物館研究報告』一五七、二〇一〇年）。同『絵解き　幕末諷刺画と天皇』（柏書房、二〇〇七年）も参照。

（8）『学海日録』二（岩波書店、一九九一年）。以下、『学海日録』二は『学』と略記する。なお、「親藩」や「譜代」といった表現には曖昧な部分が存在するが、依田がこれらの用語を用いていることを重要視して、本章ではそのまま表記することにした。

（9）依田七郎とそのネットワークについては、『学海日録』を利用して幕末期の依田の足跡を追った白石良夫『最後の江戸留守居役』（筑摩書房、一九九六年）、鈴木壽子『幕末譜代藩の政治行動』（同成社、二〇一〇年）参照。

（10）新聞会の趣旨は、「処々めづらしきことなどをかきあつむ」ことにあり（『学』慶応三年正月六日条）、おおよそ一月に二回程度開催されている。武内孫助と新聞会については前掲、註（9）白石『最後の江戸留守居役』に詳しい。武内孫助は史料によっては、「竹内」や「孫介」とも表記されているが本文中では武内孫助で統一した。

（11）『学』慶応三年九月十六日条。

（12）『学』慶応三年九月二十一日条。

（13）『学』慶応三年九月二十四日、十月二・十日条。

(14)『学』慶応三年十月二十一・二十二日条。
(15)『学』慶応三年十月二十三日条、相馬家編纂委員会編『中村藩事蹟集』三、慶応三年十月二十三日条（東京大学史料編纂所蔵、六一四一・二六―一）。
(16)前掲、註(1)原口『戊辰戦争』、五二・五三頁。
(17)『学』慶応三年十月二十二日条。
(18)『学』慶応三年十月二十三〜十一月二日条。
(19)『復古記』一、慶応三年十一月五日条（覆刻版、東京大学出版会、二〇〇七年）。
(20)「一夢林翁手稿戊辰出陣記」（千葉県立中央図書館蔵、二一三・五）。同史料は、『江戸』八―二（一九一八年）や、『維新日乗纂輯』五（覆刻版、東京大学出版会、一九八二年）、林勲編著『上総国請西藩主一文字大名　林侯家関係資料集』（私家版、一九八八年）にも所収されている。林忠崇については、中村彰彦『脱藩大名の戊辰戦争――上総請西藩主林忠崇の生涯――』（中央公論新社、二〇〇〇年）に詳しい。
(21)『復古記』一、慶応三年十一月条。
(22)井上勲「王臣と陪臣と――徳川支配の正統性についての断想――」（大口勇次郎編『江戸とは何か二　徳川の政治と社会』至文堂、一九八五年）、同『王政復古――慶応三年十二月九日の政変――』（中央公論社、一九九〇年）。
(23)『学』慶応三年十一月三日条。
(24)『復古記』一、慶応三年十一月五日条。
(25)保谷徹ほか『日本軍事史』（吉川弘文館、二〇〇六年）。
(26)『学』慶応三年十一月二十二日、十二月六日条。
(27)『学』慶応三年十一月七日条ほか。
(28)『学』慶応三年十二月十六・十九日条。
(29)『学』慶応四年正月十一日条。
(30)『学』慶応四年正月十二〜十四日条、慶応四年正月「武内孫助筆記」（国立公文書館蔵、一六六―〇二二一）、「会議之記」（明治文化研究会編『幕末秘史　新聞会叢』覆刻版、名著刊行会、一九六八年）。「会議之記」は、開成所会議の記録

である。前掲、註(2)原口「江戸城明渡しの一考察」一は、旧幕臣関口隆吉の手記である「黙斉随筆」（『旧幕府』一―四、覆刻版、臨川書店、一九七一年）と「会議之記」とで開催日時の記載に一日のずれがあることを指摘しているが、『学海日録』と「会議之記」の記載が一致するので十四日に確定してよいものと考える。
(31)「会議之記」（『幕末秘史　新聞会叢』、四四六～四四九頁）。
(32)前掲、註(2)原口「江戸城明渡しの一考察」一。
(33)「会議之記」（『幕末秘史　新聞会叢』、四三一～四三五頁）。
(34)「黒川秀波筆記」慶応四年正月条（国立公文書館蔵、一六六―〇二一五）。
(35)『学』慶応四年正月十六日条。
(36)『学』慶応四年正月十九～二十一日条。
(37)『学』慶応四年正月二十五日、二月二日条。
(38)『中山忠能日記』四、慶応三年五月八日条（覆刻版、東京大学出版会、一九七三年）。
(39)「慶応丁卯筆記」慶応三年十一月十・二十三日条（『大日本維新史料稿本』慶応三年十月三十日、同年十一月二十三日条、丸善マイクロフィルム版）。
(40)多田好問編『岩倉公実記』上（覆刻版、書肆沢井、一九九五年）。
(41)慶応四年二月二日「大久保利通宛西郷隆盛書簡」（『大久保利通文書』二〈覆刻版、東京大学出版会、一九六七年〉二〇七・二〇八頁）。
(42)「会議之記」（『幕末秘史　新聞会叢』、四四〇～四四二頁）。
(43)「覚王院義観戊辰日記」（『維新日乗纂輯』五および『江戸』八―二に所収）。
(44)藤井徳行「明治元年・所謂「東北朝廷」成立に関する一考察」（手塚豊編『近代日本史の新研究』Ⅰ、北樹出版、一九八一年）。
(45)『熾仁親王日記』一、慶応四年四月十八日条（覆刻版、東京大学出版会、一九七六年）。
(46)新政府は、閏四月十二日に伏見宮邦家親王を派遣するなど輪王寺宮へ再三上京を促している（『復古記』四、慶応四年閏四月十二日条〈覆刻版、東京大学出版会、二〇〇七年〉二九九～三〇一頁ほか）。また、岩倉具視は三条実美へ「是非

（輪王寺宮へ）登営被　仰付、速に京師江御返し」との書簡を送っている（慶応四年五月十三日「三条実美宛岩倉具視書簡」『岩倉具視関係文書』三〈覆刻版、東京大学出版会、一九八三年〉五一三～五二〇頁）。

(47) 慶応四年閏四月「松平容保ほか宛寛永寺執当職覚王院義観・龍王院堯忍檄文草案」（『江戸』八―二）。

(48) 慶応四年五月「前田斉泰・慶寧宛寛永寺執当職覚王院義観・龍王院堯忍檄文草案」（『江戸』八―二）、『復古記』六、慶応四年七月二日条（覆刻版、東京大学出版会、二〇〇七年）五五七・五五八頁。

(49) 『復古記』六、慶応四年七月二日条、五六〇・五六一頁。

(50) 「会津藩士浅羽忠之助筆記」慶応四年正月十六日条（『大日本維新史料稿本』慶応四年正月十六日条）。

(51) 「桑名藩士中村武雄手記」慶応四年正月十六日条（『大日本維新史料稿本』慶応四年正月十六日条）。

(52) 「島田魁日記」慶応四年四月十一日条（木村幸比古編『新選組日記――永倉新八日記・島田魁日記を読む――』〈ＰＨＰ研究所、二〇〇三年〉二三一・二三二頁）。

(53) 前掲、註(5)安田「幕末の日光山をめぐる人々の意識」。

(54) 「伝習隊士浅田惟季北戦日記抄」慶応四年四月十七・十八日条（東京大学史料編纂所蔵、維新史料引継本―Ｉほ―三二一）。

(55) 「両総雑記」慶応四年四月十五日条（東京大学史料編纂所蔵、四一四〇・六―一六）。

(56) 「伝習隊士浅田惟季北戦日記抄」慶応四年四月十七・十八日条。

第4章　堀田正倫の上京――藩士の日記を素材に――

はじめに

第3章でも若干ふれたが、慶応四年（一八六八）三月、佐倉藩主堀田正倫は、新政府軍に制圧された東海道を京都目指して上った。上京の目的は、鳥羽・伏見の戦いに敗れ江戸へ帰城したのちに、恭順の意思を表明した前将軍徳川慶喜赦免のための「哀訴」にあったとされる。

堀田正倫は、小田原藩主大久保忠礼ら四〇余の諸侯と連名で、哀訴状を朝廷へ上表しようと企てて京都へと上るが、結果としてこの運動は挫折する。また、正倫は上京の途次で東征大総督府から京都にて謹慎するよう申し付けられ、佐倉藩[1]は苦境に立たされることになった。

正倫の上京・謹慎は、杉本敏夫が「恭順の直接的契機」とするように[2]、佐倉藩にとって藩是決定の画期となる地点であった。実際に、藩主が遠く京都の地で人質同然の境遇に陥ったことによって、本藩の政治的選択肢はおのずと制限されることになり、藩論は恭順に傾いてゆくことになる。

戊辰内乱期の佐倉藩を取りあげた論考は、前記杉本論文以外にも『佐倉市史』[3]をはじめ、小島茂男『幕末維新期における関東譜代藩の研究』[4]、三浦茂一「戊辰戦争と下総佐倉藩の位相」[5]などがあるが、それらは主に本藩における藩是の決定過程か、房総における佐倉藩の位置を考察したもので、正倫上京の実態を検討したものは管見の限り見当たらない。

あるいは、正倫の上京が取りあげられることがあっても、関東における諸侯の恭順過程を論じる上で言及されるにとどまり[6]、佐倉藩の視点に立った正倫の上京に関する検討は十分でない。

佐倉藩の藩是決定の転機になったとされる当該事件を、同藩の立場から実証的に深めることは、慶応四年の佐倉藩の全体像、さらには譜代藩の動向を描くために必要不可欠な作業であろう。そこで本章では、正倫の上京および京都での動静の実態を明らかにしたい。

近年、戊辰内乱期における個別藩の研究が深化しつつあるが、それらは史料の渉猟に裏づけられた実証分析に支えられている[7]。本章と次章では、従来十分に活用されてこなかった史料にもとづいて個別藩の動向を探る。本章ではとりわけ佐倉藩士の日記を取りあげつつ論述を進めたい。

一　佐治三左衛門日記について

幕末維新期における佐倉藩の研究は、「下総佐倉　堀田家文書」[8]（以下「堀田家文書」と略記する）の整理・公開によって飛躍的に進んだ。木村礎・杉本敏夫編『譜代藩政の展開と明治維新』[9]は、同文書群を活用した代表的成果である。

「堀田家文書」の中でも、「玄性公記」をはじめとする歴代佐倉藩主の一代記「佐倉藩記」は、研究史上頻繁に利用されてきた。戊辰内乱に関する先学においても、堀田正倫の事蹟をまとめた「正倫公記」に依拠した叙述が散見される。同史料は、佐倉藩政史を辿るのに大変便利なものであり、そこにみられる歴史観が研究の過程で採用されてきた部分も少なくはない[10]。

しかしながら、同史料は明治・大正期にかけて、正倫の存命中に堀田家の資金提供のもと、依田七郎（百川、学海）ら旧藩士の手によって作成された編纂物であることに留意しなくてはならない。この藩史編纂事業には、佐倉藩の「出遅れた維新」を克服・解消する意図が込められていた。[11] かかる点から、「正倫公記」の記述にみられる歴史意識を、無批判に肯定することはできない。

「正倫公記」が、良く利用されてきたのは、「堀田家文書」には慶応四年時に作成された文書が豊富ではないこと、「正倫公記」と比較対象できる「堀田家文書」以外の一次史料の伝来状況が十分に踏査されてこなかったことが背景にある。

そうした中、本書第３章でも活用した幕末期に佐倉藩の江戸留守居役であった依田七郎の日記である『学海日録』[12]の刊行は、幕末維新期の佐倉藩史研究進展の大きな原動力となった。白石良夫『最後の江戸留守居役』[13]や真辺将之「明治期「旧藩士」の意識と社会的結合」[14]は、『学海日録』を活用した特筆すべき成果である。こうした藩士の個人史料の発掘は、幕末維新期の個別藩を研究する上で不可欠となっている。

ほかにも藩士の史料としては、城代平野重久（縫殿、知秋）の手記とされる「将門山荘日録」が知られる。[15]「正倫公記」では正倫の「勤王」実効のため、老臣たちが四苦八苦する姿が叙述されているが、平野はその代表格にあげられる。「正倫公記」中の平野は、「佐幕論」が大勢を占めるなか、「毅然として勤王論を主張し」、藩論を「勤王」にまとめあげたキーパーソンであり、[16] 研究史上での平野の評価もこれと大同小異である。「将門山荘日録」は、「正倫公記」以外で、幕末政局の中での佐倉藩の行跡を裏付ける史料として利用されてきた。しかし、同史料は国立公文書館に写本が蔵されているものの、原本の存在は管見の限り確認できない。

右のように、幕末維新期、特に慶応三年（一八六七）末から戊辰内乱期にかけての佐倉藩士の史料は、『学海日録』を除けば必ずしも十分に活用されていない。[17] ゆえに、藩士の行動も明らかでない部分が多い。平野の動向についてでさえ、「正倫公記」の叙述が実態と合致するかどうか検討を要する。なぜなら平野は、明治期に藩史編纂事業を開始した際のまさに中心人物であったからである。

そこで、新たに紹介したいのが、佐治三左衛門（三七、茂右衛門、延年）の日記である。本日記は、現在宮内庁書陵部宮内公文書館に所蔵されている[18]。大正十三年（一九二四）九月二十六日に、白井新太郎なる人物が「明治天皇紀」の編修事業を進めていた宮内省臨時帝室編修局に寄贈したことで同館に伝来した。受贈した際に臨時帝室編修局が付した名称は「慶応戊辰日記　佐倉藩士」であるが、原本の表紙には「慶応四戊辰年御道中幷御在京中日記　従三月至七月　佐治三左衛門」とある。本日記は、筆者が以前にその一部を利用した[19]以外では活用された形跡はない。

白井新太郎は、麹町区六番町四十六番地住旧会津藩士白井五郎大夫の長男で、「実業ニ従事シアル篤志家」であった[20]。前年には、『京都守護職始末』[21]も臨時帝室編修局に寄贈している。佐治の日記を白井が入手した経緯は明らかでないが、写本が主である臨時帝室編修局本（同局が「明治天皇紀」編修のため蒐集した史料）にあっては、原本の存在は珍しい。

佐治三左衛門延年は、文政六年（一八二三）に茂右衛門延篤の子として生まれ、天保九年（一八三八）閏四月二十一日に跡式五〇〇石を継いだ。佐治家は、家老植松家などと合わせて「四家」と称される佐倉藩のいわゆる名家である。慶応四年時の年齢は四〇代半ばであり、年寄に就いていた[22]。正倫の先代堀田正睦以来の家臣であり、明治十九年（一八八六）に竣工した「文明公追遠碑」（正睦の顕彰碑、佐倉市甚大寺）の製作にも携わった（平野知秋撰文、佐治三左衛門書、宮亀年鐫、松平確堂篆額）。佐治は、幕末から近代にかけての佐倉藩史、堀田家のあゆみを検証する上で欠くことの出来ない人物である。

佐治は、慶応三年五月二十四日に江戸詰となり、正倫の側近く仕えている[23]。これ以降、佐治は江戸における藩の意思決定に重要な役割を果たし、正倫の上京に際しては佐倉に帰着するまで随行した。佐治の日記は、原題の

「慶応四戊辰年御道中幷御在京中日記」が示す通り、正倫上京時に作成されたものである。佐治は、正倫が品川を発った三月九日に筆を起こし、帰城した七月二十三日に擱筆している。

「正倫公記」の中では、平野らと同じく佐倉藩の危機に直面して奔走した老臣の一人として登場するが、これまで佐治に着目した研究は皆無である。本稿では、佐治の日記や『学海日録』を主に活用して、正倫の上京の実態を解明したい。

二　「哀訴状」の目的

鳥羽・伏見の戦いで敗戦を喫した徳川慶喜が、江戸城へ入った慶応四年正月十二日以降、江戸では善後策をめぐって旧幕閣、旧幕臣、諸藩の江戸留守居役などの間で激しい論議が交わされた。

第3章でふれた内容と重なる部分もあるが、佐倉藩と関係する部分について要点だけまとめておこう。抗戦論がもっとも大規模に議論されたのは、正月十四日に開成所で開催された会議である。開成所会議の開催は、正月十二日に旧幕閣の許可を得て開成所が作成した廻状に、「紀州藩外交方」の添状が付されて各方面に周知された。会議の目的には、「皇国御為徳川氏御再興之儀を計」ることが標榜され、主として兵を起こして京都に攻め上る「攻」と江戸で防戦する「守」の選択が論点となった。会議に参加したのは、諸藩の藩士と旧幕臣たちである。前章でみた通り、会議を主導したのは、紀州藩士武内孫助、同榊原耿之介らであり、佐倉藩からは江戸留守居役であった依田七郎もここへ主体的に関わった(24)。

会議に「佐倉藩　依田七郎」の名前で提出された意見書には、「運尽て敗れは死を以て国に殉せんのみ(25)」と徹底抗戦の意思が顕示されている。依田は、会議の前後に佐治三左衛門を訪問して相談、報告しているため(26)、この意見書は依田個人の見解ではなく、佐倉藩の意思を表明するものとして作成されたとみなすのが妥当であろう。

ほかにも、慶喜恭順前の佐倉藩江戸藩邸においては、一貫して抗戦論が貫かれていたことが『学海日録』の記述から裏づけられる。

開成所会議の翌日、旧幕府では主戦論者が一掃され、本格的に徹底恭順路線に向けて動き出す。開成所会議における議論を受けて、十六日に紀州・会津・庄内藩士と開成所の所員は旧幕閣に面会を請うが、実現しなかった。この日、他の抗戦論者も旧幕閣に面談を申し入れるが断られている。慶喜は、東帰当初から新政府への恭順を決めていたわけではなかったが、右のような再征要請には結局従わず、十九日恭順を表明した。慶喜の恭順の意志を聞いた抗戦論者たちは再挙を訴えるが、もはや慶喜は耳を貸さなかった(27)。旧幕府はこれ以降、人事を刷新して勝安房や大久保一翁を登用、鳥羽・伏見の戦いの責任者を処分し、慶喜自身は二月十二日上野寛永寺大慈院に蟄居した(28)。

慶喜の恭順の意を受け、堀田正倫を含む帝鑑間詰の諸侯たちも抗戦論を放棄する方向に傾く。二月二・三日の両日、帝鑑間詰諸侯は、江戸城に会して談合の場を設けた。ここでは、朝廷への軍資金献金と慶喜赦免の哀訴状提出の二件が論題に上った。前者は、慶喜赦免実現のための朝廷への貢献＝勤王実効策である。四日には、佐倉藩邸にて帝鑑間詰の諸藩士数十名が会談している(29)。

この最中の十五日、旧幕府目付加藤弘蔵（弘之）から依田が、十六日に年寄倉次甚太夫が呼び出され、「譜代の藩」にて「天朝に哀訴の書」を作成するよう促された。これに対して、十七日、諸藩の重臣が佐倉藩邸に集会。哀訴状の案文が作成され、翌日浄書された(30)。

哀訴状に名を連ねたのは四〇余の諸侯で、佐倉・小田原・上田・佐野の四藩が代表して京都へ持参することになった。佐倉藩からは、倉次と依田が選出され、二十日に江戸を発っている。哀訴状は、三月二日に太政官へ提出されたが、十一日に差し戻され、改めて東征大総督府へ提出するよう指示された。倉次と依田は、駿府城滞在中の東征大総督有栖川宮熾仁親王への提出を画策するが、この前後から哀訴状へ署名していた諸藩が京都にて除名を希望し始める。当の倉次たちも「朝敵」と目され入京停止となることを危惧して、「しばらく訴状を捧ぐるをばやめて後の策を立つべし」と決定した(31)。十七日には、右四藩の連名で「御陣前へ罷出候儀ハ一ト先見合候様仕候」との届書を差し出した(32)。

従来、哀訴状の趣旨は、慶喜の「助命(33)」あるいは「減刑(34)」にあったとされてきた。しかしながら、哀訴状には「何卒格外之　御恩典ヲ以寛恕之御沙汰被成下候ハヾ、独徳川氏之再生之　御恩沢而已ナラス、関東諸州百万之生霊鋒鏑之難ヲモ相免レ、　盛代御復古之御盛意ニモ可被為叶」とある(35)。「徳川氏之再生」の言説には、慶喜の助命・減刑が含まれることはもちろんだが、それだけでなく徳川宗家の存続が念頭におかれていることは明白である。

この歎願運動から、徳川宗家の存続が、「譜代」と自己を位置づける諸藩にとっては、その存亡に関わる重大事であると認識されていたことが看取できる。換言すれば、徳川宗家の存亡は自藩のそれと直結するとの認識が、当該運動から読み取れるのである。それは、哀訴状の文言で「私共徳川氏恩意ヲ受罷在候身ニ取候テハ、実ニ片刻モ坐視傍観罷在候ニ不忍」とか「私共徳川氏ニ附属罷在候身分」と自己規定されることに証左されよう。徳川宗家の行く末と自己を一体化するような方向性が、「譜代の藩」には見出せるのである(36)。それゆえに、佐倉藩のほか諸藩は、当初この運動に積極的であった。初めに哀訴状に署名した諸藩の真意は、慶喜あるいは徳川宗家のためだけではなく、自藩の安定にこそあったといえよう。これは、次章でみる伊予松山藩の意識とも重なる。

また、哀訴状では「関東諸州百万之生霊鋒鏑（武器・兵器の意――引用者註）之難」と関東諸藩の武力蜂起がちらつかされている。単に慶喜の徹底恭順の意を汲んだ全面服従の哀訴状であれば、こうした文句は要さないであろう。あくまでも、慶喜の赦免とそれに連なる自藩の温存に主眼をおいた戦略がここからも見出せる。

『学海日録』のみをみていると、依田が熱心な佐幕論者であったため、哀訴状を作成した時点で、正倫以下佐倉藩士およびほかの「譜代の藩」が、自藩の利害を度外視した慶喜や徳川宗家のための行動を取っていたような印象を受ける。だが、佐倉藩を含む諸藩にとっては何においても自己の保全が最優先された。太政官の意思に反する行動との疑惑を抱くと、哀訴状の提出をすぐに諦めたのは、慶喜の生命や徳川宗家の存続よりも、藩の損益が重要視されたからにほかならない。以上のように、哀訴状の提出はひとり慶喜救済のためだけではなく、その根底には藩を温存しようとする目論みが横たわっていたのである。

三　正倫上京の趣旨

堀田正倫は、倉次甚太夫、依田七郎から二十日ほど遅れて、三月九日に品川を進発した。正倫一行の上京の行程は、表6の通りである。

正倫には、佐治三左衛門のほか近習田村右門など多数の藩士が随従した。人数は、出発直後に長州藩出張所へ届け出たのが二三〇名で、三〇〇名余りに平塚まで通行するための印鑑が発行されている。また、十四日に箱根関所で届け出た時には四三八名と増加している。その内訳は、士分九〇名、士以下六九名、中間三七名、従者六四名、荷物持夫二一〇名である。このうち、三〇七名分の駿府までの印鑑が、東海道先鋒総督府附の参謀から発行された。二十日に安部川出張所に申告した人数が、士分九〇名、士以下六九名、中間三七名、従者六四名、荷物持夫四七名であるから、荷物持夫を大幅に削減したことがわかる。結局、この人数で京都まで向かうことになる。[37] 三月上旬頃には、「御上京御行列帳」、「御供之面々心得方帳」、「被下荷馬割合帳」が作成され、正倫上京にあたって、供奉を命じられた藩士がぞくぞくと佐倉から江戸へ上っていた。[38]

杉本敏夫が、「藩兵三〇〇名」とした[39]正倫一行の人数の根拠は、最初に印鑑を受けた三〇〇余名であろうが、右のように佐治の日記からはより詳細な内訳がわかる。また、一行の持ち物は手筒二挺、長持四棹、張長持七棹、替具櫃一個であり、十分な武装をしていなかったことも判明する。これに加えて、人数も幕府公用の大名行列に比較すれば、表高一一万石の佐倉藩に三〇〇名は少なくこそあれ多くはない。「三〇〇人もの藩士を従えてやってくるのは、間抜けといえば間抜けな話である」と白石良夫が評するほどの失策ではなかろう。[40] むしろ、武装し

表6　堀田正倫一行上京の行程

月 日	出	着
3．9	江戸（5時）	武蔵国都築郡長津田村（7半時過）
.10	長津田村（6半時）	武蔵国多摩郡鶴間村（4時頃）
.10	鶴間村	相模国高座郡国分村（7半時過）
.11	国分村滞在	
.12	国分村（5時過）	相模国大住郡新土村（8時前）
.13	新土村（6時過）	小田原宿（8時過）
.14	小田原宿（6時）	三嶋宿（7半時過）
.15	三嶋宿（6時）	原宿
.16	原宿（6時）	由井宿（8半時）
.17	由井宿	江尻
.18	江尻滞在	
.19	江尻	岡部宿（8半時）
.20	岡部宿（5時過）	藤枝
.21	藤枝（5半時）	掛川宿（7半時過）
.22	掛川宿（6時前）	舞坂宿（7時過）
.23	舞坂宿（6時）	赤阪宿（7半時過）
.24	赤阪宿（7時過）	勢田宿（6時過）
.25	勢田宿（6半時）	桑名宿（8時前）
.26	桑名宿（6時過）	関宿（6時前）
.27	関宿（6時過）	水口宿（8時前）
.28	水口宿（6時前）	大津宿（7時）
.29	大津宿（5時過）	京都花園妙心寺塔頭大法院（未の刻過）

註：「慶応戊辰日記」から作成。時刻は判明する範囲で書き入れた。

た新政府軍が制圧する東海道を、藩主一行がほぼ丸腰で通行したことは、新政府軍に抗する意思がないことを表すためのパフォーマンスであったといえる。正倫は、供奉者には「兵隊者不召連全手廻り之者而已」と旧幕府へ報告している[41]。箱根の関所を通行する際の所持品の届書では、わずか二挺の手筒も隠匿しており、敵対する意思がないことを示すための配慮がうかがえる[42]。

十五日、正倫は沼津宿に本陣を置いていた東海道先鋒総督橋本実梁、同副総督柳原前光へ田村右門を派遣した。田村は、参謀方附属の浜松藩士池田庄次郎へ二通の届書を提出した。一通は大政奉還および王政復古の政変後の朝召を正倫は病気のため辞し、重役を代理に上京させることで済ませていたが、快復したので上京したいということ。もう一通は、正倫はもとより厚く勤王を心得ているとの届書である。その後、正倫自身も橋本、柳原と面会し、事なきを得たかのように思われた。しかし、原宿についた正倫一行へ、先に提出した届書では「不都合」があり、再度勤王の「御誓詞」を差し出すように指令がある。これを受け、佐治と田村が橋本、柳原の本陣へ誓詞を提出した。誓詞は、「此度大政御一新ニ付依　召上京仕候処、弥以勤　王仕如何様之御用被　仰付候共、身分ニ応候儀者幾重ニ茂相勤可申候、右之趣　天神地祇ニ誓而相違無御座候」との内容で、正倫の署名・実印があるものである（前に提出した届書は田村の署名のみ[43]）。

つづいて十六日、駿府城滞在中の有栖川宮熾仁親王へも届書を提出するよう池田庄次郎から指示があった。これにより、佐治と田村は急いで駿府城へ向かい、東征大総督府参謀方下役の宇和島藩士林玖十郎へ橋本らへ提出したものと同じ内容の届書を提出した。十七日朝、佐治、田村が東征大総督府へ向かったところ、沙汰があるまで旅宿にて控えているよう指令を受けたため、佐治は江尻にとどまるよう供奉者へ命令した。十八日、朝五時林玖十郎から呼び出しがあり、再度佐治と田村が東征大総督府へ出向いたところ、正倫の「方向御糺問之処、始終曖昧と致シ候」ゆえに上京の上謹慎を仰せ付けられた。翌日請書を出し、正倫は謹慎するために京都へ向かうこ

とになる。(44)

正倫上京の目的は、前節でみたような経緯から、徳川慶喜「助命」のための哀訴であったとされてきた。正倫は、上京に際して、「当節　上様東叡山江　御謹慎被為　在候御儀奉恐察、御譜代之向中合　朝廷江為歎訴、此間重役之家来為差登置候得共、自然模様ニ寄私儀茂直様上京仕度」との願書を二月二十四日に旧幕府西丸御徒目付当番所へ差し出した。これは、三月四日に許可されている。(45)この届書をみる限り、上京の目的は一見慶喜哀訴だけにあったと思われる。

しかしながら、佐治の日記や周辺の史料をみるに、東海道先鋒総督府、東征大総督府との一連のやりとりの中では、一度も慶喜の哀訴に関する文言は登場しない。もちろん通行のために方便を述べた可能性はあるが、上京の最大の目的が慶喜の助命歎願にあったとするならば、軍事権の大部分を委任されていた東征大総督府へその意思を表明し、訴願していたとしても何ら不思議ではない。また、三月十一日に京都にて依田らが持参した哀訴状が差し戻されたとの情報は、数日のうちに正倫一行へも入っていたはずである。かかる情報が入っていたとすれば、太政官から依田らへは、東征大総督へ哀訴状を提出し直すように指示されたのであるから、駿府城にて哀訴状の趣旨を開陳しなかったのはなおのこと不自然である。

当初の上京の目的に、慶喜赦免、徳川宗家存続の目的があったことは否定しないが、それは前節でみたような徳川の「譜代の藩」たる佐倉藩の安寧を図ったものであり、哀訴状の提出が挫折した時に、正倫一行はその指向を転じたのではないだろうか。具体的には、哀訴歎願の路線から、藩主である正倫が朝召に応じて上京することで自藩の行動を弁明する向きへの方針転換だと推察される。この時期、勤王実効のため、全国から多数の諸侯が上京を果たしているが、(46)正倫の上京の趣旨もそれらの例と大差ないと考えられよう。

三月二十九日、京都に到着した正倫は、在京藩士に迎えられ、未刻過ぎに京都花園妙心寺塔頭大宝院へ入った。

次節では、正倫滞京中の動向を検討したい。

四　滞京から帰国まで

京都妙心寺の塔頭大宝院に入った堀田正倫へ、近習、側用人や供奉してきた医師および騎馬の面々などが拝謁した。佐治三左衛門と先に京都へ入っていた依田七郎は、同居して、正倫の近くに寓居することとなった(47)。依田は、東征大総督府からの謹慎命令を受けて、正倫が京都へ入ったことを太政官弁事局へ知らせた。正倫が謹慎するのにともない、家臣たちも「御用之外」は外出してはならず、やむなく外出する場合であっても特別「心付」けるよう達せられた。これは後日緩和されたが、外出は暮六時までとされ、夜間の他行は禁じられた(48)。以後、京都においては正倫への取り次ぎなどは主に佐治らが、太政官との折衝や他藩との外交は留守居の依田らが担った。

すでに、正倫の上京は家中および藩領に周知され、堀田正睦の墓前に正倫の名代が派遣され、奉告していた(49)。正倫謹慎の一報は、江戸藩邸へ慶応四年三月二十一日、佐倉へ翌二十二日に到達した。佐治は、十九日に正倫謹慎の請書を東征大総督府へ提出したのち、田村右門と小倉弥学へ一時帰国を命じた。その使命は、「御用向書抜」を江戸藩邸と佐倉へ廻すことである(50)。田村らによって正倫の謹慎が江戸・佐倉へ伝えられた(51)。田村は、後日平野重久からの用状を持参して再び上京し、五月一日に入京している(52)。

田村らからの情報を得た佐倉では、家中へ哀訴状提出が頓挫したこと、「勅諚之趣」により上京の目的が果たせなくなったことが通知された。領内には、正倫が無事京都へ到着したことが触れられた。また、正睦の墓前に出発時と同じように入京が奉告された(53)。正倫の謹慎が、本藩の政治意思の決定に多大なる影響を及ぼしたことは、本章の冒頭で記した通りである。恭順を決定した佐倉藩は、閏四月六日、城下に東海道先鋒副総督柳原前光を迎え入れた。七日、柳原は佐倉藩校成徳書院に本陣をおいている。

では、田村らが京都へ引き返した後、京都―佐倉間ではどのような連絡関係があったのだろうか。かかる考察は、藩是決定過程の解明に欠かせない作業である。

まず、発京都・至佐倉の連絡をみてみたい。正倫一行は、妙心寺到着後すぐさま、江戸へ六日切の町飛脚を出し、江戸詰の藩士へ用状を送っている。以後の京都では、佐治や依田のもとに太政官からの達や「太政官日誌」のほか、在京中の諸藩士らから多数の情報が寄せられた。そのうち、特に重要だと佐治ら重臣が判断した情報が、正倫へ上げられている。(54) これに加えて、日々の職務や出来事および本藩への指令について恒常的に佐倉へ伝達された。その方法は、「御在京中江戸表江之便毎月一ノ日仕舞二ノ日立」に定められた。(55) つまり、一の付く日（一・十一・二十一）に情報をまとめた文書を作成し（佐治の日記中では「御勝手仕舞」と表現される）、それを翌二の日に飛脚に持たせて江戸へ派遣した。これが江戸から佐倉へ伝達されることになる。(56) 多少日程が前後することもあったようだが、ほぼスケジュール通りに文書の送付がなされていたことが佐治の日記から判明する。江戸までは、四日切あるいは六日切飛脚が用いられており、佐倉に情報が到達するまでにはおよそ五日から七日程度を要したと推定できる。

一方で、発佐倉・至京都の情報は、閏四月下旬まで確認できない。閏四月十八日に、房総半島での戦闘勃発の情報（旧幕府撤兵隊と新政府軍の戦闘）を上田藩士から得た依田は、藩地の危機を感じて佐倉への使者派遣を申し出ている。これに対して、佐治と倉次甚太夫は、佐倉からの報状を辛抱強く待つことにして、依田の案を却下した。(57) ようやく佐倉からの文書が届いたのは、同月二十六日のことである。

この用状は、閏四月十七日付（『学海日録』には「十九日発」とある）で作成されたもので、柳原が佐倉に入り「朝敵」とされた大多喜へ向けて進軍したこと、大多喜藩主大河内正質が佐倉藩預けとなったことなどの知らせであった。正倫はじめ在京の諸藩士は、佐倉が新政府軍の影響下に入った子細をこの時点で初めて知った[58]。

ここからわかるのは、京都からの情報をある程度得ていた江戸藩邸並びに本藩の首脳部は、京都での状況を考慮して政治的判断を下すことができたということである。また、京都からの指令・命令は、最低限佐倉へ届いていた。その内容が、具体的にどのようなものであったか判然としない部分もあるが、恭順を指示する内容であったことは容易に推定できる。平野重久ら本藩の首脳部が、臨機応変な対応を迫られたことは事実であろうが、平野以下佐倉に残された藩士たちがまったくの独断で藩是を決定したとの理解は誤りといえよう。

一方で、滞京中の正倫および藩士たちは、佐倉からの情報を最も重要な局面で得られていなかった。連絡が途絶えていたのは、佐倉の政情が安定していなかったことなどに原因があろうが、実態がわからない以上、詳細な命令を京都から発することは困難である。恭順や勤王の大枠は、京都で決定して佐倉に報じられ、新政府軍や旧幕府軍に対する細かな対応は、現地の裁量に任される範囲が大きかったというのが実態ではなかろうか。ただし、五月以後は、佐倉からの連絡も不定期ではあるが送られるようになっている。

正倫が、七月に帰国したのちには、藩士から選出された公務人（依田および公務人介に田村が任命される）が、京都における後事を託された。公務人には、「重大之事件者佐倉江伺」うことなどの心得が説かれたが、その中には「毎月定便両度ニ相定」との規定もみられる[59]。情報伝達の円滑化によって、東西間での一致を図る措置である。

正倫の謹慎が解かれたのは、五月五日のことであった。つづいて、「房総辺不穏」を鎮めるための「残徒」の鎮撫、民政の厳重取締を理由に、帰国が許可されたのは七月三日である。正倫の上京以来、依田や田村が赦免に奔走したことがようやく結実する。依田らの赦免歎願運動や謹慎解除から帰国の経緯は、白石良夫の研究[60]に詳しいので繰り返さないが、最後にあまりふれられてこなかった滞京中の正倫の行動をみておきたい。

謹慎が解かれた翌日、正倫は輔相三条実美邸、同岩倉具視邸を御礼廻りに訪問した（三条は不在）。また、同日天機伺いの願書を出し、翌七日参内。大宮御所へも機嫌伺いに赴いた。この日、議定の面々へも使者を遣わして礼を述べた。御所へ参内する際には、妙心寺本陣の玄関と表門前の道筋に藩士たちが整列し、正倫を見送っている。この時に、藩士たちへは正倫から赦免を祝して酒代が下付された(61)。九日、正倫を含む一一名の在京諸侯は参内を命じられ、天皇と「御誓約」を結んだ。こうした一連の儀式を通して、正倫は天皇と契約を締結し、「朝臣」化したのである(62)。

十四日には、正倫は天皇への拝謁願いを弁事局へ差し出し、二十七日実際に拝謁している。正倫は、御所の小御所にて拝謁した際、「玉座近ク」に召され「綸言」があったという。この時、正倫の乗馬が天覧に供され、キセル、花瓶などが天皇から下賜された(63)。さらに、正倫は十八日に、自身の願い出により泉涌寺山内の天皇陵を参拝した(64)。以降、正倫は帰国までの間、たびたび御所に参内している。これらの事実は、正倫が積極的に天皇権威を受容するようになった様子を示唆している。それは、勤王に相応しい行動を正倫が積極的に取ることにより、正倫やその側近たちが藩を護持しようと目論んだからにほかならないであろう。また、藩士たちへ向けて、勤王の姿勢を徹底する意味も有したのであろう。こうした藩主の行動に表象されるように、少なくとも京都においては藩士たちの間に「佐幕」的な意見や行動はみられなくなる。佐倉藩は、正倫赦免から在京中、帰国後を通じて新政府軍に軍事・資金面で協力し、内乱で新政府への貢献の実をあげることを図ってゆく。それは、いうまでもなく見返りとしての藩利を求めたからであった。

正倫が帰路に就いたのは、七月八日のことで、天保山に出て、ここで雇い入れたオランダの蒸気船に乗り海路帰国した。最終的に佐倉に帰城したのは、七月二十三日のことであった。

小括

本章では、戊辰内乱期における堀田正倫の上京について、藩士の日記などを用いながら実証的な分析を行ってきた。

慶応四年二月から三月にかけての徳川慶喜の赦免を目的とした哀訴運動は、参加した「譜代」諸藩にとって、必ずしも慶喜の助命や減刑のみに目的を限定したものではなく、「徳川再生」＝徳川宗家の存続に繋げることにより自藩の安定を企図したものであった。それゆえ、哀訴状への署名によって自藩の立場が危ぶまれると察すると、江戸において協力的だった諸藩も次々に離脱していった。

佐倉藩は、三月上旬に正倫が哀訴のためみずから上京することを決めるが、哀訴状の提出が挫折するとその方針は転換された。以後、慶喜の赦免を歎願する方向性はみられなくなり、正倫一行は藩主の上京による自藩の立場釈明へと目的を転じるのである。佐倉藩にあっては、自己弁明を行うことにまず何よりも優先順位がおかれたといえよう。

新政府は、そうした焦燥意識を巧みに拾い上げ、佐幕から勤王への支配理念の移行を進めることにより、内乱の遂行を可能とした。正倫の在京中における天皇権威の積極的受容は、まさにその変化を象徴している。正倫が、京都で経験した謹慎・赦免、天皇との拝謁・誓約、天皇陵への参拝などは、佐倉藩に勤王理念が定着するためのいわば通過儀礼であった。

先行研究は、正倫の上京謹慎を藩論が恭順へ流れた画期となる時期だとしていたが、いま一歩踏み込んだことを述べれば、佐倉藩にとってこの事件は佐幕路線を放棄し、勤王理念を受け入れ、正倫が「朝臣」となった地点だと捉えられる。こうした場面は、最終的に勤王を誓った諸藩に何らかのかたちでみられる現象である。正倫の上京は、その一例だといえる。

また、本章では、正倫上京中の京都と佐倉の関係について情報の伝達という点から若干の考察を試みた。結果的に正倫と供奉した重臣たちは、長期間にわたり京都滞在を余儀なくされる。この間、京都から佐倉へは定期的に必要情報が伝達されており、本藩はまったく独断で藩是を決めたわけではないことに言及した。京都と佐倉、さらには江戸に在する藩士たちの動向は、十分に意思疎通が叶わないながらも、互いに作用しあっていたといえる。「正倫公記」に登場するような、特定の藩士の手腕で藩是が恭順に定まったとする理解は、再検討を要するであろう。

(1) 本章では、「佐倉藩」あるいは「藩」の語を政治意思決定組織あるいは行政機関を指すものとして用いる。第5章註(4)参照。
(2) 杉本敏夫「譜代佐倉藩の解体過程」(『駿台史学』一一、一九六一年)、同「藩政の解体」(木村礎・杉本敏夫編『譜代藩政の展開と明治維新——下総佐倉藩——』文雅堂銀行研究社、一九六三年)。
(3) 『佐倉市史』二(佐倉市史編さん委員会、一九七三年)。
(4) 小島茂男『幕末維新期における関東譜代藩の研究』(明徳出版社、一九七五年)。
(5) 三浦茂一「戊辰戦争と下総佐倉藩の位相」(『房総の郷土史』二九、二〇〇一年)。
(6) 鈴木壽子『幕末譜代藩の政治行動』(同成社、二〇一〇年)。
(7) 工藤威『奥羽列藩同盟の基礎的研究』(岩田書院、二〇〇二年)ほか。
(8) (財)日産厚生会佐倉厚生園病院蔵、佐倉市寄託。およそ明治四年(一八七一)の廃藩頃までの関係文書は、雄松堂書店作成のマイクロフィルム版に収められている。以下、マイクロフィルム版は『堀田家文書』と略記する。
(9) 前掲、註(2)木村・杉本編『譜代藩政の展開と明治維新』。
(10) 拙稿「明治・大正期における幕末維新期人物像の形成——堀田正睦を事例として——」(『佐倉市史研究』二二、二〇〇九年）。

(11) 戊辰内乱の研究に長らく使用されてきた『復古記』にも「佐倉藩記」は、引用されている。『復古記』の編纂については、大久保利謙「王政復古史観と旧藩史観・藩閥史観」（『法政史学』一二、一九五九年、『大久保利謙著作集七　日本近代史学の成立』〈吉川弘文館、一九八八年〉所収）、宮地正人「政治と歴史学――明治期の維新史研究を手掛りとして――」（西川政雄・小谷汪之編『現代歴史学入門』東京大学出版会、一九八七年）ほか参照。

(12) 『学海日録』全一一巻＋別巻（岩波書店、一九九〇～九三年）。以下、同書第二巻は『学』と略記する。

(13) 白石良夫『最後の江戸留守居役』（ちくま新書、一九九六年）。本章中の依田七郎に関する記述は、同書に多くを依拠している。

(14) 真辺将之「明治期「旧藩士」の意識と社会的結合――旧下総佐倉藩士を中心に――」（『史学雑誌』一一四―一、二〇〇五年）、同『西村茂樹研究――明治啓蒙思想と国民道徳論――』（思文閣出版、二〇〇九年）所収。

(15) 明治写「平野知秋筆記」（国立公文書館蔵、一六六―〇二四六）。

(16) 「正倫公記」第九（『堀田家文書』二―九七）。

(17) ただし、田村右門（利貞）の日記がある。同史料は、佐倉市が購入した。田村は近習、家扶などを歴任した人物であり、幕末維新期の堀田家を研究する上で当該日記は有用である。同日記は、土佐博文を中心に現在解読を進めているところである。当面は、土佐「購入史料の紹介　佐倉藩士田村利貞日記」（『佐倉市史研究』二一、二〇〇八年）を参照されたい。

(18) 慶応四年「慶応戊辰日記」（宮内庁宮内公文書館蔵、三四七八七）。

(19) 拙稿「戊辰戦争期における上総国農村の「佐幕」的動向」（『千葉史学』五五、二〇〇九年）、本書第9章参照。

(20) 臨時帝室編修局「明治天皇紀編修録二」大正十三年、（宮内公文書館蔵、一一二六八―一）。

(21) 山川浩『京都守護職始末』（沼沢七郎刊、一九〇八年）。

(22) 慶応元年「分限帳」（『堀田家文書』三―三）、内田儀久『明治に生きた佐倉藩ゆかりの人々』（聚海書林、一九九七年）。

(23) 『学』慶応三年五月二十四日条。

(24) 慶応四年正月「武内孫助筆記」（国立公文書館蔵、一六六―〇二二一）、慶応四年正月「会議之記」（明治文化研究会編『幕末秘史　新聞会叢』覆刻版、名著刊行会、一九六八年）。

(25)「会議之記」(『幕末秘史　新聞会叢』、四二九・四三〇頁)。
(26)『学』慶応四年正月十三・十四日条。
(27)同右、慶応四年正月十六〜二十一日条。
(28)慶喜帰城後の江戸における抗戦論の具体的様相については、原口清「江戸城明渡しの一考察」一・二(『名城商学』二一―一・二、一九七一・七二年、原口清著作集編集委員会編『原口清著作集三　戊辰戦争論の展開』〈岩田書院、二〇〇八年〉所収)および本書第3章参照。
(29)『学』慶応四年二月二〜四日条。
(30)同右、慶応四年二月十五〜十八日条。
(31)同右、慶応四年二月二十日〜三月十四日条。
(32)慶応四年三月十七日「小田原以下四藩重臣届書」(『大日本維新史料稿本』慶応四年三月十七日条、丸善マイクロフィルム版)。
(33)前掲、註(6)鈴木『幕末譜代藩の政治行動』ほか。
(34)前掲、註(14)真辺「明治期「旧藩士」の意識と社会的結合」。
(35)慶応四年「弁事局記」(国立公文書館蔵、一六五―〇一三三)。
(36)この点は、本書第5章で詳しく論じた。
(37)「慶応戊辰日記」慶応四年三月九日条ほか。
(38)「年寄部屋日記」慶応四年三月一日条ほか(『堀田家文書』六―二〇一)。
(39)前掲、註(2)杉本「藩政の解体」。
(40)前掲、註(13)白石『最後の江戸留守居役』、一八八頁。
(41)「年寄部屋日記」慶応四年三月四日条。
(42)「慶応戊辰日記」慶応四年三月十四日条。
(43)同右、慶応四年三月十五日条。
(44)同右、慶応四年三月十六〜十八日条。

(45)「年寄部屋日記」慶応四年三月四日条。

(46) たとえば、三月には久居藩主藤堂高邦、椎谷藩主堀之美、平戸藩主松浦詮などが上京している（『大日本維新史料稿本』慶応四年三月四・八・十七日条）。また、近江宮川藩主堀田正養のようにみずから上京謹慎を申し出て、「勤王」の意思を体現しようとするケースもあった（「堀田正養家記（近江宮川）」慶応四年四月六日条、東京大学史料編纂所蔵、四一七五―一〇九五）。

(47)『学』慶応四年閏四月十六日条。なお、妙心寺が本陣に選ばれたのは、後期堀田家の祖正俊（不矜公）が養子となった春日局を弔うための塔頭麟祥院があったことによると推定される。「慶応戊辰日記」からは、正倫が在京中に数度麟祥院を参詣していたことがうかがえる。

(48)「慶応戊辰日記」慶応四年三月二十九日条、同年閏四月二十九日条。

(49)「年寄部屋日記」慶応四年三月十一日条。

(50)「慶応戊辰日記」慶応四年三月十九日条。

(51)「年寄部屋日記」慶応四年三月二十二日条。

(52)「年寄部屋日記」慶応四年五月一日条。

(53)「年寄部屋日記」慶応四年三月二十三日条、同年四月八・十日条。

(54)「慶応戊辰日記」慶応四年三月二十九日条ほか。

(55) 同右、慶応四年四月七日条。

(56) 佐倉藩江戸藩邸は、上屋敷が麻布日ヶ窪、中屋敷が南八丁堀、下屋敷が渋谷羽根沢村にあった。当該期に右の三か所に在留していた一五歳以上の男女は計一九七名で、内訳は士分一八名、女子八四名、軽輩九五名であった（「慶応戊辰日記」慶応四年閏四月二十八日条）。

(57)『学』慶応四年閏四月十八日条。

(58)「慶応戊辰日記」慶応四年閏四月二十六・二十七日条、『学』慶応四年閏四月二十六日条。

(59)「慶応戊辰日記」慶応四年七月六日条。

(60) 前掲、註(13)白石『最後の江戸留守居役』。

(61)「慶応戊辰日記」慶応四年五月六・七日条。
(62)『学』慶応四年五月九日条。
(63)「慶応戊辰日記」慶応四年五月十四・二十七日条。
(64)『学』慶応四年五月十八日条。

第5章 「朝敵」藩の恭順理論——伊予松山藩を事例に——

はじめに

新政府は、慶応四年（一八六八）正月十日に、会津・桑名・高松・備中松山・伊予松山・大多喜藩の京都藩邸を没収し、会津藩主松平容保以下六藩の藩主と旧幕臣二〇名の官位を剥奪した。右の諸藩は「朝敵」とみなされ、新政府軍による征討の対象となる。これに対して、会津藩を除く諸藩は間もなく新政府に恭順し、実際には大規模な戦闘が繰り広げられることはなかった。

正月中に「朝敵」藩が、次々と恭順したことは新政府を勝利へと方向づける大きな要因となった。戊辰開戦以前には佐幕的立場にあった「朝敵」藩を恭順たらしめた論理とは何なのであろうか。一見すれば、あっさりと恭順したかにみえる「朝敵」諸藩であるが、内実は勤王と佐幕の間で激しい葛藤が生じていた。

「朝敵」藩の研究は、戦後まで史料の公開が進まなかった事情もあり、本格的に俎上に載せられたのは比較的最近のことである。そこで常に焦点が当てられてきたのは、奥羽列藩同盟の性格と東北戦争における諸藩の動向であった(1)。東北戦争の性格規定は、戊辰内乱全体のそれに直接結び付くがゆえに、関心値が高い課題となっている。その反面、東北諸藩以外の「朝敵」藩の研究は、下山三郎『近代天皇制研究序説』などによって新政府による「朝敵」藩処分の研究が進められたほかは(2)、十分な分析が行われてこなかった。しかしながら、近年、新史料

の丹念な捜索によって個別事例の基礎的な研究データが出揃いつつある。(3)

一方で、明治維新史研究の分野において、維新を主導した「西南雄藩」以外の中小藩を個別に研究する必要性は提起されてから久しい。(4)戊辰内乱期の中小藩の研究も杉本敏夫、三上昭美、小島茂男、青木俊郎らによって進められてきた。(5)杉本は、佐倉藩の動向を藩内恭順派である平野重久を軸に検討した上で、「譜代藩内部の佐幕、恭順両論が、基本的には個別領有権護持の方法論＝戦術論として争われ、それを保証する道として（恭順への――引用者註、以下同）雪崩現象が生じた」と論じ、「戊辰戦争がそのまま廃藩置県＝藩体制の廃絶を実行しえない限界性」を指摘した。(6)

諸藩が最優先したのは、個別領有権の護持であったことは著者も賛同するところである。しかし、杉本の論では佐倉藩が新興の譜代藩であることによる特色が曖昧である。将軍家との親疎関係に基づく自藩の位置づけは、内乱での態度を規定する一因となった。この点、「朝敵」藩の多くは、江戸城での伺候席が溜間詰の大名であるか、もしくは開戦以前に藩主が老中など幕府の重役をつとめていた藩である。「朝敵」藩の動向を検討することは、幕藩体制下で格式の高かった藩が如何に行動したのかを解明することにもつながる。(7)また、杉本の結論づけは、最終的に新政府が勝利すること、さらには明治四年（一八七一）七月に廃藩置県が現実化することを前提としたものである。西国の「朝敵」諸藩が恭順した慶応四年初頭段階では、新政府の勝利は決定的だったとはいえず、抗戦する道も残されていた。

加えて、従来の戊辰内乱史研究では、「朝敵」藩＝佐幕という図式がそれとなく是認されてきたきらいがある。前述した通り、勤王論と佐幕論は必ずしも対立するものではないし、「朝敵」藩が佐幕論一辺倒だったわけでもない。個別藩の動向を考察する際には、勤王・佐幕に明確に分類することができない藩内部の多様な主張に目を配る必要がある。

本章では、最終的に勤王を誓い、新政府陣営の一員に組み込まれた「朝敵」藩の藩是決定までの道程を、個別藩内部の視点から分析したい。それにより、「朝敵」藩が有していた佐幕理念が放棄され、勤王理念を全面的に承認するまでの過程を明らかにする。

事例としては伊予松山藩を取りあげ、戊辰開戦直後に「朝敵」とされた藩の動向を検証していく。伊予松山藩主松平定昭は、旧幕府の老中であったことから「朝敵」とされ、同藩は土佐藩をはじめ新政府軍の征討を受けて危機的状況に直面した。

幕末維新期の松山藩の研究は、景浦勉編『幕末維新の松山藩』をはじめとして『松山市史』などの自治体史で精力的に推進されてきた。同藩の内部構造や戊辰内乱期の足跡も、すでに概略は明らかとなっている(8)。本章では、こうした既存の成果に依拠しつつも、依然として明確でない藩是決定の過程にみられる佐幕理念と勤王理念の関係性を中心に検討する。

一　鳥羽・伏見の戦い前後

まず、行論の前提として鳥羽・伏見開戦前後における松山藩の動向を略述しておく。

慶応三年（一八六七）九月二十日に、伊予松山藩一五万石の藩主松平勝成は隠居し、津藩主藤堂家から養子に迎えられた松平定昭が跡を襲った。当時、定昭は二二歳である。定昭は、襲封した三日後の二十三日、京都二条城にて老中に任命された。

松山藩主松平（久松）家は、殿席が基本的には帝鑑間詰で、一代に限って溜間に詰めることがある「飛溜」の大名であった。本章で対象とする時期の藩主勝成と定昭は、それぞれ嘉永四年（一八五一）五月二日と文久元年（一八六一）十一月一日に溜間詰となり幕政に参画した。同藩は徳川家康の異父弟定勝を藩祖とし、「徳川家親属」という自意識を強く有していた[9]。

慶応三年九月二十四日、定昭は「当時天下多事之折柄重キ御役之儀者御才力ニ難被為及候」ことと「当今之時勢物情不平穏候ニ付而者、兵力ヲ練武備ヲ固一方藩屛之任相守候儀第一之儀」を理由に、老中の辞退と一時帰国を申し出た。定昭は老中に任命され、一旦は御用部屋へ入ったものの、「一藩の議論紛々ニ而迚も最早出勤被成間敷」という事情で老中を早々に辞退した。老中の辞退は、十月十九日に認められたが、同十五日には引き続き京都にとどまるように命じられている[10]。定昭は「兄弟一之御評判も宜敷」、将軍徳川慶喜も「格別ニ御目指」だったようである[11]。十月十四日の大政奉還の上表前後における定昭の動きは判然としないが、結果的にみればこの時定昭が帰国できなかったがために、約二か月後、松山藩は「朝敵」の汚名を着せられることになる。

十二月九日の政変で新政府が誕生した後、十四日に定昭は京都から下坂して、大坂城へ入っていた慶喜に面会した[12]。その後、定昭率いる松山藩兵は摂津国梅田村近辺の警衛をつとめ、その最中の慶応四年正月三日に鳥羽・伏見の戦いが勃発した。四日、新政府は仁和寺宮嘉彰親王を征討大将軍に任じ、西園寺公望が山陰道鎮撫総督に就任、翌日から諸道鎮撫総督が任命されていった。新政府は、慶喜征討令を発した翌八日に、高松・小浜・大垣・鳥羽・宮津・延岡・松山藩士の御所九門への出入りを禁じた[13]。

この間六日に、内乱勃発と定昭追討の一報を入手した前松山藩主松平勝成は、定昭が下坂して慶喜に付き添っていたのは十二月九日の政変以来「沸騰」していた旧幕臣を鎮撫するためであったこと、朝廷警衛のために自身が上京したいことを述べ、追討の取り消しを新政府へ歎願した。一方では同時に、定昭の援兵として三〇〇名が松山から派遣されていた。七日には、定昭が「私方一卒茂妄挙ニ相加候儀一切無御座」と弁解した上で、「下坂罷在且梅田辺警衛等之嫌疑も可有御座哉与重々心外之至奉存候得共、叡慮之程深奉恐入一先帰邑仕候」と新政府へ届け出て、援兵が乗せられてきた蒸気船で大坂から帰国した[14]。

こうした藩主父子の工作も空しく、十日、新政府によって松山藩は会津・桑名・高松・備中松山藩とともに「反逆顕然」な「賊徒」とされ、京都藩邸没収・藩主の官位剝奪・京都からの藩兵退去が布達された。この時、小浜・大垣・鳥羽・宮津・延岡藩も入京停止処分を受けている[15]。同日と翌十一日には、征討府は薩摩・芸州・長州・因幡・土佐・津藩へ高松・大垣・姫路・松山藩の征討を命じ、これとは別に新政府は芸州・岡山・土佐藩へ福山・高松・備中松山・松山藩の征討令を出した[16]。十日、京都三条の高札場には、高松・大垣・姫路・松山藩の征討を明示した高札が掲げられた[17]。ここにおいて、松山藩は明確に「朝敵」となる。

新政府では「朝敵」の等級を、一等徳川慶喜、二等会津・桑名藩、三等松山・姫路・備中松山藩、四等宮津藩、五等大垣・高松藩に分けて、「三等以上ハ其罪不軽ニ付追討」すべしとしている。三等は、藩主滞坂中に出兵・発砲して慶喜東帰に藩主が随行した藩、出兵・発砲をしなくても藩主が慶喜に随行した藩、近年藩主が幕府で重役をつとめ慶喜の「逆意ヲ補佐」した藩である[18]。

実際に松山藩兵が、鳥羽・伏見の戦いに参戦したのかどうかは判断しがたい。松山藩士の回顧談には「慶喜公を京都から召されるに就て、多人数松山の者も随従して京都に行かうと云ふのでござりましたが、その行掛けから御承知の通り伏見のアノ事が起こつたのだ」とある[19]。いずれにせよここで肝心なのは、松山藩が「朝敵」という烙印を押されて追討の対象となり、周囲からの視線もそこに規定されるようになったということである。

二 藩是決定までの道程

松山藩は、帰国した松平定昭を中心に善後策を講ずることになる。その具体的な経過は、藩士で藩校明教館の教授三輪田恒次郎（高房）[20]の日記などからうかがえる。三輪田恒次郎は、万延二年（一八六一）二月十五日から定昭の侍講をつとめていた人物で、戊辰内乱期には佐幕的立場をとっていた。

十日に帰国した定昭は、十一日に大小姓格以上の面々へ翌日松山城三の丸へ登城するように命じた。十二日、定昭は参集した藩士に向かって「松山全力を以　徳川家ニ奉報度決心罷在、其方共存意有之候ハヽ、明後日迄ニ可申達」と伝えた。これを受けて恒次郎は、早速建言書の作成に取りかかった。十三日に恒次郎は、明教館の同僚藤田久蔵に相談の上、目付山本甚五郎へ建言書を提出している。左はその草稿である。(21)

一、今般第一之御急務者　徳川上様《慶喜公》御東下之御沙汰ニ者相成候得共、其有無御探リ被遊、弥御東下之処御承知被遊候様不相成候而者、御当家様弐百年来之御鴻恩一時ニ御忘却之姿ニ相成申与奉恐察候、且又紀州・尾州へ御使者早々御差遣被遊度奉存候

一、徳川家御忠勤之事者毎々被仰出も有之、　朝廷も　徳川臣《親》属ニ付、為警衛御附添御下坂之旨御届ニ相成、且又十八日御下問之儀被為在上京可有之御達書到来之砌も御持病御申立ニ而御断ニ相成候者専ラ　徳川家与存亡御一致之御事与奉存候、左候得者此度　徳川上様御上　洛御止メ之御忠諫御採用無之、加之御東下之御沙汰斗ニ而俄ニ御微行被遊、御東下之御模様も相知不申、御成行ニ候而も　徳川上様《慶喜公》御行衛不被為探御帰国被為在候ハヽ義理之御至当も無之哉与奉恐察候、何卒早々蒸気船ニ而江戸表為御伺御重役御差遣被遊度奉存候

一、此度戦争者　徳川上様者京都より御召之沙汰も有之候而御上　洛之儀ニ付、何之御罪名も無之者公明正大ニ御座候処、只御先用御勤相成会津桑名之両家薩長之姦吏之姦謀ニ陥り、遂ニ戦争ニ相成候事ナレハ徳川上様御東下被遊候者奉対　朝廷御恭順之御所置ニ而御首尾者不悪与奉存候、若シ此後　朝廷より罪名御正し之御詰問相成候共会桑両家へ御托シニ而相済可申与奉存候、会桑も悪名相蒙候而も　徳川上様へ忠義相立候得者本望之義与奉存候

一、御《大坂ヨリ》当家様御帰陣相成候ニ付懸考仕候者何とせらん、　徳川様を御見捨被遊候姿ニ者相成申間敷哉与乍恐御気遣奉申上候、只今之処より立戻往事を相考候へ者、　徳川上様政権御復古《奉還》将軍職御辞退被遊候段御家門

御譜代へ早々御相談之上御隠居被仰立候者勿論、　徳川上様《慶喜公》者御挙動御難易之御性質与思召候御見込可相立《与》筈ニ御座候処、其御評議論ニも不相成大坂へ御供被遊始終御因謀之処、　徳川上様《慶喜公》昨今之一二件ニ而今日之御取斗ニ相成候而者、他日無君之悪名者御免レ被遊かたく与泣血奉恐察候

一、乍恐只今より　当上様《慶喜公》をさし置外ニ　徳川家御一族を守護シ奉申上、往昔之政権ニ御復古被遊候御周旋者甚六ヶ敷義与奉存候、其訳者　当上様《慶喜公》終ニ一周年余之御職掌ニ而外夷之交際防長之征討事件者先将軍様御垂統被遊候御事業ニ而、　当上様《慶喜公》之御改革相成候事者誠ニ僅少之事与奉存候、左候へ者外之御一族　徳川家ニ御立《家督》被遊候而も矢張只今之形勢ニ相替候義ハ有之間敷奉存候ニ付、　御当家様ニ者万世之後迄君を無シ候悪名御蒙リ被遊候はんより寧ロ懸忠之松山与被御喚被遊　徳川上様《慶喜公》御慕被遊度奉存候、誠恐誠惶頓首敬白(22)

まず一・二箇条目では、恒次郎は慶喜が実際に東帰したかどうかを確認するように促している。慶喜は、六日に大坂城を脱出して十二日江戸城へ帰城していたが、恒次郎が右の建言書を作成した段階では松山においては情報が錯綜しており、慶喜のはっきりとした動静がわかっていなかった。三箇条目では、恒次郎は慶喜の東帰は「恭順之御所置ニ而御首尾者不悪」との見解を示している。新政府から恭順が認められず、慶喜が問罪された場合には、鳥羽・伏見の戦いは会津・桑名藩の責任にすれば良いとする。四箇条目では、定昭が慶喜に同行せず帰国したことを「徳川様を御見捨被遊候姿」と責めている。また、慶応三年十月十四日以来、慶喜が実施してきた政策決定の手段を否定し、「他日無君之悪名」は免れがたいと歎く。そう述べた上で、なお松山藩は後日の「悪名」蒙るよりも慶喜と運命を共にすべきだと説いている。

三箇条目から読み取れるように、恒次郎は無闇に抗戦するのではなく、むしろ慶喜の恭順→松山藩の恭順→「朝敵」の取り消しという道を第一の選択肢として模索していた。恒次郎の佐幕論は、勤王論を否定するものではない。むしろ慶喜に恭順の意思がある場合は、会津・桑名藩を犠牲にしてでもそれを徹底させることが、恒次

郎にとっての佐幕なのである。この論理に立てば、あくまでも松山藩の方向性は慶喜の態度決定に委ねられることになる。それゆえ、大坂脱出以降の慶喜の行方を把握することは最優先課題とされている。

当時、松山藩馬廻段目付願取次であった内藤素行（鳴雪）は、定昭が慶喜東帰に同行できなかった原因は、定昭の出身である藤堂家が内乱開戦早々に新政府へ恭順したことにあるとする。定昭は、「徳川方に疎外せられた（慶喜に同行できなかった）憤慨」から「飽迄佐幕の旗を翻へし赤心を明らかにしようと決心」したという(23)。つまり、定昭にとっては慶喜に同行するのが当然だったはずであり、大坂に置き去りにされたことは存在意義に関わる一大事だったのである。

また、恒次郎の論の全体を通じて特徴的なのは、主家が「徳川家親属」だという意識が各箇条に反映されていることである。右の建言書からは、徳川宗家の存亡は「徳川家親属」である主家のそれに直接関わるとの認識が看取できる。さらに、恒次郎は慶喜が恭順しようとも、そうでなくとも慶喜に従い名分を立てることを重視している。換言すれば、慶喜が抗戦した場合には、松山藩が単独で恭順することを否定しているのである。逆に慶喜が恭順した場合には、松山藩も恭順するということである。如何なる立場をとるにせよ、自藩の判断を藩内外に納得させるだけの名分が意思決定にあたっては不可欠となる。「徳川家親属」である松山藩の場合、慶喜を守り、行動をともにすることこそその正当性を成立させるための条件だと恒次郎は考えていたのである。

明確な日付は不明だが、右の建言書を提出した前後に恒次郎はより具体的な意見書を作成している。

一、此儘ニ而御家中一統徒らに相過候訳者半日も無之訳と奉存候ニ付、早々紀州尾州様を始御家門御譜代之面々へ御商議有之、徳川氏御再興之御基本相立候様被遊度奉存候

一、紀州へ御使者を以前件云々之事被仰越《遣》、早々　上様《慶喜公》之御都合相付候様有之度奉存候

一、江戸表へ蒸気御遣ニ相成、もし　上様《慶喜公》御東帰無之時ハ御奥《松山之》御引取相成候様御手順相成候而も可然と奉存候

一、天朝へも参予《参與職》御断ニ者相成居候へ共、御帰国之上御人撰被遊候廉を以、両三人御差出ニ相成候ハヽ、京都之事情相分可申与奉存候

一、御国固之義ハ早々御手配無之候而者不図之事有之候節御中もつれニ可相成与奉存候ニ付、一昼夜手かわりニ而も宜しく御家中半分を左右ニ相分、手近き相固ニて可《被》相成と奉存候

一、兵粮之《御》手順是迠も度々御《不》都合之事有之様承知仕候、壱備兵粮奉行右之一組〳〵ニ四分壱を以兵粮之掛ニ被遊候へ者手軽く出来可申与奉存候、先ツ試ニ百人ニ而仕候へ者七十五人戦之方へ相用二十五人粮食へ相用三日ツヽニ而輪番ニ仕候へ者、専銘々も粮食之苦辛仕候ニ付、遅速之詰問多少之議詮も無之様可相成奉存候、委細者曲部演段《談》之通ニ仕度与奉存候

一、郷者者是非御渡ニ相成候様仕度、三人ニ壱人ツヽニ而宜与奉存候、是又廿二三才より四十才迄之者御遣被遊度奉存候

一、軍役之者者六十以上之者者御省キ相成候様仕度、一昨年（慶応二年の幕長戦争）之中山図六之如キ老武者御遣行無之様此度奉存候

一、土州長州へ者別而近隣之事故御油断無之様仕度奉存候

一、町人ニも巧者之者沢山有之候間間者ニ御遣可然与奉存候

一、大殿辺之模様者町飛脚へ急度金子御遣ニ而実事知れ候様被遊度奉存候

一、備後筑前辺者森治兵衛姻者又ハ出店等有之候者ニ候へ者此者へ被仰付事情御探被遊度奉存候

一、御代官住居手代も右同様可有之与奉存候

一、地形ニより勝敗之有之候ものニ御座候間、御国内之地形一応御軍事役諸頭面々へ者度々御廻覧被仰付可然与奉存候

一、徳川《上様》を御見捨ニ相成　朝廷へ御願ニ而徳川家御再興之事可有之候へ共、　上様之御始末御都合宜様不被為

遊候而者矢張　天朝ニも不孝之道を以御詰問相成候節者、御応ニ御とうとく被遊候半与奉存候ニ付、何卒
上様之御首尾御かたつけ之上ニ而御周旋可致与奉存候
一、会桑二藩も早々御使者被遣　君臣とも御慰労可有之者勿論、大坂城之始末も御尋問被有之筈候様奉存候
一、薩藩江戸表不法之事も有之候ニ付、京都計之首尾宜共諸藩之衆議も可有之候ニ付土州へ先御使者を以広く
一件御都合有之度与奉存候
一、土州者専ラ勤王之事計取計ひ居候へ共、内心ニ者矢張薩之両心可有之候ニ付御誠之為討薩之御掛合有之候
而も宜与奉存候
一、田備二藩者　上様御兄弟之御事ニ付、別而御周旋有之候者さし知れ候事故、大者方之内御壱人早々御使者
ニ御遣被遊御様子御問合肝要之義与奉存候
一、芸州者内実怯惰之国ニ而近頃薩之手下ニ相成候様ニ相見申候ニ付、是迄近隣之事故御使者ニ而御探可有之
与奉存候
一、三津之商人とも者いつ引取候而も不苦様覚悟可致旨御内沙汰有之候方可然与奉存候
一、島々之人者不法之輩有之候節直ニ三津迄訴出候、三津より非常之人数直ニ御くり出候ニ可相成哉与奉存候
一、村々庄屋へ御内用被仰付非常とり締打廻為致候而可然与奉存候
一、穢多番所口々へ御取立、旅行人通行御さし留ニ可相成与奉存候、但隣国之商人者格別之事
一、門地なれとも壮年ニ而無学無徳之人ハ御引下け御扶持計被下度奉存候
一、人材御撰挙御肝要与奉存候
一、頭分目付役者別而人物御撰被遊度奉存候(24)

この意見書は、「徳川氏御再興」のための外交策について詳しく列挙している。家門・譜代藩との連携を企図

し、隣国諸藩の動向も視野に入れた具体的献策で、徳川再興を目指す姿勢には変化ないが、やはり「官軍」とすぐさま抗戦するという道も選択しない。また、恒次郎は戦争になった場合を想定して、軍事・兵糧の具体的な準備について書き上げている。農民や被差別民なども巻き込んだ、全藩体制の確立を企図していることが読み取れよう。

藩論は容易には一定せず、松山藩は十四日に情報収集のための密偵を大坂へ派遣して、十六日、紀州藩へも使者を送った[25]。十八日には、京都から家老松下小源太らが帰国して、慶喜征討令が下ったこと、松山藩も同様の窮地に立たされたことを定昭に告げた。定昭と勝成は、同日大小姓格以上の藩士を松山城二の丸御居間に、翌日末寄合格以下十五人格までを同大書院に集めて、現況と主家としての見解を発表した。定昭は、「申開も致度候得共、京都御幼帝ヲ薩州奸臣等奉抱、迚も趣意貫通者不致儀与存候間、討手之人数当地江到着候ハ、右筋合飽迄応接致候得共、万一彼不取用妄動之儀致懸候ハ、無拠決心いたし防戦之外無之、（中略）当城を枕とし刃に血塗先途を見届死生を倶に致呉候」と述べた。この趣旨は「王師防戦与極ル筋」は「毛頭無之」、あくまでも松山藩と慶喜の恭順が認められなかった場合に限り、抗戦に踏み切るというものであった[26]。

恒次郎は、十九日に明教館の同僚である藤田久蔵・尾崎万太郎と連名で再び意見書を提出した。その内容は、「徳川上様《慶喜公》之御冤罪　天朝江御申開被仰立、仮令薩州《長》如何様相防候而も幾重ニも御歎願被遊候ハ今日当然之御義理被為尽候御義与奉存候、猶御冤罪御申開之為メ早速御重役御出京之上篤与御周旋被為《致》在候」というものである[27]。

同日夜、議論は紛糾して「諸頭度々　太守様へ相伺御忠諫申上」げ、藩内では「寛猛之両説々」が噴出していた。特に、恭順が認められなかった場合、抗戦するか否かが論点となっている。最終的には、京都へ歎願の使者を派遣することでこの日は決議した[28]。使者には、家老代日下部要人が正使として選出され、翌二十日、定昭は正式に昨日の議論の結果を藩内に示し、鳴物停止などを達した[29]。

二十二日に日下部要人一行は、歎願書二通を持参して出帆した。この時の歎願書は、定昭が署名したものと「伊予松山士民一同」の名で作成されたものである。前者は、「臣定昭家筋之儀者徳川家親属之儀ニ付、（中略）是迄慶喜与進退ヲ倶に致候段忠を所事ニ尽し候而已」と弁明して、慶喜が朝廷へ恭順していることは「青天白日」であるのだから「朝敵之目御取消」となるように歎願している。後者には、「若年之主人補翼之所不至者於士民も一同奉恐入候」と記されている。「朝敵」となったのは、藩主のみの罪ではなく、藩士・領民の責任でもあるという論理である。また、二十一日には勝成が署名した歎願書も提出することになった[30]。恒次郎の意見が、藩是決定にどの程度影響したのかはわからないが、ここまではおおむね彼が描いた筋書きの通りになったといえる。二十一日に日尾八幡宮祠官の兄三輪田米山へ宛てた書簡の中で、恒次郎は「天朝御奉しニ相成小生も安心仕」と洩らしている[31]。恒次郎の佐幕理論は、二十日に採用された松山藩の公式見解である藩是と同質であり、それは天皇に敵対せず、かつ徳川宗家も守るという立場のものであった。そこでは、佐幕と勤王が矛盾しない理論の構築が目指されている。

従来の研究は、二十日の藩是決定を佐幕から恭順へ「一変」した、あるいは「藩主が意見を翻した」と評価している。また、定昭は佐幕論者の筆頭であって、勝成は恭順論を支持していたという[32]。しかし、史料からは一変したというほどの劇的な変化は読みとれないし、定昭（佐幕）対勝成（恭順）という単純な構図も浮かんではこない。佐幕論者の筆頭とみなされる定昭やその侍講であった恒次郎らとて、抗戦は最終手段であってあくまでも新政府から慶喜・定昭の恭順が認められることを一貫して考えていた。慶喜とともに松山藩が恭順の道を立て、両者の「朝敵」の「冤罪」を晴らして、徳川宗家を再興する恭順佐幕路線こそが藩内の佐幕派が目指した到達点であった。佐幕論＝主戦論とはならないのである。自藩だけではなく、慶喜の「朝敵」取消・徳川宗家の再興が常に念頭にあったところに、「徳川家親属」を自負する松山藩の特徴があるといえよう。

そもそも、この段階では慶喜を見限り、自藩の護持だけに執着する恭順論は松山藩内にはほとんどみられない。あくまでも、藩の方針として徳川宗家と松山藩の存亡は一体のものとして捉えられていたのである。恭順の道が叶わず、かつ征討軍が交渉に応じずに攻撃に出た時に、抗戦に出る武備恭順派と降伏する徹底恭順派で意見が分かれていたと解釈すべきである。両者は恭順佐幕路線を第一にとるという点では一致しており、二十日の藩是決定は双方の意見を汲んだものだといってよい。

三　松山開城

新政府は、慶応四年正月十一日に、土佐藩へ高松・伊予松山藩の征討と讃岐・伊予両国に所在する旧幕府領の接収を命じた。同二十日、高松藩を降伏させた土佐藩は、松山口の総督に深尾刑部と深尾左馬之助を任命した。翌二十一日と二十二日には総督二名が率いる八小隊と土佐藩の上士階級で編成された胡蝶隊などが松山へ向けて高松を発した。土佐藩兵は、二十六日頃までに順次伊予国浮穴郡久万町村へ入っている[33]。

土佐藩は、本隊より一足先に参政金子平十郎と大軍監小笠原唯八を松山へ問罪使として派遣した。二十二日に久万町村に入った金子平十郎らは、この日の夜、松山藩士石原良之助・久松静馬を宿所へ呼び出して、「御使者之御大意」を「内々」に伝えた[34]。翌二十三日、金子らは松山城下へ入り、家老水野主殿・鈴木七郎右衛門、奉行深見左源太へ正式に「伏罪致候哉」と尋問した。この時の会談の様子は、小笠原唯八の日記からわかる。

三人之者深ク恐縮之体ニて申出ル趣左之通、
伊予守はしめ　天朝江対し毛頭異心無之、伏見大坂等之儀も毛頭預リしらすと云々申分百端ニて、何分此上不悪様君公(山内豊範)御尽力被下度旨達て申出ル、答ニ曰、先以伏罪の御実行分明ニ相立候ハヽ、縦令御倚(依)頼無共寡君ニ於て周旋尽力可被致と存候、若シ御実行不立中ニ冤情ノミ御申立ニてハ帰宿スル処難渋ナリ、又彼曰、伏罪ノ事伊ヨ守より御両君へ申出ル時ハ軍兵越境ニ不相成事か乎乎、答ニ曰、勅ニヨリ兵ヲ出ス、伏罪ノ実行ヲ見テ然ル后尊藩ノ為ニ尽力スヘシ、シカラザレバ　朝命ヲ軽ンスルニ似タリ云々（中略）、是方《（小笠原）》ヨリ曰、寡君ニ於テハ命ニシタガフノミ、是ユヱニ伊ヨ公伏罪ノ后真ニ冤ナラハ成タケノ尽力可被致、只冤ノミ申立ラル、時ハ終ニ隣好見ニ不遑是非ナク干戈ニ可及云々、彼又曰、決而官軍ニ敵スルノ意毛頭ナシ、只患フルトコロハ少年客気ノ者万一ノ暴動ヲソル、ナリ、終ニ何レモ涕泣スルノミ[35]

土佐藩は、松山藩が抵抗せずに伏罪した場合には、寛典処分が下るように尽力することを約している。これは、松山藩側からみれば無条件降伏ではなく藩の存続、さらには徳川慶喜の赦免・徳川宗家存続への希望を感じさせるものであった。二十四日、麻裃を着用した水野主殿ら三名は、藩主松平定昭自筆の伏罪状を小笠原らへ届けた。小笠原らは、本隊の到着を待って松山城を接収することにした[36]。

松山藩内では、開城に向けた準備が進められた。正月二十五日に、藩庁を明教館へ移して定昭と父勝成は菩提寺である和気郡祝谷村常信寺にて謹慎した。二十六日には、恭順が「水泡」に帰さないように「堪忍専一」にすること、土佐藩兵が城下へ入る際には丸腰に麻裃を着用して常信寺へ集合すること、万一砲撃されても狼狽しないことを藩士へ触れた[37]。藩主父子の謹慎後は、水野主殿ら重臣が藩を代表して土佐藩と折衝している。

二十七日の暮五ツ半時頃、土佐藩兵は雨の降る中、菊章旗を掲げて松山城下へ進攻し、形式的に城堤を狙って大砲・小銃で一斉砲撃した。松山藩側は、城門を開いて土佐藩兵を誘導し、道には明かりを灯した。家老をはじめ松山藩の重臣たちは、皆一様に「無刀」に麻裃姿で二の丸へ土佐藩兵を招き入れた[38]。松山藩が、丸腰に武士の礼装である裃で「官軍」を応接したのは、抗戦する意志がないことを視覚化するための演出であった。土佐藩は、城地・土地・人民の受取、常信寺への警衛兵の配置、旧幕府・松山藩の高札の撤去、武器・弾薬の受取、歎願書の受領を恭順の条件として示した[39]。松山藩はこれに従って、定昭と「定昭家来共」の名で一通ずつ歎願書を作成して総督深尾左馬之助に提出した。その大意は、①恭順を誓うこと、②所領を返上すること、③徳川宗家の処分について「三百年治平之功被為　思食一脈之祭祀相拵候様」に土佐藩に仲介して欲しいというものであった。(40)

これまでの研究では、二十日の藩是決定以後の具体的方策については、三上是庵（新左衛門）の建言が大幅に採用されたといわれている。三上は、天保五年（一八三四）に松山藩に出仕したが弘化元年（一八四四）致仕し、江戸へ遊学して崎門学派で学んだ人物である。三上は、慶応三年三月二十六日に帰国すると「御上（松平勝成）御世話」を仰せ付けられ、城下に住居をあてがわれた。(41)

三上の生涯を明らかにした景浦勉によれば、三上の関係文書は敗戦後の混乱で消失してしまったとのことで、現在では三上の論の詳細を知る術はない。景浦は、二十二日に定昭を中心として開催された「密議」に三上が参加し、二十三日の暁になって定昭が三上の言を採用したと考察している。三上の持論は「尊王精神に基ず（づ）く恭順主義」であり、新政府への藩領献上・藩主の謹慎をここで上申したという。(42) 三輪田恒次郎の日記に、二十二日の三の丸の会議で「三好宗兵衛、安藤七郎右衛門、井上兎角等三上新左衛門之説を申立候」とあるので、三上の論が議論されていたことは確かであろう。三上は、定昭・勝成から「先生」と呼ばれ、二月に入ってから中老格に取り立てられており、藩主父子に重用されていたことも間違いない。(43) だが、所領の返上は土佐藩の要請に従ったものであるし、藩主の謹慎も「朝敵」藩が恭順の証を示すために行われていた常套手段である。備中松山藩や大多喜藩なども藩主が自主的に謹慎している。三上の建言が藩論に何らかの影響を与えたのだとしても、松山藩の恭順実現にはほかの要因もあったと考えるのが妥当である。

一つには、恭順は二十日の藩是決定に添って実行されたと考えることができる。前節で言及したように、藩内は武備恭順と徹底恭順で意見が割れていたが、双方ともに恭順佐幕路線を第一にとるという点では一致していた。新政府から征討を一任された土佐藩が寛典処分に応じる構えをみせたのだから、松山藩の恭順は二十日の藩是決定に適合した措置だといえる。二十日より後の二十二日の会議が、三上の意見表明の最初の場だったとするならば、三上の建言によって藩論が「恭順に統一」(44)されるほど変化したとは考えられないのである。

もう一つには、土佐藩の松山藩に対する対応である。土佐藩は、松山藩へ恭順した場合の寛典処分の周旋を約束した。これが、松山藩恭順の大きな要因だったといえる。二十三日の土佐藩参政金子平十郎と水野主殿らの会談によって、松山藩は恭順による慶喜と自藩の寛典処分の可能性を見出した。二十七日に深尾左馬之助へ提出した歎願書で自藩だけではなく徳川宗家の処分について、周旋を依頼していることがその証左であろう。これにより、松山藩は武備恭順の路線を放棄し、以降は徹底恭順することで藩利の実現を図ることになる。

四　征討軍内の不和

仁和寺宮嘉彰親王が征討大将軍に任じられて慶応四年正月四日、征討府が発足すると、同府が廃止される二十八日までの間、新政府と征討府から「政令二途に出る混乱」が続いた。征討府は、十三日に錦旗奉行四条隆謌を中国四国追討総督に任命し、十八日、四条は大坂を発して山陽道を進んだ。すでに十一日に新政府から土佐藩へ伊予松山藩の征討令が出されていたにもかかわらず、二十一日、四条は求めに応じて松山藩征討の先鋒を長州藩に命じた。さらに、十二日に宇和島藩へ、二十六日には恭順したばかりの福山藩へも出兵を命じている(45)。

十八日、征討府の動きを察知した前土佐藩主山内豊信は、「土佐守《山内豊範》へ四国筋御筋《ママ》御委任」を確認し、「御命令一途ニ出候様」に新政府へ願い出ている(46)。これより前、「予州松山一手ニ追討被仰付度頻ニ内願ニ依松山高松追伐」を新政府は土佐藩へ一任していた(47)。山内豊信の上書に新政府がどう答申したのかは不明だが、土佐藩は四国の「朝敵」である高松・松山藩の征討を強く望んでいたことがみて取れよう。前述のように、土佐藩は武力による征討よりも寛典処分の周旋を約することで、松山藩へ恭順を促していた。松山藩馬廻段目付願取次の内藤素行は、土佐藩は松山藩へ恭順を勧告するにあたって「薩長が横暴を極めてゐてはこの儘捨ておかれぬから、早晩土州藩は起て諸藩を糾合してそれを掃蕩せねばならぬ。その際は是非貴藩と提携せねばならぬ」と持ちかけたとのちに当時の状況を回顧している[48]。この話の真否は確かめられないが、土佐藩が松山藩征討に関して長州藩に強い競争心を抱いていたことは史料からうかがえる。

すでに、土佐藩による松山城の接収が済んでいた正月二十八日に、長州藩松山口征討軍隊長の杉孫七郎率いる五〇〇名程度の兵は和気郡三津浜に上陸した。二十七日早朝に、松山城下で土佐藩本隊の到着を待っていた大軍監小笠原唯八は、長州藩兵が四条隆謌の命で四国へ向かっているとの知らせを受けた。小笠原は、総督深尾左馬之助が到着しないことに焦燥を覚え、「長兵先をカケル之気遣」を「甚敷」した。同日の朝、久万町村を発していた深尾のもとへは小軍監中山左近馬が走り、「西国之船手港近迄攻来候勢」を伝え、「御馬を被進度」と注進した。深尾が率いる本隊は、暮五ツ半時頃に松山城下に到着するとそのまま松山城の接収を断行した。土佐藩は、間一髪長州藩に先んじて入城することができたのである[49]。松山開城が、夜間に行われたのはそうした事情からであった。土佐藩が、長州藩に対して競争心を剝き出しにしたのは、内乱勃発以後の薩長に対する遅れを、戦功をあげることで取り戻そうとしたためだと考えられる[50]。何より、長州藩に先を越されることは「吾藩ノ面目」に関わることであった[51]。土佐藩は、長州藩より先に松山城接収を貫徹することを目論んで、寛典処分の周旋を恭順の条件として提示したという側面もあったのであろう。

杉孫七郎は、三津浜に上陸した二十八日、すでに土佐藩が松山城を接収し、藩主父子が謹慎していることを知ったが、それに構わずに翌二十九日、松山城下に入った。また、長州藩兵は三津浜近辺にて土佐藩の高札を除去し、「長州出張役所」の名で次々と新しい高札を立てた。これに対して、小笠原は杉孫七郎へ、松山藩領全域が土佐藩の預かりになっていることを確認し、高札を取り替えたのは「如何之訳哉」と詰問した[52]。その一方で、小笠原は「弊藩のミニ而（松山藩の処分を）取極候義如何」と述べ、「城内御巡見之義」を杉へ依頼している。(53) 二十九日、小笠原および土佐藩大軍監本山只一郎と杉は松山城三の丸にて面会し、同日長州藩兵によって城中の検分が行われた。(54) つづく二月一日、杉は常信寺で謹慎している藩主父子への面会を小笠原へ申し入れ、土佐藩側はすぐさまこれを承知した。

松平定昭は、長州・土佐両藩士が「我等謹慎恭順之体」を検分しに来るので、くれぐれも「疎暴之挙動」がないように藩内へ通達した。(55) 同日中に面会は実現して、杉は藩主父子の謹慎を見届けた。長州藩兵は、この日の夕方から漸次三津浜へ引き揚げて、十九日、正式に新政府から撤兵命令が出された。(56) 長州藩のほかに、大洲・宇和島・福山藩も若干の援兵を派遣したが、特に役割もなく帰国した。二月九日に小笠原は杉に宛てて、「御氷解之御都合誠ニ幸之事」と記した書簡を出している。(57) 小笠原が「先ニ押込城を初土地人民等受取、其ニ付（長州藩は）余程不平之様子ニて種々難題申来」と愚痴をこぼしている程、土佐藩は長州藩に手を焼いた。(58) それにもかかわらず、土佐藩は長州藩に配慮した対応をとっている。これは、土佐藩が四条隆謌から正式に命令を受けて出兵しているため、土佐藩と長州藩の間に、「万一隔意等有之事ニ相成候テハ、不安事我政府之失策大ニ有之」ことを危惧したためである。(59) さらに、松山藩が疑いなく恭順している状況を長州藩に見せつけて、征討が無事完了したことを示し、長州藩兵を撤兵させる意図が土佐藩にはあったと考えられる。

長州藩が、松山藩征討にこだわったのは、慶応二年（一八六六）の第二次幕長戦争に際して、松山藩兵が周防国大島郡にて起こした放火・略奪行為に対する報復意識があった。(60) 土佐藩士たちは、長州藩の依願出兵を聞いて「先年之遺恨も有之上ハ矢庭ニ打入之事必然」と認識した。慶応四年二月初旬に長州藩兵は、松山藩兵が大島郡へ攻め入った際に案内役をつとめた山伏をわざわざ探し出して斬首している。(61) 長州藩にとって、松山出兵は「朝敵」の征討よりも、報復出兵としての意味合いが強かったといえる。しかし結局は、松山藩の恭順に杉が疑義を挟む余地はなく、長州藩兵は引き揚げざるを得なかった。

長州藩と土佐藩の一触即発の緊張状態は松山藩に不安を与えたが、長州藩と福山藩へも伏罪状を差し出して、松山藩は変わらずに徹底恭順を決め込んだ。[62] これは、「土州へ何もかも御頼」した松山藩の姿勢を反映したものである。つまり、徹底した恭順を示すことで長州藩兵を引き揚げさせようとする土佐藩の方針に従ったのである。三輪田恒次郎の兄米山は、長州藩兵の引き揚げを聞いて「一安心」している。[63] その後、二月十五日に新政府は松山藩占領を土佐藩一藩に委任することを確認し、五月二十八日に同藩兵が撤兵するまでの間、松山藩は土佐藩の占領下におかれた。[64] 土佐藩士吉村春峯が記したように、長州藩ではなく土佐藩の占領下におかれたことは「松山ノ幸福」というべきことであった。[65]

このケースでは、土佐藩に接収されたことで事なきを得たが、征討軍の態度如何によって恭順・抗戦は変化する可能性があったことに留意しておかなくてはならないであろう。

五　領民の「朝敵」意識

本章の終わりに、その後の松山藩の動向と当該期の領内の様相をみておきたい。なお、勤王理念と佐幕理念に対する農民の態度については、第４部で詳しくふれることになるので、ここでは若干ふれる程度にとどめる。

慶応四年二月十五日に、新政府から土佐藩へ処分決定までの間、伊予松山藩領を預かるように達が出された。土佐藩はこれを松山藩へ通知して、三月六日、松山藩は松平定昭と「定昭家来共」の名で、謹慎を続ける旨を誓約した請書を二通差し出した。この時から占領が解除されるまでの間、松山藩領内はすべて土佐藩が取り仕切ることになった。

松山藩側では、恭順を貫徹するための手段について藩士たちの間で意見が分かれていたようである。たとえば三上是庵は、二月二十六日、単独で赦免歎願書を直接京都へ提出しに行こうとして土佐藩士に止められている。こうした三上の言動には、松山藩士からも「行跡不作法学術も如何敷」といった反発があった。また、三輪田恒次郎は三上反対派に同調はしなかったが、三上とは異なる手段を考案していた。すなわち、「両殿様へ御罪名奉為蒙御重役之中に御壱人も其重罪を御分荷被遊候人無之者、万々世之後迄松山ニ者壱人も忠臣之者無御座哉与申残念之至奉存候」として「御忠義之御方御壱人太守様御身替ニ被為成御首級御差出」ように献策している。(66) 名分や後世の評価を常に念頭においているのが、恒次郎の意見の特徴である。

結果として、四月二十五日に「勅勘ノ身分」である定昭に代わり、父勝成が再び定昭赦免の歎願書を土佐藩へ提出した。土佐藩は、閏四月十二日に「今一際御勉励御忠勤」の「実跡」を立てるために松山藩から兵員の供出が必要なこと、徳川宗家の家名存続は決定したのでその関係の文言を歎願書から削除する必要があることを松山藩へ伝達した。勝成は、閏四月十五日に松山藩の寛典処分と兵の差出しを願い出た歎願書を改めて提出した。対して新政府は、五月十三日付で定昭の蟄居・松山藩一五万石の安堵・勝成の藩主復帰・軍資金一五万両の献金命令が決定したことを土佐藩へ達して、同二十二日、土佐藩から松山藩へその旨が通知された。これを受けて、二十五日、定昭は温泉郡東野村吟松庵に蟄居、勝成は藩主に復帰した。勝成は、新政府の許可を得て七月五日に「天機御礼」のために上京し、九月十三日、天皇に拝謁した。また、七月六日には松平姓から本姓に復すように命じられ、久松姓に改めた。藩財政の窮乏から一五万両の献金は容易ではなかったが、八月二十三日、漸く完納することができた。このほかに、松山藩は九月に天皇東幸の供奉などの軍役も課されている。定昭は、明治二年（一八六九）三月六日、蟄居を赦され、同四年正月十四日、家督を相続して松山知藩事に就任した。(67)

松山藩下においては、武士だけではなく領民が定昭赦免のために運動した。慶応四年正月末頃から松山藩が赦免される五月にかけて、百姓・町人・神職・山伏など多様な身分の人びとが、土佐藩への歎願書の提出・藩主父子赦免のための祈禱を繰り返し行った。温泉郡湯山村だけで、合計約三六〇名が祈禱に参加している。[68]当該期の松山藩領民の赦免歎願運動については、各書で解説されているので[69]具体的な経過はそちらに譲り、ここでは恒次郎の兄で日尾八幡宮祠官の三輪田米山の日記から一、二の事例にふれてその意義に言及しておきたい。

正月二十三日に、松山城下へ入った土佐藩大軍監小笠原唯八は、「市中一体閉戸」の状況を見て「気之毒千万」と感じた。[70]また、恒次郎の日記には、開城前日の松山城下では「人心恟々婦女子涕泣」していたとある。[71]松山藩は、「弐百余年之御恩沢相蒙候御領民之儀ニ付、何れも憮悲歎可致」情勢に配慮して、恭順に支障をきたす行動がないように領内の庄屋・組頭へ徹底させた。[72]

藩主父子が常信寺にて謹慎していた二月十三日、久米郡天山村庄屋松本実太郎から三輪田米山のもとへ、天山神社において定昭赦免のために「御武運長久」の祈禱を執行し、常信寺へ調度品を届けたいとの書状が届けられた。天山神社は、日尾八幡宮の末社であるため米山へ許可を求めたのである。翌日、松本実太郎と面会した米山は、天山村が一村をあげて定昭へ「誠心尽し候体」を実感した。松本は、祈禱後に常信寺へ札を持参することも希望した。米山は、土佐藩へ許しを請う必要性を考慮して、恒次郎らへ相談の上、松山城下のくしろ屋にて土佐藩大軍監本山只一郎へ「天朝より寛大の御所置蒙度祈禱」を願い出た。だが、米山は本山から許可を得られず、「結句（祈禱を）いたしても前領主の為ニもなるましき」と諭された。さらに、本山は「庄屋はしめ村役人へ吾等（米山ら）よりさとしくれよ」と付け加えた。土佐藩側とすれば、余計な問題が生じる可能性を減らしたかったのであろう。このように、土佐藩が正式な許可を出すことはなかったが、自主的な祈禱は主家の存続が決まるまで続いた。表向きは「五穀成就」を装って実際は「前領主御無難御祈禱」を執行したり、日尾八幡宮の別当寺が「自力にて御両殿様御武運長久の御祈禱はしめる」例などがあった。[73]

また、五月十六日には、領民が提出した定昭赦免の歎願書を土佐藩が新政府へ伝達しなかったため、「御領内百姓騒立、処々より御城下へ出」た。これは、松山藩士たちが騒動を起こしては「太守ノ為ニあしき」と農民たちを説得したことにより、拡大せずに収束した。この時すでに松山赦免の沙汰は土佐藩に出されており、二十五日には定昭に替わって藩主となった勝成が城内に入った。約四か月振りに城主を迎えた松山城下は沸き返り、「町々人面うるはし」かったという。一方で、蟄居したままである定昭の「侘しさ」を思って米山は涙を流した。赦免後の六月に勝成は、領内の大庄屋を三の丸に呼び集め、謹慎につとめたことに感謝の意を述べて米一万俵を下賜した。さらに、松山藩は十一月には主家のために祈禱に参加した農民や神職などを逐一調査して酒代を授けた(74)。危機的状況に立ちいたった主家のために働いた領民を労うことは、領主の「徳」を示すために必要なことであった。

以上のように、主家に着せられた「朝敵」の汚名を晴らすため、松山藩内においては武士だけではなく、領民もさまざまなかたちで赦免歎願運動を起こした。この歎願運動の根底には、領民にも「朝敵」意識が共有されていたことがある。領民にとっても「朝敵」は汚名にほかならず、「藩」の一部である自身の存亡に関わる問題だったのである。土佐藩が、農民たちの提出した歎願書を新政府へ廻さなかったように、実際にこうした歎願運動が新政府の判断に直接影響を与えたとは考え難い。しかし、ここからは主家が「朝敵」となったことに無関心ではなく、その赦免のために積極的に行動した内乱期における「朝敵」藩の領民像が浮かび上がってくる。

小　括

本章で明らかにしたことをまとめると次のようになる。

①松平定昭や三輪田恒次郎の言説にみられるように、伊予松山藩内における佐幕論は主戦論へと単線的に向かうものではなく、むしろ恭順による徳川慶喜・松山藩の「朝敵」取消が最優先に考えられていた。恭順佐幕路線

が挫折した時に、抗戦・降伏のいずれをとるかで藩論は分かれた。慶応四年正月二十日の藩是決定は、両者の意向を汲んだものであった。この決定に基づいて実行された松山開城は、松山藩にとって土佐藩から寛典処分の周旋尽力の約束を取り付けた条件つきの降伏であった。

②松山藩士は、主家が「徳川家親属」であることを自意識として有しており、自藩の存亡は慶喜・徳川宗家と一体であると認識していた。松山藩は、幕藩体制下において自藩が「徳川家親属」という特別な位置にいると理解し、慶喜が「朝敵」となって徳川宗家が廃絶されることは、松山藩の存亡に直結すると考えていた。また、藩是決定の過程では「徳川家親属」としての名分を立てることが論点の一つであった。

③慶応四年正月段階で新政府軍の「朝敵」征討の方針は統一されておらず、松山藩征討を命じられた土佐藩と長州藩の間では思惑の違いがあった。土佐藩が長州藩に遅れまいとしたのには、軍功をあげることに最大の眼目がおかれた戊辰内乱期特有の社会状況があった。これに対して、長州藩の松山藩征討は報復出兵の色彩が濃いものであった。松山藩は、藩利の実現を図って、寛典処分のために動くことを約した土佐藩に従った。

④「朝敵」の汚名は、藩主や藩士にだけ着せられたのではなく、領民にも共有された。藩の存亡に領民は決して無関心ではなく、自己の問題として捉えていた。それゆえ領民は、主家のための赦免歎願運動や祈禱を繰り返し行った。松山藩の領民の場合は、改革を期待して新政府軍を迎え入れるような動向は当該期には認められない。

外見だけで判断すれば、戊辰内乱期の諸藩は佐幕・勤王あるいは日和見に分類できるようにみえるが、藩内部の視点から検討した場合、多様な自意識・理論のもとに藩是は決定されていたことが松山藩の事例からわかる。そうした態度決定の過程において、最終的に如何なる立場を取るにせよ、その判断を理論的に裏付けるだけの正当性は「朝敵」藩の場合でも重視された。「徳川家親属」を自負する松山藩の場合、勤王であることに矛盾しないような徳川再興、すなわち佐幕の正当性を立てようと画策したが、結局薩摩・長州を失脚させ慶喜の「朝敵」

赦免を果たすという方法以外に、勤王と佐幕を両立させる理論を構築できなかった。それが実現不可能な以上、この方向性が向かう先にはおのずと限界が立ちはだかる。勤王論を排除した徳川再興のための佐幕論を確立できなかったことは、「朝敵」藩が恭順に流れた大きな要因であり、第3章でみたような旧幕府抗戦派全体の限界性とも一致する。

また、藩士だけではなく、領民も「朝敵」の意識を共有していたことは注目に値する。松山藩領民の場合、藩の行く末にまったくの無関心でいたわけではなく、藩の方針に添うかたちで歎願運動を展開した。そして「朝敵」として自藩を認識したことは、藩主・将軍の上位にある天皇を現実の権力として体感させることにつながる。

（1）佐々木克「奥羽列藩同盟の形成と性格」（『史苑』三二―二、一九七二年）、同『戊辰戦争――敗者の明治維新――』（中央公論社、一九七七年）、亀掛川博正「奥羽越列藩同盟と東北戦争の意義」Ⅰ・Ⅱ・Ⅲ（『政治経済史学』一七三・一七四・一七六、一九八〇・一九八一年）、藤井徳行「明治元年・所謂「東北朝廷」成立に関する一考察――輪王寺宮公現法親王をめぐって――」（手塚豊編『近代日本史の新研究』Ⅰ、北樹出版、一九八一年）、星野尚文「奥羽越列藩同盟の再検討――新潟開港問題との関連から――」（『新潟史学』三四、一九九五年）、久住真也「奥羽列藩同盟と北越「防衛」の展開」（『地方史研究』二六五、一九九七年）、工藤威『奥羽列藩同盟の基礎的研究』（岩田書院、二〇〇二年）、中武敏彦「奥羽列藩同盟と「公儀」理念」（『アジア文化史研究』四、二〇〇二年）、栗原伸一郎「米沢藩の諸藩連携構想と「奥羽越」列藩同盟」（『歴史』一〇七、二〇〇六年）。

（2）新政府側からみた「朝敵」藩の占領・処分に言及したものとして、三上昭美「備中松山藩の崩壊と鎮撫使支配――維新政府の「朝敵」藩に対する占領政策の一類型――」（『中央大学文学部紀要』五五、一九六九年）、下山三郎『近代天皇制研究序説』（岩波書店、一九七六年）、松尾正人『維新政権』（吉川弘文館、一九九五年）がある。

（3）各自治体史のほかに、藤原龍雄『姫路開城――譜代姫路藩の明治維新――』（神戸新聞総合出版センター、二〇〇九年）、水谷憲二『戊辰戦争と「朝敵」藩』（八木書店、二〇一一年）がある。

(4) 田中彰「幕末の政治情勢」（家永三郎ほか編『岩波講座日本歴史』一四、岩波書店、一九六二年）、藤野保「幕末・維新期における小藩の構造とその動向——討幕派第二グループの動向をめぐって——」（『史林』四六—五、一九六三年）など。なお、近年日本近世史の分野において、政治機構としてだけではなく武士・百姓・町民などを含めた諸集団が創り出す総合体として「藩」を捉える概念（「藩世界」・「藩社会」・「藩地域」）が議論されている（岡山藩研究会編『藩世界の意識と関係』〈岩田書院、二〇〇〇年〉、岸野俊彦編『尾張藩社会の総合研究』〈清文堂出版、二〇〇一年〉、渡辺尚志編『藩地域の構造と変容——信濃国松代藩地域の研究——』〈岩田書院、二〇〇五年〉、「特集「藩」からみた近世」『歴史評論』六七六、二〇〇六年など）。本章では、そうした成果に多くを学びつつも、便宜上「藩」を政治意志決定機関を指す用語として使用し、藩主や特定の藩士、領民などについて個別に言及する場合にはその旨を明記する。

(5) 木村礎・杉本敏夫編『譜代藩政の展開と明治維新——下総佐倉藩——』（文雅堂銀行研究社、一九六三年）所収の杉本「七　藩制の解体」、三上昭美「戊辰内乱期における福島藩の動向」（『歴史教育』一八—二、一九七〇年）、小島茂男『幕末維新期における関東譜代藩の研究』（明徳出版社、一九七五年）、青木俊郎「戊辰戦争における小藩の行動論理——出羽国亀田藩を中心に——」（『早稲田大学大学院文学研究科紀要　第四分冊　日本史東洋史西洋史考古学』、二〇〇七年）。

(6) 前掲、註(5)木村・杉本編『譜代藩政の展開と明治維新——下総佐倉藩——』、三四七頁。

(7) この点については、藤野保『江戸幕府崩壊論』（塙選書、二〇〇八年）でもふれられているが、各藩の内部まで立ち入った分析は行われていない。

(8) 景浦勉「明治維新と松山藩の動静」（『伊予史談』一三四、一九五三年）、『愛媛県史』近世下（愛媛県、一九八七年）、景浦編『幕末維新の松山藩——守旧保守の苦悩——』（愛媛県文化振興財団、一九八九年）、『松山市史』第二巻（松山市、一九九三年）、山崎善啓『朝敵伊予松山藩始末——土州松山占領記——』（創風社出版、二〇〇三年）。

(9) 「久松家譜（伊予松山）」（東京大学史料編纂所蔵、四一七五—六九〇）。

(10) 「久松定謨家記（伊予松山）」慶応三年九月二十・二十三・二十四日、十月十五・十九日条（東京大学史料編纂所蔵、四一七五—一〇八二）、「慶応三年丁卯歳日記」（三輪田恒次郎日記）慶応三年十月二十五日条（おとづれ文庫文書ハ九五、千葉県文書館蔵）。三輪田恒次郎については註(20)参照。

(11) 「慶応丁卯筆記」（『大日本維新史料稿本』慶応三年十二月十九日条、丸善マイクロフィルム版）。定昭の父は津藩主藤堂高猷で、兄弟には藤堂家世子の高潔、次期福岡藩主黒田長知、龍野藩主脇坂安斐がいた。
(12)「丁卯秘記」(『大日本維新史料稿本』慶応三年十二月十四日条)。
(13)『法令全書』明治元年、第一五。
(14)「信夫私記」(『松山市史料集』第三巻・近世編二、松山市、一九八六年)。
(15)『法令全書』明治元年、第二二。
(16)『復古記』九、慶応四年正月十・十一日条(覆刻版、東京大学史料編纂所、二〇〇七年)五五・五六頁。
(17)「米山日記」慶応四年正月十日条(『松山市史料集』第八巻・近世編七、松山市、一九八四年)。
(18)『復古記』一、慶応四年二月三日条(覆刻版、東京大学史料編纂所、二〇〇七年)七九六・七九七頁。
(19)三輪田恒次郎(高房)「旧松山藩恭順に関する事蹟附十節」(『史談会速記録』四七、一八九六年)。
(20)本章で使用する三輪田恒次郎の日記・諸記録は、千葉県文書館に収蔵されているおとづれ文庫文書に含まれる。三輪田恒次郎(高房、一八二三～一九一〇)は、伊予国久米郡久米村の出身で弘化三年(一八四六)に江戸へ遊学して、帰国後松山で私塾を主催した。万延二年(一八六一)二月十五日に次期藩主松平定昭の侍講に任命され、文久三年(一八六三)七月二十九日には藩校明教館の助教に就き、のち教授まで昇進した。恒次郎は、自身の経歴を「為学校少司教禄秩百三十五」と記している。明治期以降は、高房と改称し教導職などを歴任した(おとづれ文庫文書ヌ一三二一ほか)。三輪田家は、久米村に鎮座する日尾八幡宮の神職を代々つとめた家で、家職は恒次郎の兄米山が継いでいる。米山は、書道家として著名な人物であり、恒次郎の弟である綱一郎は、文久三年に起きた足利木首梟首事件の首謀者の一人として知られている。しかし、恒次郎の研究は皆無に等しくその生涯も明らかになっていない。おとづれ文庫文書中の三輪田恒次郎関係文書は、彼の人生を詳細に紐解くことが出来る貴重な史料である。
　おとづれ文庫文書は、旧蔵者が収集・購入した史料が主体の文書群で、恒次郎の関係文書も購入されたものだと思われる。特に日記は、途中欠けている部分もあるが、弘化三年から明治四十一年(一九〇八)にかけて残されており記述内容も豊富である。米山の日記(愛媛大学図書館・伊予史談会・愛媛県立図書館ほかに収蔵、幕末期の日記は前掲、註(17)『松山市史料集』第八巻・近世編七所収)はよく知られているが、恒次郎の日記はこれまで活用されたことはない。本章に関係しない時期の分は、機会を改めて紹介したい。

(21)「慶応四戊辰歳日記」(三輪田恒次郎日記)慶応四年正月十一〜十三日条(おとづれ文庫文書ハ九六)。以下、三輪田恒次郎の日記は「恒次郎日記」と略す。
(22) おとづれ文庫文書ヌ一四四一。
(23) 内藤素行『鳴雪自叙伝』(岡村書店、一九二二年)一七四頁。
(24) おとづれ文庫文書ヌ一四四五。
(25)「恒次郎日記」慶応四年正月十四・十六日条。
(26)「信夫私記」。
(27)「恒次郎日記」慶応四年正月十九日条。
(28) 同右。
(29)「信夫私記」、「恒次郎日記」慶応四年正月二十日条。
(30)「信夫私記」。
(31)「米山日記」慶応四年正月二十一日条。
(32) 前掲、註(8)『松山市史』第二巻、五七六頁。
(33) 吉村春峯「松山開城記」慶応四年七月(国立公文書館蔵、二一八―〇〇一三)、「東征記壱(片岡健吉旧蔵)」慶応四年正月十八日条(林英夫編『土佐藩戊辰戦争資料集成』高知市民図書館、二〇〇〇年)。
(34)「小笠原唯八日記」(『大日本維新史料稿本』慶応四年正月二十七日条)。
(35) 同右。
(36)「小笠原唯八日記」。
(37)「恒次郎日記」慶応四年正月二十五・二十六日条。
(38) 慶応四年正月二十八日付「両親宛小笠原唯八書簡」(『大日本維新史料稿本』慶応四年正月二十七日条)、「松山開城記」。
(39)『保古飛呂比　佐佐木高行日記』三、慶応四年正月二十七日条(東京大学出版会、一九七二年)。
(40)「久松定謨家記」慶応四年正月二十七日条(国立公文書館蔵、本館―二A・〇三二―〇二・家〇〇四六〇一〇〇)。
(41)「恒次郎日記」慶応三年三月二十六日・四月十六日条。

(42) 愛媛県教育委員会編『愛媛の先覚者三　矢野玄道・三上是庵』(愛媛県教育委員会、一九六五年)。
(43) 「恒次郎日記」慶応四年正月二十二日条、「米山日記」慶応四年二月一日条。
(44) 前掲、註(8)山崎『朝敵伊予松山藩始末——土州松山占領記——』、一〇八頁。
(45) 前掲、註(2)下山『近代天皇制研究序説』、五〇・五一頁、『復古記』一、慶応四年正月十二日条、五四三頁、同九、慶応四年二月七日条、一一四～一一六頁。
(46) 『保古飛呂比　佐佐木高行日記』三、慶応四年正月十八日条。
(47) 慶応四年正月十六日付「蓑田伝兵衛宛大久保利通書簡」(『大日本維新史料稿本』慶応四年正月十一日条)。
(48) 『鳴雪自叙伝』、一七五頁。
(49) 慶応四年正月二十八日付「両親宛小笠原唯八書簡」・同「片岡庄兵衛ほか二名宛武藤宇右衛門ほか四名書簡」(『大日本維新史料稿本』慶応四年正月二十七日条)。
(50) 井上清は、鳥羽・伏見の戦いの意義を新政府内における公議政体派の勢力失墜、武力倒幕派の主導権獲得と指摘している(『日本近現代史Ⅰ　明治維新』東京大学出版会、一九五一年、二九一～二九四頁)。ほかに、この点については第1部第1章でも若干ふれた。
(51) 「松山開城記」。
(52) 同右。
(53) 杉孫七郎関係文書三三一―三(国立国会図書館憲政資料室蔵)。
(54) 杉孫七郎関係文書三三一―二、『復古記』九、慶応四年二月一日条、一一二～一一四頁。
(55) 「恒次郎日記」慶応四年二月一日条。
(56) 杉孫七郎関係文書三三一―四、『復古記』九、慶応四年二月一日条、一一二～一一四頁。
(57) 杉孫七郎関係文書三三一―一。
(58) 慶応四年二月六日付「両親宛小笠原唯八書簡」(『大日本維新史料稿本』慶応四年二月一日条)。
(59) 「萩原汎愛日記」(『大日本維新史料稿本』慶応四年正月二十七日条)。
(60) 松山藩と第二次幕長戦争については、田口由香「幕長戦争の政治的影響——大島口を視点として——」(『大島商船高等専門学校紀要』三八、二〇〇五年)、同「慶応二年大島口における長州藩と松山藩の動向」(『伊予史談』三四六、二〇〇七年)、同「幕長戦争後における長州藩と松山藩の交渉――史料分析を中心として――」(『大島商船高等専門学校紀要』四〇、二〇〇七年)参照。
(61)「萩原汎愛日記」。
(62)「信夫私記」。
(63)「米山日記」慶応四年正月二十九日・二月一日条。
(64)『復古記』二、慶応四年二月十五日条、三七〇頁、同五、同年五月十三日条、一五三・一五四頁(二冊ともに、覆刻版、東京大学史料編纂所、二〇〇七年)。
(65)「松山開城記」。
(66)「恒次郎日記」慶応四年二月二十六日・六月六日条、「おとづれ文庫」ヌ一四四五。
(67)「信夫私記」、「久松家譜(伊予松山)」、「久松定謨家記」。
(68)前掲、註(8)景浦編『幕末維新の松山藩』、『松山市史』第二巻、山崎『朝敵伊予松山藩始末』参照。
(69)同右。
(70)慶応四年正月二十八日付「両親宛小笠原唯八書簡」。
(71)「恒次郎日記」慶応四年正月二十六日条。
(72)「湯山村公用書」慶応四年正月二十五日条(『松山市史料集』第六巻・近世編五、松山市、一九八五年、八五六・八五七頁)。
(73)「米山日記」慶応四年二月十三・十四・十五日条、同年三月二日条。
(74)「米山日記」慶応四年五月十六・二十五日条、前掲、註(8)景浦編『幕末維新の松山藩』八八頁。

第3部 社会集団の欲求と草莽隊

はじめに

内乱の拡大にともなって、近世社会では政治的発言権をもたなかった人びとがぞくぞくと政治の舞台へと進出し、各地でさまざまな社会現象が発生した。そうした現象の一つとして、旧幕府や諸藩の正規軍に所属せず、本来的には軍役を負わない人びとによって結成された「草莽隊」[1]が知られる。

「草莽」あるいは「草莽隊」は、歴史学上の用語としては現在まで確たる定義がなされないままに使用されてきた。本来の語意からして、「民間」、「在野」と幅広い範囲を示す草莽は、そもそも幕末時点においても曖昧性をもって用いられており、厳密に規定することが困難となっている。浪士、豪農、国学者、神職など自身を「草莽卑賤」になぞらえる人びとの身分や出自、階層には必ずしも共通性はない。旧幕臣が、草莽の語を使用していた例もみられる[2]。政治的志向も、特定の傾向を維新期全般にわたって見出すことは難しい。文久年間（一八六一〜六四）頃までをみると草莽＝攘夷運動のように理解しがちだが、戊辰内乱期の草莽隊や明治初年の「草莽之徒」のすべてが攘夷意識を活動の原動力としたわけではない。また、草莽が含有する意味は、時期や立場によって異なる。幕末段階では「志士」、「憂国之士」と同義で扱われる場合も多いが、明治国家が確立してゆく過程では政府関係者から「脱籍浮浪之徒」と同様の社会問題と認識された[3]。

右のように、草莽を維新期全般にわたって例外なく定義することは難しい。だが、戊辰内乱期に限定すれば、ある程度の枠組みを示すことは可能である。内乱の最中に出現した草莽隊は、その数の多さや身分・階層の不統一性からみてもほかの時期の草莽とは一線を画す特殊性を有している。確認できる数は、『復古記』や自治体史を概観しただけでも三〇を優に超え、浪士、神職、僧侶、力士、博徒、農民、猟師など多様な身分、社会的地位の人びとが母体となって隊が構成されている。こうした多種・多数の組織が生まれたのは、内乱という特異な状況下で志願兵部隊が許容される環境が生成されたためであった。

日本近代史上では、明治六年(一八七三)一月十日の徴兵令によってそのような志願兵制度の可能性は完全に否定された。同令は、「民兵」を「全国ノ丁壮ヲシテ兵役ヲ帯ハシメ」る「賦兵」と、「自ラ兵役ヲ望ミ出シ者」である「壮兵」の二種類に分け、後者ではなく前者を採用すると宣言した。(4) まさに、近代兵制に採用されなかった「壮兵」の形態を採ったのが、戊辰内乱期の草莽隊である。(5) 広義に民兵という概念で括れば、賦兵も壮兵と同じ枠組みに属するとはいえ、権力の意志で設立される賦兵と、自発的に組織される壮兵の間にはやはり大きな性質の違いがある。

賦兵は、幕末以来の幕府、諸藩の軍団編制にも見られる制度であり、原則として誕生したその時から何らかの支配を受ける「正規軍」である。反対に、壮兵は決起時には主をもたないあやふやな集団であり、特定の権力の傘下に入ることでみずからに正当性をもたせようとする。壮兵すなわち志願兵部隊が多数出現し、それが新政府の「公認」を得て「官軍」となってゆくのは、戊辰内乱期の大きな特徴である。その中には、賦兵か壮兵か明確な線引きをし難いケースもあるが、本書では草莽隊を大きく壮兵を指す概念として使用することにする。

仮にそうした志願兵部隊を、隊の構成員に着目して類型化すれば、次の三つに分類できよう。(6)

Ⅰ社会集団型:由緒や身分・職業といった近世的社会関係に基づいて結成された草莽隊。博徒、神職、郷士、戦国大名旧臣などの社会集団が基盤となって成立した。

Ⅱ地縁集団型:特定の行政区分・地理的範囲(村・改革組合村など)で生活する人びとによって構成された草莽隊。主に郷土防衛を目的に掲げ、地域の有力者が主導した。その多くは、権力の庇護を期待できない無政府地帯に出現した。Ⅰ・Ⅲ型のような隊名を冠さない場合も少なくない。Ⅰ・Ⅱ型にまたがるケースもあるが、Ⅰ型が「官軍」への従軍を志向するのに対して、Ⅱ型の行動範囲は特定地域を出ない[7]。

Ⅲ浪士集団型：政治的主張を共有する浪士の集合体として組織された草莽隊。多くの場合、隊士の出身・出自に一貫した同一性はみられない。何らかの政治理念・運動の結集点として集団化した組織で、結成時に公家を盟主にいただいた。

草莽隊の研究で最も早くから取り組まれたのはⅢ型で、分厚い蓄積がある。本書第1部第2章で取りあげた鷲尾隊もここに分類できる。Ⅲ型の諸隊の分析からは、赤報隊や高松隊の偽官軍事件の検討に象徴的なように、草莽にとっての「裏切られた」維新像が描出されてきた。現在までの草莽隊研究の到達点となっている高木俊輔『明治維新草莽運動史』[8]は、「抑圧され、否定された」草莽の具体的分析を通じて維新変革の性格解明を試みた。戊辰内乱期の諸隊では赤報隊、高松隊、花山院隊の動向を丹念に解析している。高木は、草莽の動向から一貫して民衆的要素を抽出しようとした。高木の所論に対して、溝口敏麿「越後の草莽隊――幕藩支配の崩壊と村落支配層――」[9]は、草莽隊指導者の「階級的性格が明確化されていない」と批判論を説き、北越居之隊を分析して「世直し勢力」と居之隊の大半を構成する「村落支配層」が反目する事例を示した。

以後の研究は、高木の議論とはやや距離を取ってきた。特にⅢ型よりも、Ⅰ・Ⅱ型に重心を移した実証的研究が一九九〇年代以降に進展している。たとえば、谷口真康「幕末維新期の山科郷士と「勤王思想」[10]」は、「勤王」思想と「地域利益」の関係を山科郷士の場合について検討した。また、小泉雅弘「吉田御師「蒼龍隊」の戊辰戦争[11]」は、吉田御師集団が組織した蒼龍隊を分析対象として内乱像の再検討を試み、蒼龍隊士にとって戊辰内乱は「地域社会環境やその矛盾を止揚する「場」であり」、「幕末期に萌芽した〈政治参加〉意識を体現する「場」だった」と論じている。ほかにも、史料の発掘・公開によって、存在すらほとんど知られていなかった諸隊の研究が進められてきた[12]。Ⅲ型の研究も停滞しているわけではなく、新出史料を駆使した松尾正人「維新の草莽高松隊と岡谷繁実」[13]のような、より細かな実態分析に取り組んだ成果が発表されている。

そのような研究史上でも、小野将「幕末の在地神職集団と「草莽隊」運動」[14]は、従来とは視点を大きく変えた特筆すべき論考である。小野は、遠江国の神職集団が基盤となって結成された報国隊について、社会集団論を取り入れた分析を行い、報国隊という運動は「身分集団内部に存立した社会関係に基づいてのみ可能であった」と論じた。Ⅰ型の草莽隊の分析にあたっては、こうした研究視座は非常に有効であると思われる。草莽隊の研究では、慶応四年（一八六八）ばかりを追いがちであるが、その前段階における社会集団の性格や志向を連続するものとして把握する必要がある。それにより、はじめて内乱期の位置づけが可能となるであろう。

この点では、Ⅰ型の研究蓄積は依然乏しく、社会集団が有していたいかなる性格が諸隊の結成に結びつくのか、草莽隊に参加した結果、社会集団がいかに変容したのか、といった検討すべき課題は残されている。さらに、小泉のような、個々の事例を内乱全体の中に位置づけようとする姿勢も必要となるが、各研究者はそのことに必ずしも自覚的ではない。

そこで第3部では、草莽隊のうちⅠ型、とりわけ神職集団に焦点を絞り、戊辰内乱期における草莽隊の性格を明らかにしたい。戊辰内乱期に結成された草莽隊全体の中でも、神職集団が基盤となった組織は数多い。慶応四年中に、東海道では遠州報国隊・豆州伊吹隊・駿州赤心隊、安房国では神風隊、上総国では神職隊、下野国では利鎌隊、また吉田御師集団の蒼龍隊、三河国では稜威隊などが結成されている。近世社会において、京都の公家吉田家が神祇道本所として全国的に多数の社家を支配下においていたことはもはや周知の事実であるが[15]、これら草莽隊の多くは吉田家本所やその配下社家が主体となって結成されたものであった。個別事例の検討に加えて、こうした全国的な動向の発生源や運動の共通性を突き止めることは、述べるまでもなく重要な作業となろう。また、これらの諸隊は一様に勤王を表明して新政府軍の一翼を担うことを志願している。彼らは、なぜ佐幕ではなく勤王理念に惹きつけられ、天皇を頂点とする新政府を新たな国家統治権者として積極的に承認したのであろうか。

第3部では、戊辰内乱全体における位置を意識しながら、吉田家本所とそれにともなう配下社家の志向を個別事例をあげながら論証してゆく。また、比較事例として吉田家本所の支配を受けない「地方大社」の場合も考察した。以上から、戊辰内乱という時期が、勤王活動を展開した草莽隊にとってどのような時間・空間であったのかを検討したい。

なお、Ⅲ型については第1部第2章に、Ⅱ型については第4部第10章にそれぞれ関連するので、そちらも参照されたい。

（1）「草莽隊」は、同時代の言葉としては史料上に確認できない。本書で使用する「草莽隊」とは、あくまでも学術上の用語であり分析概念であることをお断りしておく。なお、草莽全体に関する研究史は、近年、藤田英昭「草莽と維新」（明治維新史学会編『講座明治維新三　維新政権の創設』有志舎、二〇一一年）が端的にまとめている。

（2）旧幕臣で静岡藩士になった、若木政樹が慶応四年六月に作成した建言書の書き始めには、「草莽微臣政樹頓首再拝謹而……」とある（山口コレクション九〇五、神奈川県立公文書館蔵）。ほかにも、自身を「草莽」となぞらえた旧幕臣の例は史料から確認できる。

（3）下山三郎『近代天皇制研究序説』（岩波書店、一九七六年）、宮地正人「廃藩置県の政治過程――維新政府の崩壊と藩閥権力の成立――」（板野潤治・宮地編『日本近代史における転換期の研究』〈山川出版社、一九八五年〉、同『幕末維新期の社会的政治史研究』〈岩波書店、一九九九年〉所収）。

（4）『法令全書』明治六年、太政官番外並無号。

(5)宮地正人は、日本において草莽隊のような志願兵部隊は、「徴兵制軍隊の上からの組織化によって、完全に消滅してしま」ったとの見解を示している。宮地正人「国家神道の確立過程」(國學院大學日本文化研究所『近代天皇制と宗教的権威』同朋舎出版、一九九二年)。

(6)谷口真康「幕末維新期の山科郷士と「勤王思想」」(『日本歴史』六五四、二〇〇二年)は、草莽隊をⒶ「浪士組織型草莽隊」、Ⓑ「地域共同体型草莽隊」、Ⓒ「藩権力型草莽隊」に分類した。前述の通り、権力によって編制されたⒸは、賦兵に当たると考えるため本書では草莽隊に含まない。

(7)久留島浩「近世の軍役と百姓」(朝尾直弘ほか編『日本の社会史第四巻　負担と贈与』岩波書店、一九八六年)は、郷土防衛に専念する農兵隊と遠征する草莽隊を比較して身分意識の相違点を指摘している。

(8)高木俊輔『明治維新草莽運動史』(頸草書房、一九七四年)。

(9)溝口敏麿「越後の草莽隊──幕藩支配の崩壊と村落支配層──」(『歴史学研究』三九五、一九七三年)。

(10)前掲、註(6)谷口「幕末維新期の山科郷士と「勤王思想」」。

(11)小泉雅弘「吉田御師「蒼龍隊」の戊辰戦争」(明治維新史学会編『明治維新と文化』吉川弘文館、二〇〇五年)。

(12)宮川秀一『戊辰戦争と多田郷士──忘れられた維新の兵士たち──』(兵庫県川西市、一九八四年)、西村慎太郎「明治維新の河口──真禊隊、隆武隊について、中村力家文書を事例に──」(甲州史料調査会編『甲州史料調査会調査成果報告書①河口湖の古文書と歴史』甲州史料調査会、二〇〇四年)、早田旅人「相州六所神社鑰取役出縄主水・懲胡隊と戊辰戦争──白川家配下神職の草莽隊運動──」(『平塚市博物館研究報告　自然と文化』三三、二〇一〇年)ほか。

(13)松尾正人「維新の草莽高松隊と岡谷繁実」(『中央大学文学部紀要』二〇六、二〇〇五年)。

(14)小野将「幕末の在地神職集団と「草莽隊」運動」(久留島浩・吉田伸之編『近世の社会集団──由緒と言説──』山川出版社、一九九五年)。

(15)吉田家本所による社家支配の実態は諸先学により多面的に論究されており、朝幕関係の中における本所の位置づけや、在地職能民と本所の関係性などが明らかとなってきている。高埜利彦『近世日本の国家権力と宗教』(東京大学出版会、一九八九年)、土岐昌訓『神社史の研究』(桜楓社、一九九一年)、田中秀和『幕末維新期における宗教と地域社会』(清文堂出版、一九九七年)、井上智勝『近世の神社と朝廷権威』(吉川弘文館、二〇〇七年)など参照。しかしながら、近世・近代移行期の本所の動向については、国家祭祀の変遷や新政府の神祇行政との関連に焦点をあてた羽賀祥二「明治神祇官制の成立と国家祭祀の再編」上・下（『人文学報』四九・五一、一九八一・一九八二年〈同『明治維新と宗教』筑摩書房、一九九四年所収〉）のような研究に限られ、全体として蓄積が十分とはいえず、戊辰内乱との関係に視座を据えた本格的な分析も行われてこなかった。

第6章　神職集団の武装化

一　吉田家本所と神威隊結成

戊辰開戦直後の慶応四年（一八六八）正月十七日、新政府では三職七科の制が定められ神祇事務科が設置された。つづいて二月三日、同科は三職八局制への移行にともない神祇事務局と改められ、さらに閏四月二十一日には神祇官が設置された。ここに、神祇官の再興は一応の結実をみることになる。この間三月十三日には、「諸家執奏配下之儀」が停止され、「普ク天下之諸神社神主禰宜祝神部ニ至迄向後右神祇官附属」となす旨が布達された(1)。吉田家本所の神職支配は、ここに実質的に終結する。

同じ頃、吉田家本所は配下の社家に上京を呼びかけて京都に神職を集結させ、神威隊と称する軍事組織を結成した。神威隊決起のために本所が運動を始めてから同隊が解散するまでの間と、鳥羽・伏見の戦いから諸家執奏停止におよぶ期間はほぼ一致する。神威隊は、内侍所（賢所）の警衛や明治天皇の大坂親征行幸供奉をつとめた組織で、吉田配下神職に多大なる影響を与えた。各地で発生した吉田配下の神職集団の草莽運動を理解する上で、本所が結成した神威隊の検討は欠かせない。

神威隊については、近江日吉社で生じた著名な廃仏毀釈事件の過程でその名称がみられ、この事件はすでに詳細に分析されているが、これは京都で神威隊に参加した神職のうちの一部が同隊の名を用いて起こした騒動である。[2]本章で対象とする京都・大坂を舞台とした神威隊については、その存在が知られている程度である。[3]まず本章では、吉田家本所の記録である「御広間雑記」[4]（以下、「雑記」と記す）を主な素材として吉田家本所と神威隊の動向を追っていく。

「雑記」によれば、正月十四日吉田家当主の吉田良義が「当今形勢不穏御時勢」[5]につき、「平穏」のために吉田社一社をあげて翌十五日から一七日間「抽丹誠御祈可勤行之旨」を命じている。臨時の祈禱は良義の命令通り翌日から執行され、「賊徒」である旧幕府軍を新政府軍が速やかに追討することを願った祝詞があげられた。[6]ついで同月十七日には良義が議定万里小路博房に面会し、新政府へ金子二〇〇両の献金を願い出て、同日これが許可されている。これは、本所が支配社家に斡旋して徴収した金子である。[7]さらに二十一日には、吉田社が祈禱に従事してきた旨を中院通富（二月に参与就任）へ報告し、祈禱が満座となったのちに「御祓献上仕度旨」を良義が申し出ている。[8]祓の献上や祈禱といった行為は、神祇道を掌る家職の専門性に基づく行為である。また金子の献上は、多数の支配社家を有する「御職掌も有之」ことを前提としたものであった。[9]これらは戊辰内乱の発生と密接な関係があり、新政府に対する積極的な協力姿勢と規定することができる。

正月八日以降、吉田家本所は「夫々恭順之道ヲ以精々勤王尽力可有之候事、但し有志之向者早々最寄組合申合、相応ニ隊長を定メ同道上京勤王可有之候事」との触れを配下社家に廻達している。[10]後述するように、同様の趣旨を含んだ本所の呼びかけは、東海道から北・南関東の各地で確認できる。最終的にはさらに多人数になったと考えられるが、これに呼応して二月初旬までには二〇〇人以上におよぶ神職が上京を果たした。[11]京都に参じた神職の詳細な内訳は不明であるが、近江・摂津・河内・但馬などの京都近隣諸国や四国からの参加者が多く、信濃国出身者も多かった。[12]良義は「宗源殿」の表門内に「剱鎗稽古場」を設け、奥州守山藩の脱藩浪士である熊田庄之助、菅沼元八の両人へ「家来共」に「剱鎗指南之儀」を頼み入れ、集結した神職に不慣れな武術の訓練を施した。[13]

良義は正月十七日と二十一日に、議定兼神祇事務科総督中山忠能、議定岩倉具視、万里小路のもとへ出向き、上京した配下神職に「相応之御用」があてがわれるように依頼している。[14]二十七日には、総裁兼神祇事務科総督有栖川宮熾仁親王へも入説しており、良義が精力的に動き回っていたことがわかる。[15]この段階では「御用」の中身は明記されていないが、左に掲げた二十九日の「雑記」の記事から本所としては何らかの軍事的役割を付与されることが念頭にあったと看取できる。

有栖川宮江御出之趣意者、此間中被仰上置候御配下神職共御警衛辺之儀如何之御模様ニ哉、諸大夫藤木雅楽頭を以御伺候処、今日者太政官江御参之儀ニ付、一益御談之上御挨拶有之旨御返答也、中山前大納言様江御面会同段被仰入候処、惣而御警衛向追々御人数減少相成候時節ニ付、内侍所御守衛者御六ケ敷候間、海陸方ニも相遣之御人数も入用可有之間、岩倉前中将様江御談被成候方被得候旨ニ付、岩倉前中納言様江御談有之処、兎も角も御勘考可成与之返答也[16]

本所が、当初から内侍所の警衛を企図していたことが具体的にわかる。だが、この時点ではその実現は難しく、「海陸方」に配備される可能性も示唆された。中山は再三にわたる良義の要請を受けて、「吉田配下社家追々上京ニ付賢所警衛」を新政府内で諮るべき検討事項として取りあげている。[17]結果、良義の工作が奏功し、二月二日「神妙之至」として、内侍所の警衛を前々からその任にあたっていた水口藩兵と共同で務めることを条件に許可され、同日、水口藩主加藤明実にその旨が通達されている。[18]ここに神威隊の存在は、新政府によって公式に認められたことになる。四日には早速、水口藩と「無腹蔵」職務について申し合わせにおよぶ。[19]神威隊の隊員は五〇人ずつ、朝夕交替で守衛を務めた。[20]新政府が神威隊の存在を公認した理由は史料上判然としないが、京都市中で二〇〇人を超える神職が暴発するのを恐れたことが考えられる。本所側は正月中に、後述する良義の神祇事務科総督就任問題について「配下ノ儕輩之騒擾モ恐擢仕」と、新政府側の警戒心を煽って承認を迫ろうとしている。[21]

京都警衛の人数を減少させる傾向にあった状況下で、神職に戦力を期待したとは考え難い。新政府は、屯集した神職のエネルギーのはけ口として神威隊の結成を認可したといえよう。

新政府は二月三日に大坂親征行幸の令を発するが、それにともない行在所である大坂西本願寺に内寺所が渡御することになる。[22] そこで十三日、良義は岩倉、議定三条実美に面会し、親征の列に神威隊が加えられるように願い出ている。[23] これは、即時の聞き入れとはならなかったため、良義は三条へ改めて願書を差出した。そこでは、「今度就　御親征於　賢所《(内侍所)》茂定而渡御之儀与存候、良《(義脱カ)》之職分之儀ニ候得者供奉之儀願度候」と述べて参列を希望しているが、[24] 神威隊が新政府によって正式に認められたことで、内侍所警衛は吉田家本所の「職分」として主張するに足りる根拠をもった。かかる認識のもと、本所と配下社家の集団として神威隊が行幸に参加することで、〝神職を統べるもの〟としての吉田家本所をアピールしようとしていたのである。神威隊の供奉は、二十一日新政府によって承認される。[25]

一日早い二十日、水口藩にも大坂行幸供奉時の内侍所警衛への着任が命じられ、二十一日には、神威隊について加藤明実が「万事指揮可致様」指示されている。[26] 神威隊を常に水口藩の監視下におき、統制しようする新政府の意図がうかがえる。神威隊の供奉の人数はあらかじめ三〇名程度と定められて、神威隊関係者から選抜された。[27] 大将の吉田家家老鈴鹿信濃をはじめ幹部は吉田家内の者で、上京した神職と合わせて二九名が選ばれ、守山藩士三本木鎗三郎とその供の者がこれに同行した[28]（表7参照）。

行幸供奉の念願は達成されたが、三月十三日「諸家執奏配下之儀」が停止され、すべての神職が神祇官の支配に一元化されたことで、吉田家本所による社家支配を基盤として結成された神威隊は解散の方向へ向かう。[29] 大坂行幸が二十一日に実行に移された翌日には、早くも本所へ執奏支配停止にともない神威隊の内侍所警衛を解任する旨が通知される。[30] 二十四日には「一同勉励之趣御満足ニ被　思食候、此後弥可抽忠誠　御沙汰候事」との「御

表7　大坂行幸供奉人名簿

隊内での役職	氏　名	出　身
大将	鈴鹿信濃	吉田家家臣
隊長	鈴鹿弾正	吉田家家臣
隊長	山田美濃	吉田家家臣
隊長附	鈴鹿甲斐	吉田家家臣
小頭	田口帯刀	吉田家家臣
小頭	水谷図書	吉田家家臣
小頭附	横田右兵衛	吉田家家臣
隊長	三本木鎗三郎	奥州守山藩浪人
	佐々木丹後	近江国
	豊田筑前	摂津国
	山本出羽	摂津国
	甲田筑前	摂津国
	目須田石見	信濃国
	有田大和	摂津国
	服部雅樂	不明
	村上市正	不明
	小野佐渡	近江国
	小林筑前	美濃国
	松下主税	摂津国
	中西式部	摂津国
	味原肥前	摂津国
	松原讃岐	河内国
	松原出雲	近江国
	大石豊後	但馬国
	杉田大内蔵	信濃国
	児玉掃部	信濃国
	酒井長門	信濃国
	内山帯刀	信濃国
	片岡雅樂	信濃国
	長谷部大蔵	信濃国

註：「御広間雑記」慶応四年三月晦日条（天理大学附属天理図書館吉田文庫蔵、吉64-160）から作成。

褒詞」が大坂滞在中の隊士に下されて、内侍所警衛および行幸供奉が免じられ神威隊の解散が決定された(31)。神威隊は、二十五日に行幸の列から離脱して二十八日帰京し、その後、本所は「今般　本所御触達ニ付速上京有之、内侍所御守衛被　仰付冥加之至候、依之数度勤仕之段奇特之至ニ思召候、就而者一先交代帰国被仰付候、此段可申達旨ニ候事」と参加者に伝達して帰国を促した(32)。新政府としては「神道国教の立場から私家の神道にすぎない白川・吉田両神道は否定されなければならなかった(33)」のであり、神威隊の存在のみ特別視することはできなかったのである。

二　神威隊結成の背景

神威隊の活動はわずか二か月程度で終わったわけであるが、吉田家本所は如何なる目的の下に同隊を結成したのだろうか。新政府内での吉田良義に関する人事を手掛かりに考察してみたい。

慶応四年正月十七日に神祇事務科が設置されると、総督に中山忠能、有栖川宮熾仁親王、議定近衛忠房および議定白川資訓が就任して、掛に六人部是愛、樹下茂国、谷森善臣が任命されており、良義はこの人事から外れている（表8参照）。「神祇管領長上」を自認する吉田家にとっては、みずからが枠外に措かれたこの人選は当然納得のいくものではなかった。

そこで良義は同十九日、中山にみずからを中山と「御同様之列ニ被加候様」に願い出ている。中山との駆け引きの中で良義は、自分が官員から洩れたことで、上京している配下の神職が「彼是申立」て内乱遂行の差支えとなるやもしれず、歎願のことは「自分斗之儀ニも無之」として強硬な態度で交渉にあたった。これに対して中山は、「御尤御承知」とのみ答えている[34]。良義がしかるべきポストに就くことは、良義個人だけではなく本所と配下社家を包括した集合体全体としての願いである、という論理構造がこの中にはある。

頃日御沙汰之趣内々伝承候処、神祇事務総督中務卿宮中山前大納言白川三位等江被　仰下候旨、　皇国之大道奥隆之程深奉感戴候、然処良義家祖以来神祇道相承奉仕来、既昨春祭典復古学館等之儀申立候処、神妙之至ニ被聞食学館御手宛銀迄被下之基礎相立候様乍不及至今日勉励罷在候儀ニ候間、何卒乍恐右総督之列ニ被加候様伏而相願候、此段宜御沙汰希入存候事[35]

右は十九日の中山との対談ののちに、良義が中山に宛てた書状である。この中では、良義が神祇事務科総督に就任すべきである論拠として、吉田家は代々神祇道を伝承してきたこと、慶応三年（一八六七）の春に造立した

表8　神祇事務科、神祇事務局、神祇官官員変遷(慶応4.1.17～明治2.7.8)

氏　名	神祇事務科 (慶応4.1.17～2.20)	神祇事務局 (慶応4.2.20～閏4.21)	神　祇　官 (慶応4.閏4.21～明治2.7.8)
中山忠能	総督(1.17～2.3)	―	知官事(明治2.5.15～7.8)
有栖川宮幟仁	総督(1.17～2.20)	督(2.20～2.27)	―
白川資訓	総督(1.17～2.21)	督(2.27～閏4.21) 輔(2.20～2.27)	―
近衛忠房	総督(2.2～2.20)	―	知官事(明治元.9.12～明治2.5.15)
鷹司輔熙	―	―	知官事(慶応4.閏4.21～明治元.9.12)
吉田良義	―	輔(2.20～閏4.21)	―
六人部是愛	掛(1.17～2.20)	権判事(2.20～？)	―
樹下茂国	掛(1.17～2.20)	権判事(2.20～？)	―
谷森善臣	掛(1.17～2.20)	権判事(2.20～？)	―
亀井茲監	―	輔(2.27～閏4.21) 判事(2.20～2.27)	副知官事(慶応4閏4.21～明治2.5.15)
平田鉄胤	―	判事(2.20～3.4)	―
福羽美静	―	権判事(3.4～閏4.21)	副知官事(明治2.5.15～7.8) 判官事(慶応4.5.12～明治2.5.15)
植松雅言	―	権判事(？～閏4.21)	判官事(慶応4.4.28～？)
愛宕通旭	―	―	判官事(明治元.10.30～明治2.5.20) 権判官事(慶応4.8.12～明治元.10.30)
平田延胤	―	―	権判官事(慶応4.閏4.21～明治2.7.8)
北小路随光	―	―	権判官事(？～明治2.7.8)
青山景通	―	―	権判官事(慶応4.閏4.21～明治2.7.8)
松尾相保	―	―	権判官事(慶応4.7.12～明治2.7.8)
田中興太朗	―	―	権判官事(？～明治2.5.15)
吉川豊彰	―	―	権判官事(？～明治2.5.15)
丸山作楽	―	―	権判官事(明治2.5.25～明治2.6.9)

註：羽賀祥二「明治神祇官制の成立と国家祭祀の再編」上(『人文学報』49、1981年)、同『明治維新と宗教』(筑摩書房、1994年)所収。『国立公文書館所蔵明治・大正・昭和官員録・職員録集成』(日本図書センターマイクロフィルム版)、『百官履歴』1・2(覆刻版、東京大学出版会、1973年)から作成。

「復古学館」の運営に勉励してきたことの二点を掲げている。両者とも、神祇行政が現実に盛り上がりをみせる中での、吉田家の過去の功績を謳っている。特に注目すべき点として後者では、復古学館の設立・運営が総督になるための業績として捉えられていることがある。換言すれば、復古学館の活動そのものが、神祇道、新政府（朝廷）へ貢献してきたという認識が存在していたということである。

復古学館は、慶応三年三月に設立されている。本所は同年正月頃から「神祇道改正」のために、薩摩国の吉田配下神職井上石見らに命じて薩摩藩や島津家と縁戚関係にあった近衛家に、さらには良義の義叔父にあたる大納言柳原光愛に学館の建設許可を働きかけた。その結果、三月四日「神祇復古」のための講習を広く行うことが朝議を経て裁可された(36)。良義が三月二日に武家伝奏の野宮定功へ提出した願書の中で、「旧来祭典禱祀ノ中進染ノ流弊ヲ去リ、純粋ノ古道執心ノ輩」に、「皇国固有の大道」である「古道」を学ばせるための施設として学館設立の目的が述べられている(37)。裁可後、朝廷から下賜された「御手宛」と、配下社家から募った寄附金を費用にあて、吉田家屋敷の「中物門外百姓嘉兵衛宅より東西六拾間、南北七拾間之処」に学館は建設された(38)。建物が完成すると、講師に国学者矢野玄道が迎えられ、十二月には「職分之輩」はもちろん社務に携わるもの以外も参集して、習練するように朝廷から達が出されている(39)。

ついで白川家も学寮を設けている。白川家は、代々神祇伯に任じられた家で、江戸時代後期には吉田家と勢力を争っていた。両家の学校は、単に神祇道学習施設としての役割を期待されて設立されたのではなかった。この底流には、神祇官再興の機運が高まる中での、吉田・白川両家による神職支配の再編を主眼とした主導権争いが存在した(40)。すなわち、幕府体制下で顕在化していた両家の勢力争いが、この時点では神祇官再興の実現後、さらには実現の過程においてどちらがイニシアティブをとるかの競合へと展開していたのである。

学館設置後、吉田家本所は配下社家に対する統制を強めている。慶応三年十月十九日、和泉国山辺郡新泉村の大和大明神神主市磯相模守が、「先規仕来」に背いたとして宮座から本所に訴願があったことに対応し、本所は朝廷に厳罰を課すように申し出ている。罰の内容は、「勅裁ヲ以官位職分被召放」という重いものであった。良義は、支配社家の「不埒之為体一体江差響、殊ニ当節神祇道復古者素ヨリ学館之儀者国体ニ関係候事件四方江布告ニ茂差支」になると所感を述べている。[41] 本所は、配下社家の不始末が本所の責任に関わるのと同時に、「神祇道復古」のための障害になると認識し、神祇官再興運動が活発化するにつれて、配下神職の問題行動をこれまで以上に抑制するようになってきたのである。

　慶応四年に入ってからも、吉田・白川の対抗関係は続いていたことが「雑記」から読み取れる。神祇事務科に提出されるはずであった良義の総督就任に関する歎願書が、「久遠巳ニ白川忠富王等モ兼倶《（吉田）》之門ニ従学被致」という文句があることによって差出が控えられている。[42] この文面は、先に総督に着任していた白川資訓を強く意識しているが、このまま提出したのでは角がたつというので再考が加えられることになったのである。また、神威隊が守衛の空間として内侍所を選択したのは皇室祭祀の肝要な場であることもさることながら、内侍所の「祭主頭」である白川家を意識したためではないかと思われる。[43] 結果として、神祇事務科が神祇事務局に改変されると、良義は神祇事務局の輔に任じられる。[44] 新政府の見地に立てば、在京神職の行動を制御するという点で、神威隊の結成許可と良義の登用は同一の意味を有したといえよう。

　良義の猟官運動と神威隊の結成が時期を同じくしていることから、組隊は、新政府内で良義が「神祇管領長上」としての地位を確保することを目的としたものであったとみなすことが出来る。地位とは具体的にいえば、慶応四年正月から二月初旬頃では、神祇事務科の総督であった。吉田家本所の社家支配を裏づけていたのは、幕府によって出された寛文五年（一六六五）の「諸社禰宜神主法度」の、「一、無位之社人、可着白張、其外之装束者、以吉田之許状可着之」という箇条であった。[45] この法度は、慶応三年十二月九日の王政復古の政変後も明確なかたちで否定されることはなかったが、代わりとなる法令が新政府から発布されていない以上、幕府の廃止は吉田家本所による社家支配の正当性を薄弱化させていた。さらに、新政府の人事から外されたことで良義と吉田家本所は焦燥感を駆り立てられた。そのために、新政府の役に立つような手法で存在感を示す必要があった。功績をたてることによって、しかるべきポストを取得しようとしたのである。戊辰内乱という情勢下で、白川家に対する競争心も手伝って、新政府の活動に寄与するための媒体として、神威隊の結成が推進されたといえよう。吉田家本所の立場強化を目論んだという視点でみれば、神威隊結成の素地は慶応三年の復古学館創設段階でできあがっていた。だが、結局は「私」の社家支配を否定しようとしていた新政府の実情にはそぐわず、吉田・白川家ともに閏四月二十一日、神祇官の官員から排除されることになる。

三　神職の武装化

吉田良義は内侍所の警衛を神威隊の「職分」であると主張していたが、これは内侍所の警衛が新政府に認められた段階での見解であって、それまでの「職分」への認識に該当するものではない。では、近世社会における専業神職の「職分」とは何を指したのであろうか。「諸社禰宜神主法度」にその典拠を求めると、一箇条目がそれに該当すると思われる。一つに「専学神祇道」、いま一つに「神事祭礼可勤之」が言明されている。より緻密な規定をしていけば、かなり細分化していくことが可能ではあるが、大きな枠組みとしてはこの二つが適用できる。つまり、常に神祇道を学ぶこと、神事祭礼に従事することである。そのことを念頭におき、戊辰内乱発生から神威隊結成までの吉田家本所の活動を「職分」という概念をもって評価してみたい(46)。

まず、本所は、内乱開戦直後、一七日間にわたる祈禱を実施し、その後祓を献上していた。弘化年間（一八四四～一八四八）以降、対外的危機感が高まる中、朝廷はたびたび有力寺社に祈禱・祓を命じており、嘉永六年

（一八五三）のペリー来航を画期としてその回数は増加し、慶応期まで繰り返されていたのはよく知られる。『孝明天皇紀』から確認できるだけで、外国船来航を起因とするもの、自然災害や疫病の流行によって惹起したものを合わせて、都合四〇回以上が実施されている(47)（表９参照）。こうした勅命による寺社の祈禱は朝廷からみれば対外的危機意識を表明する場であり、政治的発言力を強めようとするデモンストレーションであった(48)。

一方で、寺社の側から解釈すれば、それは職分に根ざした朝廷権威に対する義務の遂行にほかならなかった。この時期には有力社以外の吉田配下の在地社家でも、村内に「異国船退散」の札を配札するといった自発的な行為がみられる(49)。また各社で領主との関係で行われていた祈禱・祓もあった。上総国市原郡加茂村の賀茂大神宮の事例によれば、領主が長距離を移動するのにともなって「御道中御安全之御祈禱」を行い、祓を献上している(50)。これは身近な権威である領主へ果たすべき責務であって、職分の体現という点においては「外患」を取り除くための祈禱と変わりはない。このような、祈禱・祓といった行為は大事の際に神職に与えられた職務実行の場であり、神事祭礼の執行を責務とする神職の職分の範囲内での行為であった。そしてそこには、職務の遂行を媒介とした対象者への貢献という発想が存在する。

祈禱・祓は戊辰内乱以前にも重大事件が起きた場合、神職の手によって行われていた先例に基づく行為であり、内乱期に吉田社で行われた祈禱と祓の献上は、新政府の諸策が順調に運ぶようにするための職分に依拠した貢献の姿勢と規定できる。また、復古学館の創設は、神祇道を学ぶ場として成立しているから、これも神祇道を学ぶという職分内での活動といえる。設立歎願をした当初の吉田家本所の真意がどうであれ、既述の通り、本所の尽くしてきた業績であり、かつ新政府（朝廷）への貢献活動として慶応四年時には文書の文脈に登場するのである。以上のようなことは、徳川幕府が創出した近世社会の枠組みの中で、神職あるいは本所が期待された身分的・職業的役割といえよう。

表9　『孝明天皇紀』にみる祈禱に関する記事

年 月 日	内　容
天保11．3．6	今十四日を以て立太子の儀を行はんとす、神宮岩清水社賀茂社松尾社平野社稲荷社春日社仁和寺東大寺興福寺延暦寺園城寺護国寺広隆寺に仰せて予め風雨の害を祈禳せしむ
天保14．3．11	御冠体の期近きを以て予め七社七寺に風雨の難を祈禳す
弘化4．4．25	岩清水臨時祭参議藤原定祥野宮を以て勅使と為す、特に外艦来航の事を以て四海静謐を祈らしむ
嘉永3．4．8	外国船辺海に出没するを以て七社七寺に仰せて国家安寧を祈らしむ
嘉永3．9．3	頃日風雨不時天災荐に臻る、是日亦大風雨鴨川洪水三条橋五条橋壊れ貴船山鞍馬山崩る民舎流失死者多し、因て七社に仰せて万民安穏を祈らしむ
嘉永4．4．17	賀茂祭例の如し、去秋已来時気不順を以て特に穀の豊登を禱る
嘉永6．6．15	幕府亜墨利加国軍艦浦賀に来航せし状を申す、因て之を七社七寺に祈禱す
嘉永6．8．15	岩清水放生会異国船来航の事を以て特に国家安寧を禱る
嘉永6．8．23	熱田宮以下畿外の十社に仰せて外患を祓はしめ、尋て神宮伊雑宮及畿内の十九社に亦之を祈らしむ
安政元．2．9	外患を神宮に祈禳す
安政元．2．22	神宮以下二十二社及伊雑宮以下十一社に外患を祈祓し、尋て亦其三十三社に臨時御祈あり
安政元．6．15	地大に震す、因て七社七寺に仰せて災異を禳はしむ
安政元．9．23	魯西亜船近海に入の報あり、上常膳を減し七社七寺に仰せて国安を祈らしめ給ふ
安政元．11．16	外患祈禱の神符等を幕府に賜ふ、是日七社七寺に仰せて地動を禳はしむ
安政元．11．20	賀茂臨時祭一舞を復す、仮皇居に依て庭上の儀を停め特に外患を祈禳す
安政4．1．23	秋葉山に火災を祈禳す
安政5．5．23	左大臣藤原忠熙近衛内旨を承て書を金剛峰寺に下し、秘法を修して外患を祈禳せしむ
安政5．6．23	勅して権大納言藤原忠能中山を岩清水に権中納言藤原実愛正親町三条を賀茂社に遣して外患を祈禳し給ひ、特に叡願の密詔を使に賜ふ
安政6．2．25	外交の事を以て神宮以下二十二社に国安を祈らしめ、尋て内侍所に亦是を禱る
安政6．7．26	神祇伯資訓白川に命して鳴弦を宮中に行い、流行病を禳はしむ
安政6．8．27	熊野三山検校雄仁親王聖護院に勅して流行病を祈禳せしむ
文久元．5．28	連夜彗星西北に見はる、因て国安を内侍所に禱り尋て七社七寺に仰せて災異を禳はしむ
文久2．閏8．11	初夏以来麻疹流行患者多し、因て之を祇園者社及護浄院に祈禳す

文久３．３．４	権中納言藤原光愛柳原左近衛権少将藤原実梁橋本等を神宮に遣して外患を祈祓せしめ留りて守備を監せしむ、又諸国の大社に仰せて国安を禱らしむ
文久３．３．８	権中納言源重胤庭田を岩清水社に遣して外患を祈禳せしむ
文久３．３．11	車駕賀茂下上社に幸し、親く攘夷を禳らせ給ふ
文久３．４．21	賀茂祭を行ひ特に外患を祈禳す
文久３．５．14	英国要償の事を以て風日祈宮風宮に国安を祈らしむ
文久３．５．24	讃岐国善通寺の請を可し、弘安の例に依て外患を祈禳せしむ
文久３．２．８	秋葉寺に命して火災を祈禳せしむ
元治元．３．15	賀茂別雷社正遷宮権大納言藤原実徳正親町を奉幣使と為し、特に外患を祈禳す
元治元．４．24	七社に奉幣して甲子の厄運を禳ひ、特に攘夷の成功を祈る
元治元．５．21	甲子の例に依て勅使を宇佐八幡宮に遣し、神実御衣及宸筆の御製を奉り給ひて特に外患を祈禳し給ふ
元治元．８．14	兵乱の事を以て七社七寺に国安を祈り、尋て多武峯社僧に命して災異を禳はしむ
元治元．９．11	神宮例幣使発遣今甲子に当るを以て、特に災除を禱り別に奉幣して内憂外患を祈禳す
元治元．９．15	岩清水放生会を追行し、特に甲子の例に依て禍害を祈禳す
元治元．９．17	奉幣使権大納言藤原俊克坊城を岩清水社に権中納言源有容六条を賀茂社に遣して内憂外患を祈禳
元治元．11．14	北野臨時祭を復し、特に内憂外患を祈禳す
慶応元．２．18	春日祭を行ふ今より旧儀を復し、特に内憂外患を祈禳す
慶応元．３．８	神武天皇山陵奉幣使発遣特に内憂外患を祈禳す
慶応元．４．18	関白藤原斉敬に条内旨を承て神楽岡宗忠明神の社人に国安を祈らしむ
慶応元．10．７	国家多事を以て内侍所及七社七寺に四海泰平を祈る
慶応２．９．11	神宮例幣使発遣去の大風洪水を以て特に国安を祈り尋て使を岩清水社に遣して風水の害を禳はしむ
慶応２．12．16	天皇痘を患ひ給ふ、明日七社七寺及諸社諸寺に仰せて之を禱らしむ

註：『孝明天皇紀』１～５(平安神宮、1967～1969年)から作成、見出しが長文にわたる場合は冒頭のみ記して省略した。

また、吉田家本所は配下社家から収集した金子を新政府に提供していたが、この時が最初ではなく、これ以前にもみられる行動である。たとえば、慶応元年（一八六五）五月、二度目の幕長戦争の開戦に際して、将軍徳川家茂の江戸進発が決定されると、幕府は家茂の大坂行で支出する莫大な費用の一端を、寺社からの上納によって補填しようとした(51)。幕府寺社奉行は、本所に支配社家から金子を取り集めるように命じ、これを受けて「御国恩」に報いるために、たとえ困窮していようとも「金一朱或者銭一貫文」でもよいから献上するように本所は社家へ申し渡している(52)。これは「法度」の内容には適合せず、神職の職分の範囲に含まれないが、吉田家本所の職掌に付随した集金能力を前提とする幕府に対しての貢献であったし、幕府としてもそれを期待している。慶応四年の金子の募集は、こうした先例に由来するものであり、近世社会でも有事には吉田家本所に賦課されることのある責務であった。職分に該当するものではないが、献金も本所や配下神職としては初めての事態ではなかったといえる。

これらに比較して、軍事性を強く帯びた神威隊の活動趣旨は職分の範囲を大きく超えるものであった。吉田家本所は、内乱の開始という時点で、新政府の神祇行政の中で確固たる位置を奪取するための最も有効な新政府への貢献方法として軍事活動を選択した。すなわち、武装化することによって、新政府へ高い貢献度が得られるという認識が本所には存在したといえる。そうした本所の認識に基づく武装集団の結成にともなって、配下神職の職分の逸脱は起きたのである。

本所が神威隊の結成にあたって新政府の許可を得るために奔走したのは、近世社会における職分を超越し、目的を達成するためには正規軍＝「官軍」として認められることが必要不可欠だという認識があったことによる。それは、鳥羽・伏見の戦い直後に近江へ脱走、挙兵した公家綾小路俊実、滋野井公寿の「挙動ニ倣」う者は、「屹度可被糺」と公家間に周知されていたことに裏づけられる(53)。つまり、軍事行動を職分として認められなければ貢献どころか処罰の対象になりかねない状況であった。そして認可を得ることに成功したのち、本所と神威隊に参加した配下神職にとって従来の職分を超越する軍事活動は、新政府に新たに認められた正式な職分として消化されたのである。

職分の超越は、身分・職業を認知するための服装の変化をもともなった。大坂行幸では、供奉者に堂上の公家は鎧直垂、地下は軍装、武家は戎服を着用して、行在所では水干か狩衣を着るように申し渡された。同時に「馬印」や「小旗」を用いることは禁じられた[54]。ところが神威隊は、隊士全員が直垂、烏帽子という服装で大坂行幸に臨む。規則に反する服装を身に纏った神威隊がそのままにしておかれるはずもなく、本陣は三月二十一日隊長鈴鹿弾正を召喚し、烏帽子をやめて陣羽織、陣笠を着用するように命じている。これ以降神威隊は、全員が、陣羽織、陣笠を身に付けて、手に鎗を持つという出で立ちになる[55]。

神職の装束について、「法度」の三箇条目には本所の許状を受けることによって、白張以外の装束を身に着けることができるとされており、それは神道裁許状に風折烏帽子や紗狩衣などの着用を許可するという文言で表出される。こうした装束は「神職の身分表象でもあったから、装束の着用はすなわち神事祭祀者の地位の確定を意味し」ていた[56]。神威隊が当初直垂、烏帽子を着用したのは、外見に権威をもたせようとしたことにほかならないが、新政府の規定にそぐわなかったため、軍装に変えざるをえなくなる。天皇行幸という極めて「公」的な場で、軍装化によって武士と視覚的に同一化したことは、神職集団である神威隊にとって身分表象の喪失を意味するものであった。このように、神職として営んできた職掌や秩序を大きく超越してでも、神威隊の活動に強くこだわった吉田家本所と配下神職たちの意志がそこには存在する。

四　配下神職への影響

吉田家本所の運動は、多くの配下神職を動員したが、勤王活動へと彼らを駆り立てたものは何だったのであろうか。吉田家本所の支配下にある社家の中には、幕府によって発給される社領安堵状によって知行地を安堵されていた者がいた。また配下社家は、許状の獲得によって吉田家本所という朝廷権威と、「諸社禰宜神主法度」を有効化している幕府権力の両方から身分・職分を保証されていた[57]。吉田家本所が介在しての官位や神位の授受は、朝廷権威によって自身の価値を高めるためのものである。配下社家の社会的地位を支えていたのは、幕府権力と幕府権力に担保された吉田家本所を介した朝廷権威ということになる。それが、幕府が消失して吉田家本所による社家支配の根拠が弱体化したことで、配下社家の社会的地位も動揺したのである。各社家から新政府に継目願いや許状発行願いが殺到していることがそれを証左している[58]。

神威隊に参加した神職の中に、近江国蒲生郡小中村佐々貴社の神主日下主税道章という人物がいたが、日下は内侍所の守衛が解除される前に、「今以日夜御守衛相勤罷在候儀ニ御座候、何卒御憐愍を以右社領幷居宅高無相違安堵仕候様」に吉田家本所を通して新政府へ請願している[59]。ほかにも、信濃国更級郡の治田神社神主の児玉掃部は、大坂行幸供奉に参加したことを述べ「先格之通従五位下ニ昇進仕度」、「摂津守与奉蒙　勅許度」との願書を提出するなどの例が見受けられる[60]。これらは、神威隊での勤労・功績の代価としての要求であった。つまり、配下神職たちは本所が与えたきっかけを利用して、新政府から身分的な裏づけを得ようとしたのである。

では神威隊解散後、参加者はどのような動きをみせたのか。参加者の多くは本所からの帰国催促の廻文を無視して在京したままであった。神祇事務局の輔亀井茲監は「社僧へ厳敷相当リ候社家抔有之不穏事モ相聞」、「神職之瑕瑾ト相成」と同局の権判事植松雅言に対処を求めており、神威隊参加者の処分が問題化していたことがわかる。[61]一部の神職が日吉社で廃仏毀釈運動を煽動したことは本章の冒頭で紹介した通りである。慶応四年から明治初年の社家からの願書・伺書を綴じた「諸社諸願伺届」に、日吉社に向かった播磨国明石郡御崎宮社務の宮本信濃が、慶応四年四月八日に太政官へ提出した願書がある。

内侍所御守衛仕度依之諸国有志之社家追々上京致候処、最早御守衛之義者御免に相成候と承甚残念仕、（中略）今一度御守衛被為　仰付候様歎願可仕と社家一統調事合相控候、（中略）今般諸国之社家右心得にて相止り候間　内侍所　御守衛被為　仰付候事御許容に相成不申候共、有志の輩中にて賢者堅行の者を撰被為揚隊長と定メ、又其中より卒長を定メ法令を糺し太政官附属神威隊と被為　仰付候得者、普く天下の社家粉骨砕身して　王勤を励候得者、　皇国之聊御幸にも相成、御治世御平定の上者天下の社家奉尊神威　朝廷　宝祚延長国家安全之奉御祈禱候事[62]

ほかにも「諸社諸願伺届」には宮本信濃らのグループに加わらなかった神威隊参加者による願書・伺書が綴られているが、それらの中にも右と同様に武装集団であることを保持しつつ内侍所警衛の継続を希望する内容の文書がみられる。これらが神威隊への参加経験をふまえての動きであることは明らかである。ただし、それは神威隊のように本所に付随する統一した運動としてではなく、旧吉田配下の神職が独立して、新政府に貢献するための軍事行動へと変貌を遂げた。だが、こうした類の願書は前述の亀井のような認識によってすべて却下されている。

一方で、慶応四年中には、東海道から北関東の各地で吉田家配下の神職集団による草莽隊が結成された。表10は戊辰内乱期に結成された諸隊を一覧化したものである。共通する点として、すべての隊が神職を主体とした隊であることを対外的に明示している。[63]また、各隊が結成時に表した活動目的にはそれぞれの隊が新政府軍へ従軍すること、東征大総督有栖川宮熾仁親王の警衛、もしくは自社周辺地域における旧幕府軍残党のための鎮撫活動

表10　吉田家本所との接触があった諸隊一覧

隊名	結成地	神職/総人数	結成時期	中心人物	御祓	献金	従軍・有栖川宮警衛	鎮撫・警衛	吉田家本所との接触
利鎌隊	下野国	53/76	慶応４・８	黒川豊麿等	—	—	●	○	未奥羽筋動揺に付関八州諸社家追々出府素より王臣を抱きし身分を持ながら、徒らに潜伏候も不成本意神職隊相建御急務の御用は不及申万死を以勤王之宿志相貫き……
報国隊	遠江国	217/306	慶応４・２	山本金木等	—	●	○	—	夫々恭順之道ヲ以精々勤王盡力可有之候事但し有志之向者早々最寄組合申合、相応ニ隊長を定メ同道上京勤王可有之候事……
赤心隊	駿河国	172/177	慶応４・２	鈴木楯雄等	—	—	○	○	夫々恭順之道ヲ以精々勤王盡力可有之候事但し有志之向者早々最寄組合申合、相応ニ隊長を定メ同道上京勤王可有之候事……
伊吹隊	伊豆国	110/110	慶応４・２	矢田部式部等	—	—	○	○	未確認（報国隊や赤心隊と同様の触達があったか）
蒼龍隊	甲斐国	33/42	慶応４・３	筑紫速雄等	○	—	○	—	夫々恭順之道ヲ以精々勤王盡力可有之候事但し有志之向者早々最寄組合申合、相応ニ隊長を定メ同道上京勤王可有之候事……
神風隊	安房国	33/90	慶応４・７	石井石見等	—	—	●	○	本所京都吉田殿御家来大橋求馬松永丹後弥両人当春廻村ニ付、建白書差出尚又口上ニ而天朝之御為メ関東之神職被為募候ハ、速ニ出張可仕旨申立……
神職隊	上総国	49/49	慶応４・７	根本大隈等	—	—	△	△	御採用之御沙汰次第同士之者一統召連出府可仕之旨、吉田殿江戸御役所江去六月中（ママ）申出候処、御聞届之上当国配下神職中江夫々御内話之廉周旋方被申越精々周旋方致居候……

註１：○願い出て且新政府軍に採用されたもの、●願い出るが却下されたもの、△願い出るが採否が不明なもの。複数の隊に参加している人物は、それぞれの隊の人数に含んだ。また伊豆国「玉鉾隊」の参加者は、そのまま「伊吹隊」に合流・吸収されているので特に項目を分けなかった。なお、姓名から神職ではないかと思われる人物も多数いたが、はっきりとわかるもの以外は数字からは除外してある。親族は、確定できる人物のみ含めた。

２：雄琴神社文書（黒川正邦氏所蔵）、史談会編『國事鞅掌報効志士人名禄』第１・２輯（史談会、1909・1910年）、黒川直『利鎌隊記』（私家版、1940年）、栃木県教育会『下野国勤皇列伝』後編（栃木県教育会、1944年）、『磐田市史』（磐田市、1956年）、大町雅美「草莽隊と維新政府――下野利鎌隊の動向を中心に――」（『地方史研究』87、1967年）、静岡県神社庁『明治維新静岡県勤皇義団事歴』（静岡県神社庁、1973年）、『引佐町史料編２　山本金木日記』（引佐町、1982年）、『浜松市史』２（浜松市、1982年）、高木俊輔「草莽隊名簿について――東海道の報国隊・赤心隊・伊吹隊の場合――」（『信州大学人文学部　人文学論集』16、1982年）、『都賀町史』歴史編（都賀町、1989年）、『壬生町史』通史編Ⅱ（壬生町、1989年）、『壬生町史』資料編近現代Ⅰ（壬生町、1987年）、『引佐町史』上・下（引佐町、1991・1993年）、小野将「幕末在地神職者集団と「草莽隊」運動」（久留島浩・吉田伸之編『近世の社会集団――由緒と言説――』山川出版社、1995年）、『千葉県の歴史』資料編・近現代１（千葉県、1996年）、『千葉県の歴史』資料編・近現代７（千葉県、1998年）、小泉雅弘「吉田御師「蒼龍隊」の戊辰戦争」（明治維新史学会編『明治維新と文化』吉川弘文館、2005年）より作成。

への従事が打ち出されている。すなわち、軍事行動による勤王を志向していたということである。さらに、諸隊にはいずれも慶応四年中に吉田家本所との間で隊結成に関するやりとりがあったことが確認できる。報国隊、赤心隊、稜威隊には吉田御師に送られたものと同じものが渡されており、安房国では本所の役人が現地を勤王活動斡旋のために巡廻している(64)。そうした事実関係をみれば、本所が神威隊結成のために武装化という方法を提示したことが、各地で配下神職が武器を携える契機の一つとなっていると指摘できる。神威隊に参加した三河国吉田の田町神明宮と羽田村八幡宮両社の神主羽田野敬雄が、帰国後、稜威隊を結成しているのはその顕著な例である(65)。もちろん、内乱の進行による地域社会の混乱や、藩政との関係、当該地域で神職が置かれた状況などを考えることが、諸隊が結成された要因を解明するには必要不可欠な作業である。個別隊の検討は、次章で行っていく。

なお、戊辰内乱期の白川家本所の動向については、吉田家本所のように武装集団を結成するということはなかったようであり、本所が働きかけて白川配下の社家が武装化したという事例も、筆者は寡聞にして知らない(66)。自主的に軍事活動を志望した神職集団のほとんどが、吉田家を本所としていたのである。そのことは、配下社家の武装化に吉田家本所が少なからずきっかけを与えたことを間接的に証明していよう。

戊辰内乱は、各地に草莽隊を出現させ、武装集団化による諸身分の職分の逸脱を招いてゆく。神職の場合、吉田家本所の周旋がそのきっかけの一端であったのである。配下神職たちは、本所から触発され、神威隊解散後も軍事活動に身を投じようとした。ただし、各隊の志向した到達点はそれぞれの在地集団の利害に依拠しており、もはや吉田家支配からは自立したものであった。

だが、最終的に吉田家本所の願望が達成されなかったように、必ずしも諸隊の要望が新政府によって実現されたわけではない。内乱終結によって軍事力が不要になると、神職は次なる身分保障のための活動を教育の場に求めていくものが多い(67)。次章では、具体的に吉田配下社家の動向をみていく。

(1)『法令全書』明治元年、第一五三。

(2)圭室文雄『神仏分離』（教育社、一九七七年）、佐藤真人「日吉社の神仏分離序論――慶応四年四月一日の廃仏毀釈を中心に――」（『國學院大學日本文化研究所紀要』五九、一九八七年）、同「日吉社における神仏分離遂行の経緯――慶応四年（明治元年）迄を中心に――」（『國學院大學日本文化研究所紀要』六一、一九八八年）参照。

(3)前掲、註(2)の文献以外に、鈴木源一郎『東三河の排仏毀釈』（豊橋地方史研究会、一九七七年）、『新修　大津市史』五・近代（大津市、一九八二年）にも神威隊の存在への言及がある。

(4)「御広間雑記」（天理大学附属天理図書館吉田文庫蔵、吉六四―一六〇）。

(5)「雑記」慶応四年正月十四日条。

(6)「雑記」慶応四年正月十五日条。

(7)「雑記」慶応四年正月十七日条。

(8)「雑記」慶応四年正月二十一日条。

(9)「雑記」慶応四年正月十七日条。

(10)慶応四年正月「鎮撫使発向、勤皇尽力につき達書写」（『富士吉田市史』史料編・第五巻・近世Ⅲ、一九九七年、史料番号二一五）。

(11)「雑記」慶応四年二月三日条。

(12)「米山日記」慶応四年三月十九日条（『松山市史料集』第八巻・近世編七、松山市、一九八四年）、「雑種公文・諸社諸願伺届」（国立公文書館蔵、本館―二A―〇三一―〇三・種〇〇〇〇一一〇〇）。本所が触れを出してから神威隊結成までが一か月程度という時間を考えれば、京都から距離的に近い諸国からの参加者が多かったのは自然だといえる。

(13)「雑記」慶応四年正月二十三・二十九日条。「宗源殿」は、「参拝之輩」へ「御札等被下候」場所であったとされており、吉田社の境内にあったと考えられる。

(14)「雑記」慶応四年正月二十一日条。

(15)「雑記」慶応四年正月二十七日条。

(16)「雑記」慶応四年正月二十九日条。

(17) 慶応四年正月「中山忠能手控」(『中山忠能履歴資料』九、覆刻版、東京大学出版会、一九七四年、二一五〜二一八頁)。
(18) 「加藤明実家記」慶応四年二月二日条(東京大学史料編纂所蔵、四一七五—九七八)、「華族家記・吉田良義」慶応四年二月二日条(国立公文書館蔵、「家記」本館—二A—〇三一—〇一・家〇〇三三一〇〇)。
(19) 「雑記」慶応四年二月四日条。
(20) 「雑記」慶応四年二月三日条。
(21) 「雑記」慶応四年二月二十日条。
(22) 同右。
(23) 「雑記」慶応四年二月十三日条。
(24) 「雑記」慶応四年二月十四日条。
(25) 「雑記」慶応四年二月二十一日条。
(26) 「加藤明実家記」慶応四年二月二十・二十一日条。
(27) 「雑記」慶応四年二月二十二日条。
(28) 「雑記」慶応四年三月晦日条。三本木鎗三郎ら数名の守山藩士は、守山藩が「討会ノ先鋒タランコト」を請願するために二月初旬に入京しており、その後大坂行幸の列に加わるに際して神威隊に合流したと考えられる(「松平喜徳家記」慶応四年二月七日条〈『大日本維新史料稿本』慶応四年二月七日条、丸善マイクロフィルム版〉)。三本木らが神威隊に同行したのは、前述の剣術指南役の熊田庄之助らとの関係が推定できるが、守山藩が神威隊の結成や活動内容に関わった様子はない。
(29) 「華族家記・吉田良義」慶応四年三月二十二日条。
(30) 「雑記」慶応四年三月二十二日条。
(31) 「雑記」慶応四年三月二十四日条。
(32) 「雑記」慶応四年三月二十八日条、「雑種公文・諸社諸願伺届」慶応四年三月。
(33) 羽賀祥二「明治神祇官制の成立と国家祭祀の再編」上(『人文学報』四九、一九八一年)、同『明治維新と宗教』(筑摩書房、一九九四年)所収。

(34)「雑記」慶応四年正月十九日条。
(35)同右。
(36)慶応三年「神祇道復古一件留」(國學院大学図書館蔵、二一〇．〇八五／su九四)、「野宮定功武家伝奏在職中記録」慶応三年三月四日条(『大日本維新史料稿本』慶応三年三月四日条)。
(37)慶応三年三月二日「神祇道復古ノ為学館ニ於テ古道令講習度旨願書」(国立公文書館蔵、多―四一八四一)。
(38)小幡家文書、ア三一八(千葉県文書館蔵)、「神祇道復古一件留」。
(39)「加藤明実家記」慶応四年三月十二日条、「神祇道復古一件留」。
(40)前掲、註(33)羽賀「明治神祇官制の成立と国家祭祀の再編」上。
(41)「雑記」慶応四年正月十七日条。
(42)「雑記」慶応四年二月二十日条。
(43)水口藩は内侍所警衛の着任・解任の度に白川家へ報告しており、名実ともに白川家が内侍所の責任者であったことがわかる(「白川家日記」慶応四年二月十一日条など、宮内庁図書寮文庫蔵、四一四―一)。
(44)「雑記」慶応四年二月二十日条。
(45)寛文五年七月「諸社禰宜神主法度」(『内閣文庫所蔵史籍叢刊一九　大成令』一、汲古書院、一九八二年、六〇七頁)。高埜利彦『近世日本の国家権力と宗教』(東京大学出版会、一九八九年)参照。なお、この法令について橋本政宣は「神社条目」とすべきであるとの説を出しているが(「寛文五年「神社条目」の機能」〈『神道宗教』一六八・一六九、一九九七年〉、「寛文五年「諸社禰宜神主法度」と吉田家」〈橋本政宣・山本信吉編『神主と神人の社会史』思文閣出版、一九九八年〉)、井上智勝が歴史用語としての同法令の名称確定には「今少し検討の必要がある」としており、未だ共通した認識とはなっていないように思われる(井上智勝『近世の神社と朝廷権威』〈吉川弘文館、二〇〇七年〉一七頁)。本章ではこの問題に立ち入る準備はないので、従来使用されてきた「諸社禰宜神主法度」の名称を使用することにする。
(46)尾藤正英は「役(やく)」という観念を用いて時代区分論を展開し、近世の社会組織は「役」という原理体系で成っているもの」と説明している。さらに、その社会の中では「個人に与えられた「職分」を大切にし、それを遂行することに全力を挙げるとともにそのことに自己の生きがいを見出す」という「生活態度」が存在したとしている(尾藤正英『江戸時代とはなにか――日本史上の近世と近代――』岩波書店、一九九二年）参照。こうした尾藤の提言を参考にして、本文中では「職分」を身分・職業に付随する社会の中で果たすべき役割と定義して使用する。
(47)『孝明天皇紀』一～五（平安神宮、一九六七～一九六九年）。
(48) 羽賀祥二「開国前後における朝幕関係」（『日本史研究』二〇七、一九七九年）。
(49) 小幡家文書、ア七八二。
(50) 小幡家文書、イ一四。
(51) 小幡家文書、ア四七五。
(52) 小幡家文書、ア四六二。
(53)「雑記」慶応四年正月十二日条。綾野小路・滋野井の策動については、高木俊輔『明治維新草莽運動史』（勁草書房、一九七四年）など参照。
(54) 刑部芳則「明治太政官制形成期の服制論議」（『日本歴史』六九八、二〇〇六年）、同『明治国家の服制と華族』（吉川弘文館、二〇一二年）。
(55)「雑記」慶応四年三月晦日条。
(56) 井上智勝「神祇管領長上吉田家と諸社禰宜神主法度」（『史境』五〇、二〇〇五年）、前掲、註(45)井上『近世の神社と朝廷権威』所収。
(57) 同右。
(58)「雑種公文・諸社諸願伺留」。
(59)「雑記」慶応四年三月十三日条。
(60)「雑種公文・諸社諸願伺留」慶応四年四月七日条。
(61) 慶応四年四月二十五日「植松雅言宛亀井茲監書簡」（宮崎幸麿編「勤齋公亀井茲監奉務要書残編」四、一九一七年、宮内庁宮内公文書館蔵、三四七一九）。
(62)「雑種公文・諸社諸願伺留」慶応四年四月八日条。
(63) たとえば、神風隊の結成願書には、「庶民草莽之者ト雖モ為　王室尽力可仕ハ勿論之事、況ヤ私共神職之ものニ御座候」

という文言が出てくる（慶応四年九月「乍恐再応奉懇願口上之覚」〈『千葉県の歴史』資料編・近現代一、千葉県、一九九六年、史料番号五〉）。

(64) 静岡県神社庁編『明治維新静岡県勤皇義団事歴』（静岡県神社庁、一九七三年）、慶応四年七月「安房国神職其外之もの共神風隊相立御奉公仕度儀ニ付奉申上候書付」（『千葉県の歴史』資料編・近現代一、史料番号四）。なお、表に掲げた諸隊のほかにも甲州で河口御師が中心となって結成された隆武隊などの存在が知られている。こうした諸隊については、必ずしも十分に活動実態や組織の構成が解明されておらず、今後より詳細な研究が必要とされる。隆武隊については、西村慎太郎「明治維新の河口――真禊隊、隆武隊について、中村力家文書を事例に――」（甲州史料調査会編『甲州史料調査会調査成果報告書①河口湖の古文書と歴史』甲州史料調査会、二〇〇四年）でその概要を知ることができる。

(65) 羽田野敬雄研究会編『幕末三河国神主記録――羽田野敬雄「万歳書留控」――』（清文堂出版、一九九四年）、前掲、註（３）鈴木『東三河の排仏毀釈』参照。

(66) 白川家本所のもとでの社家の武装化については、各自治体史等をみる限りそのような事例を発見できない。また、「白川家日記」にもそのような記述はない。白川資訓が新政府内でポストを確保していたことが、その理由ではないかと推定できる。ただし、白川配下の神職が含まれる懲胡隊のような存在は検討の余地がある。早田旅人「相州六所神社鈅取役出縄主水・懲胡隊と戊辰戦争――白川家配下神職の草莽隊運動――」（『平塚市博物館研究報告　自然と文化』三三、二〇一〇年）。

(67) 馳川盛義『大井之誇』（私家版、一九四三年）など参照。

第7章　草莽隊の上昇志向——下野利鎌隊を事例に——

一　利鎌隊の構成

本章では、下野国において吉田家配下の神職集団によって組織された利鎌隊を取りあげる。

利鎌隊の研究は、黒川直が『利鎌隊紀』(1)を著したのが最初で、これを継承するかたちで黒川豊麿や中心となった隊士の略伝が『下野勤王列伝』(2)で叙述された。これらは顕彰を目的としたもので、史実の誇張がみられるものの、特に『利鎌隊紀』には多くの関係史料が所収されており、以後の研究発展に大きく寄与した。

その後、利鎌隊を本格的に分析したのは大町雅美「草莽隊と維新政府」(3)である。大町は、利鎌隊を地域的な草莽隊としての立場と、神職集団としての特色の両面から描き出そうとした。前者については、当該期の下野の社会状況や戊辰内乱が地域へ与えた影響を考察し、詳細な分析を行っている。だが、後者については「維新政府の数段高い次元、その指向性を充分に究明、理解できない神官という狭き視野」からの「束縛」された運動だと評価する。これは、新政府に排除・弾圧される草莽隊像を前提とした結論づけである。大町の論考は、利鎌隊に光を当てた大変意義深い研究だが、右のような結論ありきの論理展開をとるため、近世における社会集団の如何なる特質が草莽隊結成に結び付き、それが運動を通してどのように変化したかという重要な視点を欠いている。(4)

本章では、それらの課題に留意しつつ、神威隊結成の影響を受けて組織された草莽隊を具体的に分析して、彼らが佐幕理念を放棄して、積極的に勤王理念を享受した動機を探ってみたい。

まず、利鎌隊の構成員についてみていこう。

利鎌隊結成を主導したのは、壬生藩領内の雄琴大明神神主黒川豊麿[5]（静馬）であった。代々雄琴大明神神主を世襲してきた黒川家の二三代とされる豊麿は、慶応三年（一八六七）末頃から京都で有栖川宮家に「斥候方」として出仕していた[6]。豊麿は翌四年正月三日に鳥羽・伏見の戦いが勃発するとそのまま東征軍に従軍して、五月には上野戦争に参加した[7]。四月以降は、下野国の神職数名も豊麿に牽引されて新政府軍の斥候を務めた。当時、東征大総督有栖川宮熾仁親王から下賜されたとされる染筆が黒川家に伝来している[8]。この間、京都の神祇道本所の吉田家から軍事活動を促す触書が届き、豊麿を中心に下野国の吉田配下神職集団が、利鎌隊結成に乗り出したことは諸先学が指摘する通りである[9]。

利鎌隊が東征大総督府に認可されるのは、三月十三日に「諸家執奏配下之儀」が停止された後、すなわち吉田・白川両家による神職支配が廃止となり、すべての神職支配が神祇官に一元化されてからのことであった[10]。豊麿は、八月十九日、家中村の鷲宮大明神神主菱沼紀伊宅に五郡（安蘇・都賀・寒川・河内・塩谷）におよぶ旧吉田配下の神職を召集し、結成許可に向けての合議を開催した[11]。ここでの結果をもとに九月、豊麿らは東征大総督府に結成歎願書を提出する。願書に記された活動趣旨は旧幕府軍の残賊追討であり、利鎌隊をもって「愚民ノ疾苦を取除」くことを目的に標榜した[12]。新政府軍の一員として「愚民」の救済を表明し、隊士と「愚民」の間に差別化を図る意図がうかがえる。これは許可されるが、同時に願い出た有栖川宮の守衛は却下された[13]。ここにおいて神職を中心に組織された利鎌隊が、軍事活動を正式に務めるようになる。九月十一・十四日に豊麿は、東征大総督府によって願いが受理されたことを関係者に通知し、豊麿が帰国するまで「強談金作」を行わず待機するように在地の隊士へ申し渡した[14]。利鎌隊は、治安の安定化を活動目標とした以上、農村からの金銭・物資の収奪行為は万が一にも避けねばならず、活動費用を自弁で賄った[15]。また豊麿は、十月に東京で鉄砲を二〇挺購入して鎮撫活動にあてた[16]。

従来、吉田家本所の斡旋を受けたことと、隊士の大半が旧吉田配下の神職であったことから、利鎌隊は神職集団としてのみ見なされてきている[17]。だが、黒川家は戦国大名壬生氏の家臣団の子孫を称する壬生氏旧臣団にも属していた。

一四世紀中頃から一六世紀にかけて都賀郡壬生は、壬生氏の勢力下にあったが、天正十八年（一五九〇）の豊臣秀吉の小田原征伐によって壬生氏は廃絶する。その後、家臣団は壬生に帰農土着するか、あるいは再仕官先を周辺地域で探し、下南摩村で壬生義雄の孫娘伊勢亀をかくまっていた。壬生氏旧臣団は、元和三年（一六一七）四月の日光東照宮の遷宮祭礼に参列していた地下官人の壬生（官務）孝亮に、壬生氏と壬生（官務）家（以下、官務家と記す）の血縁関係を説き伊勢亀と面会させた。これがきっかけとなり、近世を通じて旧臣団と官務家は、徳川家康の法要や日光東照宮の祭事などによって交流をもってきた。壬生氏の菩提寺であった常楽寺（都賀郡壬生宿）とともに雄琴大明神は官務家の祈願所とされ、黒川家は旧臣団結合の中核をなし、特に万延期（一八六〇～六一）以降はその中心となっていた[18]。つまり黒川家は、吉田配下の神職集団の一員であると同時に、壬生旧臣団の主要な構成分子でもあったのである。詳細は不明だが、豊麿が有栖川宮家に出仕できたのも官務家の仲介があったからだと推察できる[19]。

利鎌隊の活動を詳細に見ていけば、旧臣団との関係性が浮かび上がってくる。表11（章末）は利鎌隊の名簿と、旧臣の名簿を照合したものである。ほとんどが旧吉田配下の神職であるが、豊麿と父豊前、刑部善十郎、早瀬佐十郎、軽部甚兵衛、森友伊豆は旧臣団にも属していることがわかる。彼らは、特に黒川家と親交が深かった隊士だと考えられる[20]。

また、明治元年（一八六八）十二月に明治天皇還幸の令が発せられると、利鎌隊は「一同供奉」を新政府に願い出るが却下された(21)。同時期に旧臣団も代表者を東京に派遣し、官務家へ供奉の周旋を依頼している。十二月八日、これは「御口断」となり利鎌隊と同じく旧臣団の供奉願いを新政府は採用していない(22)。上京した旧臣団の一行には、利鎌隊の中心人物でもある豊麿、刑部、軽部、早瀬が名を連ねており、利鎌隊の供奉願いと旧臣団による官務家への周旋依頼は同一のものであったことがわかる(23)。すなわち、実情は旧臣団を基盤として、便乗するかたちで利鎌隊が官務家に周旋を依頼したのである。

人数的比重や神職集団を謳っていることからも、利鎌隊は結成当初から神職集団の色彩が濃いことは事実である。だが、右の事柄を勘案すれば利鎌隊は豊麿を中心に旧臣団と神職集団が混合して成立した組織と見なすことができよう。つまり、利鎌隊結成を考える時、両集団の性格を検討せねばならないのである。

二　社会集団と身分表象

次に服装に関する問題から、利鎌隊が結成されるにいたる背景を分析してみたい。前章でも言及した通り、服装・外見は社会集団の身分や社会的地位を表象するものであり、そこにあらわれる意識を紐解くことで、社会集団の方向性を明らかにすることが可能である。

(1)　城内帯刀一件

近世社会において吉田家本所から発給される「神道裁許状」で認定された装束は、受領者を祭祀従事者として確定する身分表象であった(24)。黒川家がいつから許状を受けていたのかは明確でないが、可能な限りさかのぼれば史料上は元禄四年（一六九一）が初見であり(25)、雄琴大明神は幕末まで吉田家の支配下にあった。黒川豊麿の祖父勝匡の代に、黒川家を中心に壬生藩領内の吉田配下の神職と壬生藩との間で服制に関する争論が起きている。その経過を、勝匡の日記(26)を素材に具体的にみていこう。

文政二年（一八一九）十一月上旬、壬生藩寺社奉行所から勝匡へ「当城入之節ハ（中略）家中ニも紛れ候間、両刀ハ差控一刀を帯し木綿手繦指貫ニ而致出入可然」との命令があった。祭礼の届出を壬生城内の寺社奉行所に提出するなど、黒川家が城内を出入りする機会は多くあった。この事件の発端は、勝匡の祖父黒川志摩が大小両刀帯用での入城を壬生藩に禁止されたことにある。勝匡の父である黒川勝久（志摩の子）は、壬生藩の言いつけに従い「一刀を帯木綿手繦指貫ニ而出入」していた。しかし、勝匡が跡を継ぐと再び麻裃を着用して両刀を身につけた。黒川家と壬生藩の間で連綿として続いている問題だったのである。勝匡は次のように寺社奉行所へ返答している。

私共両刀を帯し候儀　吉田御本所之御下知ニ相成、諸国諸社之神職ハ神武兼備之職ニ付、両刀相当之旨御座候間、一刀ニ而御門入仕候ハ、却而失敬と奉存候、木綿手繦指貫ハ神用ニ無之平常懸用仕候而者神祇道御法令ニ御差支可有御座候間、達而被仰付候得ハ　本所役所江相伺不申候而者御請当惑仕候間、何卒穏便ニ被成下候様仕度奉願上候(27)

勝匡は、木綿手繦などの神祇装束は神事祭礼を執行する時のみ着用するものと認識し、神職は「神武兼備」の職という本所の「下知」から両刀帯用の正当性を示している。「下知」とは、文化元年（一八〇四）に、磯村の磯山大明神神主金子伊予・林豊前が本所へ提出した伺書に対する解答を指す(28)。この伺書は、遷宮式の作法をめぐって金子らと宮座との間で争いが生じたため提出された。本所は、作法に関する詳細な規定を磯山大明神に回答しているが、勝匡の一件と関わるのは「神職者神武兼備之職故、譬御朱印又者社格無之共苗字帯刀者勿論、殊ニ帯神祇管領御許状輩者於奉行所ニ茂格別御取扱有之候」という箇条である(29)。遷宮式は遅滞して、本所江戸役所の役人宮川弾正が現地に出張するまでに事態は悪化したが、黒川勝久はこの時宮川から「平常自用之節木綿手繦指貫懸用心得違之旨」とあわせて下知された。勝久が、磯山大明神の問題とどのような関係があったのかは不明だが、これが城内帯刀の一件を示唆していることは明らかである。これは、磯山大明神への下知とあわせて本所の了解を得なければ、服装を変えられないと勝匡が主張する論拠となっていた。勝匡は、「神武兼備」を本所の「社法」をもって有効化しようとしたのである。

勝匡が拒否する姿勢をみせたため、壬生藩は再度申し渡しをする。それは、「寺院ハ城入之節も袈裟衣ニ而出入」しているから、「神職者ハ神職之目印無之候而ハ不相成」というものであった。勝匡は、敢然としてこれを受け入れていない。十一月二十三日になって壬生藩は、本所の規則は「吉田表」においてのみ通用することであり、本所の指示を受けたければ「勝手次第」との見解を勝匡へ示す。これを受けて勝匡は、二十七日に本所江戸役所へ口上書を提出した。口上書は、壬生藩内における配下神職の権威失墜は、本所の「文光」の軽薄化を招くとして「神武兼備」の重要性を強く主張している。自身が、本所を中心とした神職組織の一端であることを念頭においた論理である。また、十二月十三日には今回の一件は藩権力による「理非ニ不構押付」であり、「領主之威光ニ被挫候而ハ氏子江ハ勿論世間面目無之」、「迚も穏便ニ相成兼可申候」と勝匡は状況の深刻さを本所江戸役所へ訴えている。さらに、「行末領内一体右様ニ相成申候而ハ行々神職引立不申候」と、一件が領内の配下神職全体の問題であると述べている。

本所からの返答が遅れていたので、勝匡は翌文政三年（一八二〇）二月二日、壬生藩寺社奉行所に再度本所江戸役所への出頭願いを出す。これが原因となり、勝匡は壬生藩から「何様伺筋ニ而致出府候哉」と詮索を受け、争論はさらに加熱する。四日、勝匡の伯父伝兵衛は壬生宿役人を自宅に招き、勝匡の「身分之咄し」をした。翌日、伝兵衛は勝匡を呼出して「理合」を説き、宿役人は「領主江たいし致遠慮可然」と説得するが、当初勝匡は態度を崩していない。だが、宿役人の事情を汲み入れ、勝匡は両刀を控え、羽織・袴にて入城することをとりあえず口上で寺社奉行所に伝えることにした。しかし、これは藩に対する全面的な屈服ではなかった。勝匡は、神祇装束の着用は認めておらず、本所の沙汰によってくつがえすことを期待しての一時的な譲歩であった。以降も宿役人を挟んで勝匡・壬生藩間で押し問答が続くが、「門留」になることを恐れた勝匡は「自己一存を以相拒候義ニ者無御座候間　御本所より御下知御座候迄御請可仕候」と一時の折り合いをつけ、最終的な判断を本所に委ね壬生藩もこれを一応受諾した。

この一件は、勝匡の個人的問題ではなかった。同時期に、橋本村鷲大明神の神職宇賀神左近へも壬生藩から勝匡と同様の通達があった。これに対応すべく惣社村国保斎宮・野中出雲・大橋采女、磯村金子伊予、家中村菱沼主水、宇賀神、勝匡の七名は、五月に合戦場宿和泉屋において内談し[30]、藩の処置は「何れも心外」との共通認識を確認した。結果、物代を立て本所江戸役所へ七名の総意として歎願することに決定するが、計画は資金不足で断念せざるを得なくなる。この一件は、黒川家だけではなく壬生藩領内の吉田配下の神職全体に関わる問題と捉えられていたことがわかる。

七月十六日になって、ようやく本所江戸役所から寺社奉行所に附札が届く。勝匡は寺社奉行所に召喚され、後で写を提出することにして附札を持ち帰った。その内容は、全面的に勝匡を擁護したもので「神武兼備」の正当性を説いている。勝匡を庇護する立場にあったのは「配下職能民の活動保護を基本的な属性としている」本所の機能的特徴であり、配下神職の集団はこれを「逆手に取り、本所を巧みに利用して自己利益貫徹」を企図した[31]。附札の趣意は、勝匡にとって満足のいくもので、早速写を寺社奉行所に届け出ようとするが、その矢先の十九日に「下知書不及差出」と寺社奉行所から通達がある。それでも勝匡は、宿役人に取次を頼むが結局これは受理されなかった。それどころか、藩命に従わないのであれば「咎メ申付置夫々引合之上加賀（勝匡）身分吉田家江引渡」との処分が科せられると聞かされ、勝臣は「私身分手儘ニ取斗」われるといった状況まで追い込まれた。苦境に立たされた勝臣は、自分の振舞いは「心得違」であったことを認め、「親志摩之代迄相勤候通り」に改める請証文を七月中に寺社奉行所へ「不及是非」提出した。以降、入城の際に神職は木綿手繦・指貫・一刀を着用することになる。壬生藩は、本所の「社法」を完全に黙殺し、藩の見解を徹底したのである。

この一件は、城内という武士が政務を掌る空間内において武士が他身分と一線を画すために、神職の服装を統制しようとして生じたものである。服装秩序の安定化は、藩領内の身分序列保持と同一視されていたことがみて取れよう。逆にいえば、神職としては武士の身分表象である両刀を帯びて視覚的に同一化することで、社会的地位の上昇を目論んだ動きと見なすことができる。つまり、一方で吉田配下の神職であることに特別な社会的地位を見出しながらも、もう一方では武士身分への憧憬が読み取れるのである。「神武兼備」とはいえ、神職が実際に軍役を課されることはなく、身分表象にのみその実現を図ったものではあったが、黒川家を中心とした神職集団には「武」を取り込み社会的地位の向上を狙う志向が存在していたといえよう。

(2)　壬生氏旧臣団の上昇願望

天保十年（一八三九）七月八日に常楽寺で催される壬生義雄の二五〇回忌法要の際に、旧臣団が着用する服装について壬生藩と旧臣団の間で争論が生じている。

寛永十七年（一六四〇）の法要で「紋附上下」が下された先例から、天保九年（一八三八）、都賀郡下稲葉村の旧臣が官務家へ寺門内での裃着用を願い出る[32]。官務家はこれに対応し、黒川勝臣らに宛て左のように返答している。

稲葉村旧臣輩上下着用之儀、昨年及聞之通是迠不捨（ママ）被置精々領主江及往反候得共、今少領掌不慥心外之至対旧臣面々失眉目次第候、併仮雖経年月此儀成就可申様可取計存心候、既今度遠忌ニ付各参詣茂可有之、従其節永久着用茂為致度段々勘考候得共不任心底次第呉々遺恨候、乍去各焼香茂可有之平服ニ而も如何格別之折柄故着用子細有之間敷此上下相送候、各着用於御焼香者於下官茂満足之至候[33]

官務家から、壬生藩に積極的な周旋をしていた事実が読みとれる。官務家の家臣大崎遠江掾は、前年四月に江戸の壬生藩邸を訪問し折衝にあたっていたが、期待した解答を得られなかった[34]。しかし、官務家は焼香をする時「礼服着用無之而者亡君之神慮茂恐入」ことであるとして、常楽寺門内において着用できるように紋付袴を旧臣中に送っている。また、官務家は今回限りではなく、永代にわたる袴の着用を壬生藩へ掛け合うと約束した[35]。勝匡らはこれに感謝しながらも、法要だけでなく「吉凶之節」には着用を許されたいと返答している[36]。

官務家は壬生藩との交渉を続けていたが、壬生藩は「隠（穏）便ニ於着用者差当も在間敷存候」と理解を示しながらも、百姓が紋付袴などを用いれば「権柄重頭之義等有之」といった否定的なものであった。壬生藩内では、以前に百姓が許可なく袴を着用して故障が生じたことがあり、袴の着用は「領分一同差止」になっていた。後難を検討した上で、官務家は余儀なく「無急度着用」と判断した[37]。大崎より旧臣へ、袴着用の中止が通知され、旧臣団の願いは頓挫する[38]。

嘉永六年（一八五三）にも同じような動向がみられる。十月に、官務家は壬生義雄の法要のため「壬生家旧臣由緒之もの」の袴着用、大小帯刀を許可し、紋付袴を下げ渡している。ただし「当家威光心得違之義」がないように、「法事並寺門内」のみという限定付での許可であった[39]。また、これに違反した場合は常楽寺が、袴・大小両刀を取り上げるという取締条項を付帯した。官務家は締め付けを厳重にすることで、壬生藩の許可獲得を目論んだのであろう。だが、これが壬生藩の了解のもと進められたのかといえばそうではなかった。都賀郡小林村の旧臣大垣源五郎らが、藩に届を出したところ「相成不申」との解答があった[40]。神職の例でも譲らなかったように、壬生藩は身分を逸脱した服装を禁止し続けたのである。

旧臣団が望んだ裃の着用、帯刀は法要時および常楽寺境内という限られた空間でのものではある。しかし、法要は「従村々参詣可有之」もので、周辺村々に開かれた行事であった[41]。また、常楽寺は壬生藩主鳥居家の菩提寺でもある。旧臣団は、そこで武士の礼装である裃を身につけることによりみずからの権威を示威し、地域社会の中での社会的立場を強化しようとしていた。黒川家が属する二つの集団の共通性として、武士身分への憧れを服装に体現しようとしたことが看取できよう。

これに対して利鎌隊は、東征大総督府から渡された「肩印」と「印鑑」をもって「官軍」の証明とした。戊辰内乱期には、この「官軍」としての証を得ることが、軍事活動を展開する根拠、「武」を備える正当性を担保したのである。すなわち、利鎌隊は「官軍」＝「武」の表象を獲得したといえる。また、隊士は利鎌隊独自の「肩章」を所有していた[42]。さらに、後述するように隊士は日常的に「士装帯剣」を身に纏い、そのことに並々ならぬ執念をみせる。換言すれば、武士身分への執着が利鎌隊にはみられるのである。この根底には、二つの社会集団が内包した上昇志向があり、それは隊結成の大きな動機となっていると考えられる[43]。そして戊辰内乱期とは、このような願望を全面に押し出すことが可能な時期だったのである。

三　利鎌隊の変容

論述を慶応四年（一八六八）に戻そう。新政府は三月十三日、「諸家執奏配下之儀」を停止し、同二十八日に神仏判然令を、閏四月四日には別当・社僧の還俗命令を出した。利鎌隊は、結成当初から僧侶・修験者の還俗・復飾を斡旋していた。「殊更師伝ト偽リ奇怪ノ説」を吹聴してはならない、「神ノ儀怠慢致間敷」ことなどの「誓詞」を作成させた上で、利鎌隊は還俗者の入隊を認めた[44]。新政府の打ち出した方針を貫徹することで、神職集団としての役割を獲得しようとする利鎌隊の方向性がみられる。

また、東征大総督府から利鎌隊結成が許可されると、黒川豊麿と父勝正は隊士の神職四五名によって、鎮将府へ「都賀郡神職触頭」に推薦されている。[45]神職支配が神祇官に一元化されたことで、本所はもはや神職の社会的立場を保証する存在ではなくなった。本所による身分的保証が喪失した以上、旧吉田配下神職としての集合体に拘泥する意味は消失し、以前のように吉田家の朝廷権威を利用しようとする姿勢はみられなくなる。利鎌隊は、吉田家支配から自立したこの地域の新しい神職統合組織へと変貌を遂げようとしていたのである。

また同時期に旧臣団の結合も弱体化していく。豊麿が有栖川宮家に出仕したことが起点となり、利鎌隊は東征大総督有栖川宮熾仁親王との結び付きを重視していた。明治元年十月中、利鎌隊は有栖川宮へ献上物を届け、隊士の拝謁を求める。[46]これは「御用繁く」として断られるが、十一月四日になって有栖川宮から「御肴料」金一〇〇〇疋が下賜された。[47]有栖川宮が、新政府軍の東征大総督という権威として利鎌隊と接触をもつようになったことが、隊活動の原動力の一端を担っていたといえる。明治期以降の旧臣団の動向は、史料の残存状況のため十分にわからないが、こうした有栖川宮への傾斜が官務家の存在感を薄れさせたのではなかろうか。また、明治天皇還幸供奉が叶わず集団としての結束が揺らぎ、中核をなしていた黒川家が神職としての運動に没入していったことで、旧臣団の社会集団としての機能が低下したと考えられる。いずれにせよ供奉願いが却下されて以後、利鎌隊と官務家の関係性は見出せない。

同年十一月五日と九日に、利鎌隊は下野知県事日光出張役所へ「文武修練」のための「稽古所」設置を願い出ている。敷地は、都賀郡平柳村星宮大明神の社地とされた。「稽古所」の趣旨は、「古学之主趣を会得」し武術の稽古も行い、非常時には治安維持活動にあたるというものであった。[48]知県事役所はこれを聞き届け、利鎌隊は「稽古所」の規則を定めている。[49]規則は一二箇条から成り、内容は神職としての服務規定から具体的な隊伍の組方までにおよぶ。[50] 特に注目すべきなのは、「一、自今而後甚しき乱等は決而無からんも、さる事ありなば知県事所の使令を請ふべし」との箇条である。九月中に本州における主要な戦闘は終結し、十月二十八日に東征大総督有栖川宮熾仁親王も東京へ凱旋した。利鎌隊を認可した東征大総督府の廃止は、隊の存在意義を希薄にするものである。それゆえ利鎌隊は、下野知県事のもとで平常時から兵力を備え、軍事組織としてのあり方を定着させようとしていた。組織を維持するための方策から、常備軍屯集所兼教育機関として文武の「稽古所」は創出されたのである。

十二月二十日になって、星宮大明神では敷地が狭く教練に支障をきたすという理由で、利鎌隊は「稽古所」の移転願いを知県事に提出した。[51] 場所は、当時空地になっていた西方郷古宿村の旧旗本横山錞三郎の旧知行所であった。敷地の拡大も本音かもしれないが、同地は当時知県事の支配下に置かれており、そこに屯所を置くことで利鎌隊は知県事の確実な後盾を得ようとしたとも解せよう。しかし、右の願いは採用されず、むしろ「隊中規則乱雑」であるとか、「良民の浮称不宜」と知県事から訓告を受け、隊規を改正することになる。これを受けて利鎌隊は、応接方鈴木慎三郎の師で南摩村の国学者青木幸躬（条右衛門）を招聘し、方針を諮問している。結果として、利鎌隊は隊号の停止、隊印の廃止、神職以外は私用での帯刀禁止の三箇条を策定した。[52] 隊号・隊印の停止は、表面上利鎌隊の廃止を意味し（便宜上、以降も利鎌隊で統一する）、軍事組織としての役割の喪失を示す。「武」を表象する帯刀の禁止も、同様の意味をもつといえよう。しかし、神職の帯刀は認めており、大多数の隊士が神職であったことを考えれば、帯刀という特権は保持しようとする姿勢だと解せる。また、この箇条から同時点までは、身分にかかわらず隊士は日常から帯刀していたと理解できよう。

四　旧日光奉行所同心との確執と活動の終焉

明治二年（一八六九）以降、利鎌隊はさらなる改革を推進した。利鎌隊は、「神官の者等は素より平民に至るまで教導」する「講舎」への転身を計画し、規則も新たな九箇条を作成した。この規則の特徴は、武芸の修練は盛り込まれているものの、常備兵としての役割への言及が姿を消したことにある。また、利鎌隊士に限らず門戸を広くし、講舎内では「神主・平民の差別無之双刀を帯すべし」とした(53)。これらは、「神官は素より平民に至る迄大道を弁知させ候て少々にても御政事の助と相成候様尽力すべし」という青木幸躬の案を反映したものであった(54)。内乱が終息した後、利鎌隊は軍事組織としてでは自身の存在価値を見出すことができず、次なる新政府への貢献方法を民衆教化に求めたのである。活動趣旨の変更は、青木の意見を大幅に採用したものだが、背景には青木ばかりではなく四月から神祇官大講義生として出仕していた利鎌隊士常世長胤からの情報もあった。常世は、豊麿へ「東京大学官出来候上ハ、諸国江及候」と通知しており、大学校設立に沿うかたちで講舎は創出されたといえよう(55)。

五月二十一日になって利鎌隊は、講舎の正式採用を求めて、日光県（明治二年二月十五日設置）へ講舎規則と河内・寒川・安蘇・都賀郡を教化の対象範囲とした講舎設立の願書を届け出ている(56)。青木、刑部善十郎が日光県役所へ出頭するが、書面は却下された。その原因は、青木と刑部の「士装帯剣」を咎められたことにある。日光県と利鎌隊は、「県令より度々至厚の御意をも体認」しという関係であった。しかし、日光県に出仕していた旧日光奉行所同心（以下、旧同心）は、利鎌隊の存在を快く思っていなかった。右の願書を却下したのも旧同心である。青木らは尋問の上、「一同宿預け」の処分が言い渡された。

日光県には、この時期多くの旧同心が登用されていた(57)。日光では慶応四年四月十一日の江戸開城以降、旧幕府脱走兵部隊と新政府軍の間で激しい攻防戦が繰り広げられ、旧同心は旧幕府軍と新政府軍の狭間で窮地に立たされた[58]。結果的に旧同心は、新政府軍に帰順し「以来改心いたし、旧習を去リ実効相立候者、是迄通御採用之道も可有之間、丹誠を尽くし早急実効相立候様屹度相励可申」ことを下野知県事鍋島道太郎に申し渡された[59]。以後、旧同心は新政府軍の指揮下で軍事に従事する。このように新政府軍は、軍事力を背景として身分・存在保証のため戦功をたてるように諸集団、諸藩へ迫り、みずからの戦力として動員することで戦争の遂行を可能にした[60]。旧同心の軍功を認めた鍋島は、明治二年二月に旧同心が「従来之振合ヲ以当県支配」となるように新政府に上申し、四月これが認められ六五名が日光県の官員となっていた[61]。

五月二十二日、青木は弁明書を日光県へ差し出した。青木は、「自然と平民の姿にては威儀も不整（中略）自ら諸人も軽蔑致し上下の差別も無之」と「士装帯剣」の必要性を主張する[62]。しかし、結局青木は「手錠宿預け」、刑部は「村預け」となり、豊麿も二十六日「組合預け」に処された[63]。六月になって利鎌隊士高橋山城らが、哀訴のため日光県役所へ出向くも認められず、むしろ解散を命じられた。

旧同心の中でも、利鎌隊の解散と幹部の処分を実行したのは、日光県権大属野村精一郎、同吉田収蔵と権少属村上鉄四郎であった。旧同心が、利鎌隊を解散させる直接的原因となったのは利鎌隊士の服装である。野村らは「卑賤の身にて士装帯剣仕候段」を強く呵責し、刑部らの衣服と刀を取り上げた。また、旧同心は「是迄神職卑賤の者共勤王抔相唱へ心得違に候」と青木らを厳しく叱責し、利鎌隊の存在を完全否定した[64]。旧同心は、「武」の表象を武士身分以外の者が有することを否定し、「神職卑賤の者」が「勤王」を掲げて軍事活動を行うことを如実に切り捨てている。神職・百姓には身分不相応な「士装帯剣」を断罪することで、旧同心は既存の身分秩序を保持しようとしたのである。「士装帯剣」を武士の特権として維持し、「神職卑賤の者」とみずからの間に一線を画すことは、旧同心の社会的地位を温存することにつながる。「草莽」の台頭は、苦難の末「朝臣」としての身分が保証されたばかりの旧同心の立場を脅かす現象であり、そうした認識が「士装帯剣」という出で立ちの利鎌隊の排除となって顕在化したといえよう。

鈴木慎三郎は、具体的な宛先は不明だが七月頃、豊磨らの赦免歎願書を新政府に提出している。そのなかで鈴木は、「是迠日光同心と唱へ候輩にて、只旧幣之御難責計にて、兎角幕府に随従罷在候者達旧幣洗除仕兼無罪の下民をも厳責し候など、依怙贔屓等の私心より恐多くも至仁至厚の御聖慮をも奉塞候次第に立至候」と講舎を解散に追い込んだ旧同心を激しく罵っている。[65] 鈴木が、批難した旧同心の「私心」とは身分秩序の保持にほかならなかった。明治三年正月五日関係者に解散が正式に告げられ、利鎌隊は消滅することになる。[66]

ほかに講舎解体の要因には、民衆教化を活動目的としたことが考えられる。この時期、日光県は旧同心に命じて日光学問所を再興し、教育行政に力を入れていた。[67] 民衆教化を目的とする講舎は、この点でも旧同心の障害になったといえよう。また講舎では、規則に違反した神職を「大道」に背いたとして私的に罰するようになっていた。[68] こうした動きも旧同心の反感をかう要因であったと推察できる。

利鎌隊の出現は、戊辰内乱の過程で危機的な状況におかれた旧同心の立場を危うくするものであった。既存の身分序列の保持が念頭にあった旧同心にとって、士分への憧憬をはらんで生まれ実現するかにみえた利鎌隊は、身分序列を揺るがす危険な存在と映ったといえる。その意識は、利鎌隊から武士身分を表象する服装・帯刀の排除となって現れた。この点は、神職や旧臣団に両刀・裃の着用を認めず、既存の身分秩序を守ろうとした壬生藩の態度と重なる。利鎌隊は、運動理念が突出した非現実的なものであったがゆえに新政府に抑圧されたのではなく、身分的秩序を保持しようとした旧同心に解散に追い込まれたといえよう。その背景には、軍事活動を媒介として各身分間の秩序変動を急速に進めた戊辰内乱期の社会情勢があった。

（1）黒川直『利鎌隊紀』（私家版、一九四〇年）。
（2）栃木県教育会編『下野勤皇列伝』後編（栃木県教育会、一九四四年）。
（3）大町雅美「草莽隊と維新政府――下野利鎌隊を中心に――」（『地方史研究』八七、一九六七年）、同『戊辰戦争』（雄山閣、一九六八年）所収。
（4）以後も『壬生町史』通史編Ⅱ（壬生町、一九八九年）や『都賀町史』歴史編（都賀町、一九八九年）で利鎌隊は叙述されているが、『利鎌隊紀』および前掲、註(3)大町「草莽隊と維新政府」に大部分を依拠している。
（5）明治六年（一八七三）の調査によれば、雄琴大明神は天照大神などを祭神とし、氏子戸数は八三〇を数えた（雄琴神社文書五一二、黒川正邦氏所蔵、以下雄琴神社文書は雄と略記する）。なお、現在は「雄琴神社」という名称だが、近世から明治初期頃までの文書中には「雄琴大明神」と表記されることが多いので、本書では「雄琴大明神」に統一する。
（6）雄一〇五〇。
（7）『利鎌隊紀』一・二頁。
（8）雄一〇七四。
（9）前掲、註(3)大町「草莽隊と維新政府」、前掲、註(4)『壬生町史』通史編Ⅱ、八三頁、『都賀町史』歴史編、五八九頁参照。
（10）『法令全書』明治元年、第一五三。
（11）雄一〇三一・一〇四三、「利鎌隊廻章」慶応四年八月十九日条（雄一〇三四）。
（12）雄一〇二一。
（13）「利鎌隊廻章」明治元年九月十一日条。
（14）「利鎌隊廻章」明治元年九月十一・十四日条。
（15）雄一〇一八、「利鎌隊廻章」明治元年十月晦日条。
（16）「利鎌隊廻章」明治元年十月晦日条。
（17）前掲、註(3)大町「草莽隊と維新政府」ほか参照。
（18）壬生旧臣団については、『壬生町史』通史編Ⅰ（壬生町、一九八九年）、泉正人「「旧臣帳」考――近世農村社会における権威と由緒――」（滝澤武雄編『論集中近世の史料と方法』東京堂出版、一九九一年）、同「近世における戦国大名旧臣の結合――下野国壬生氏旧臣と常楽寺・雄琴神社――」（民衆史研究会編『民衆史研究の視点――地域・文化・マイノリティ――』三一書房、一九九七年）参照。泉によれば、旧臣の数は時期によって一四〇～三〇〇名程度で推移するが、元治元年（一八六四）には一九五名であった。また、こうした戦国大名旧臣の由緒と地域社会に関わる問題については、山本英二「浪人・由緒・偽文書・苗字帯刀」（『関東近世史研究』二八、一九九〇年）、落合延孝『猫絵の殿様――領主のフォークロア――』（吉川弘文館、一九九六年）、井上攻「宇都宮氏「旧臣」の村」（森山恒雄教授退官記念論文集刊行会編『地域史研究と歴史教育』〈熊本出版文化会館、一九九八年〉、同『由緒書と近世の村社会』〈大河書房、二〇〇三年〉所収）など参照。

(19) 前掲、註(4)『壬生町史』通史編Ⅱ、八三頁参照。

(20) 早瀬佐十郎は、幼少の頃黒川家にて手習いを習得し、早瀬と刑部善十郎は姻戚関係にあった（『利鎌隊紀』四五・五四頁）。

(21) 雄一〇三七。

(22) 『壬生町史』資料編・原始古代・中世（壬生町、一九八七年）、史料番号一六〇。

(23) 同右。

(24) 井上智勝「神祇管領長上吉田家と諸社禰宜神主法度」（『史境』五〇、二〇〇五年）、同『近世の神社と朝廷権威』（吉川弘文館、二〇〇七年）所収。

(25) 雄一五。

(26) 「日記控」（雄二一二）。本節の記述は特に断らない限り同日記による。

(27) 「日記控」文政二年十一月条。

(28) この一件については「金子信彦家文書」（『鹿沼市史』資料編・近世二、鹿沼市、二〇〇二年）参照。

(29) 『鹿沼市史』資料編・近世二、史料番号三八一。

(30) 雄二二四。

(31) 井上智勝「近世本所の成立と展開――神祇管領長上吉田家を中心に――」（『日本史研究』四八七、二〇〇三年）、前掲、

(32) 雄八六二。註(24)井上『近世の神社と朝廷権威』所収。
(33)「義雄法事に付き旧臣袴着用懇願書等書札控」天保十年三月条（『壬生町史』資料編・原始古代・中世、史料番号五七）、以下「旧臣願書控」と略記する。
(34)「旧臣願書控」天保十年三月二十八日条。
(35) 同右。
(36) 雄三三七。
(37)「旧臣願書控」天保十年五月十八日条。
(38)「旧臣願書控」天保十一年三月二十九日条。
(39)『壬生町史』資料編・原始古代・中世、史料番号九一。
(40)『壬生町史』資料編・原始古代・中世、史料番号一〇九。
(41)「旧臣願書控」天保十年五月十八日条。
(42) 雄一〇七七・一〇七八。「官軍」の「合印」については、本書第1部第1章および、淺川道夫「戊辰戦争における「官軍」の肩印――錦裂と御印鑑――」（『風俗史学』一九、二〇〇二年）参照。
(43) 深谷克己は、近世社会ではどの身分集団にも上昇願望と平等願望が渦巻いていたと論じ、近世・近代移行期を「「下剋上」の状況を呈する時期であった」としている（『江戸時代の身分願望――身上りと上下無し――』吉川弘文館、二〇〇六年）。
(44) 雄一〇二三～一〇二五。
(45) 雄一〇三〇。
(46) 雄一〇三三。
(47) 雄一〇五三。
(48) 明治元年十一月五日「文武修練所願書」（『利鎌隊紀』一四～一六頁）。
(49) 明治元年十一月十五日「文武修練所開設の件廻章」（『利鎌隊紀』一七頁）。

(50) 明治元年十一月「文武館法令」（『利鎌隊紀』一八・一九頁）。
(51) 明治元年十二月二十日「文武修練所申請書」（『利鎌隊紀』二二・二三頁）。
(52) 明治元年十二月二十三日「隊規改正の件廻章」（『利鎌隊紀』二四・二五頁）。
(53) 明治二年五月二十一日「届書附講舎規則」（『利鎌隊紀』二七〜二九頁）。
(54) 明治二年五月二十二日「始終御紀に付奉申上候」（『利鎌隊紀』三〇〜三二頁）。
(55) 雄一〇五四。
(56) 「届書附講舎規則」。
(57) 松尾正人「府県創設期の宗教問題——明治初年の日光県を中心として——」（中央大学人文科学研究所編『近代日本の形成と宗教問題』中央大学出版部、一九九二年）。
(58) 旧同心の動向については、柴田宜久『明治維新と日光——戊辰戦争そして日光の誕生——』（随想社、二〇〇五年）に詳しい。
(59) 「日光同心大沢徳三郎日記」慶応四年九月五日条（『日光叢書社家御番所日誌』二二・附録、日光東照宮社務所、一九八二年）。
(60) たとえば、近江国三上藩の場合、「朝敵」の疑惑をかけられ一旦領地が没収されるが、その後戦功が認められ新たに知行地が与えられている（「遠藤胤城家記」東京大学史料編纂所蔵、四一七五—九五〇）。
(61) 「栃木県史附録日光県材料」（『日光叢書社家御番所日誌』二二・附録、七五七頁）。
(62) 「始終御紀に付奉申上候」。
(63) 明治二年七月頃「鈴木愼三郎建言書」（『利鎌隊紀』三三〜三五頁）。
(64) 同右。
(65) 同右。
(66) 明治三年正月五日「利鎌隊解散通知書」（『利鎌隊紀』三五頁）。
(67) 前掲、註(58)柴田『明治維新と日光』参照。
(68) 雄一〇四四。

表11　利鎌隊関係者一覧

役職		講舎役職	壬生旧臣	身分	出身	姓名	備考
隊中取締		副知事兼剣法教授	○	神職	壬生町	黒川豊麿	雄琴大明神神主
			○	神職	壬生町	黒川豊前	雄琴大明神神主
鑑察役				百姓	上総国木更津	常住(世)長胤	壬生町在住、蒼龍隊より転入
鑑察役		賛議掛兼応接	○	百姓	家中村	刑部善十郎	蒼龍隊より転入
斥候方				—	—	上田進	有栖川宮内西野昇の仲介
斥候方				神職	下高嶋村	小林主水	熊野大明神神主
一番組	長士			神職	栃木町	黒宮織衛	明神宮神主
				神職	真弓村	大和田伊予	諏訪大明神神主
				神職	富田宿	鈴木丹波	須賀社祠官
	斥候方			神職	榎本町	山杉市正	須賀社社人
				—	久野村	荒木田市之進	
二番組	応接方	剣法兼応接		神職	小野寺村	小野連(式部)	八幡宮大宮司
	応接方			神職	馬門村	高橋山城	浅間大明神神主
	応接方	賛議掛兼応接		組頭	磯村	鈴木慎三郎	磯山大明神宮座
三番組	長士			神職	犬伏宿	戸賀崎河内	鷲宮大明神神主
				—	天明町	神保出羽	
				—	皆川城内村	鈴木摂津	
				神職	古江村	磯庄太夫	時平大明神祠官
				神職	富士村	富士田主計	露美根大明神神主
四番組	長士			神職	栗ノ宮	栗宮伊織	栗神社神主
				神職	網戸村	久楽寺山城	網戸大明神神主
				神職	平柳村	林和泉	星宮大明神神主
				神職	小山宿	沼部靭負	須賀社社人
				神職	小山宿	高橋主馬	
五番組	隊中書記		○	商人	壬生町	早瀬佐十郎(佐之吉)	
	長士			神職	家中村	刑部忠吉	鷲大明神祠官
				神職	家中村	菱沼紀伊	鷲宮大明神神主
				—	家中村	鳩山保彦	
				神職	癸生村	館沼大膳	浅間大明神祠官

六番組	長士			神職	大久保村	小倉伊賀	星宮大明神神主
		剣法兼応接		神職	大柿村	久我常麿	白山大明神神主
				—	梅沢村	菅井加賀	
				—	大久保村	高橋右京	
				—	大柿村	森田為司	
七番組	長士			神職	惣社村	国保近江	大神神社大宮司
			○	—	家中村	軽部甚兵衛	
				—	吹上村	鈴木蔀	
				—	木ノ地村	飯塚此面	
				神職	吹上村	荒川左近	住吉大明神神主
八番組	長士			神職	鏡村	斉部隼人	日鏡大明神・雷大明神神主
				神職	川原田村	玉野筑後	八幡大神神主
				神職	小袋村	猪俣出雲	熊野大明神神主
				—	本沢村	玉野源司	
				—	本沢村	安良岡喜十郎	
九番組	長士			神職	千渡村	小久保伊織	日光山大明神神主
				—	引田村	高村越前	
				神職	久野村	荒木田隼人	小松大明神社人
				神職	日向村	岡嶋右近	星宮大明神社人
				神職	玉田村	加藤式部	鹿島大明神社人
十番組	長士			神職	葛生町	宮田壱岐	須賀社神主
				神職	東横田村	鈴木大膳*	南学院
				神職	横田村	横田大炊*	大房大明神祠官
				神職	川俣村	河内主膳*	高瀧大明神祠官、大定院
				神職	冨屋村	外鯨要人*	徳次郎方宿、明王院
十一番組	金穀方			神職	葛生町	村樫加賀	浅間大明神
	金穀方			神職	下多田村	毛利志摩	菊沢社神主
	長士			神職	船越村	阿部肥後	熊野三社大宮司
				神職	冨張村	茅嶋加賀	三宮大明神神主
				神職	御神楽村	石田大和	宇都宮大明神神主

—	—			—	荒萩村	須藤主水	
—	—			神職	家中村	荒井新吉	星宮大明神祠官忰
—	—			神職	鹿沼宿	柿沼広身	今宮社祠官
—	—			神職	葛生町	村樫左京	浅間大明神神主
—	—			神職	越名村	青木石見	藤田大明神
—	—			神職	横堀村	板垣若狭	春日大明神神主
—	—			神職	稲葉村	荒川但馬	高尾大明神神主
—	—			神職	大橋村	川津藤太夫	八幡大明神祠官
—	—			神職	磯村	金子左京	磯山大明神神主
—	—		○	神職	七ツ石村	森友伊豆	磯山大明神神主
—	—			神職	西片新宿村	阿久津金吾	近津大明神神主
—	—			—	金井村	川嶋釆女	
—	—	講舎知事		百姓	下南摩村	青木条右衛門(幸躬)	
—	—			神職	大黒町	斉藤右膳*	神副寺
—	—			神職	刑部村	荒川内膳*	
—	—			神職	石那田村	石那田主馬*	大学院
—	—			—	—	福田斎宮	
—	—	会計		—	—	石塚左市	

註：「—」は不明を表す。「隊員姓名録」・「下野国都賀・安蘇・寒川三郡之内神職議定書」・「神職名前書出」すべて慶応4年(明治元年)(「雄」1032・1043・1057)、黒川直『利鎌隊紀』(私家版、1940年)などから作成。壬生旧臣は、明治元年12月「壬生家旧臣周旋入用調帳」(『壬生町史』資料編・原始古代・中世〈壬生町、1987年〉、史料番号160)、元治2年「壬生家旧臣名前帳」(「雄」446)によって確認できる範囲のもの。姓名の後に「*」のあるものは、復飾・還俗したと明確にわかるもの。

第8章　地方大社の勤王運動——香取神宮尚古隊——

一　朝廷権威への傾斜

前の二章では吉田家本所とその配下の動向から神職集団による勤王活動を分析してきた。本章では、吉田家本所の支配に包括されない、いわゆる「地方大社」の動向を下総香取神宮を事例に分析する。(1)下総国に鎮座する香取神宮では、神職が尚古隊と称する軍事組織を結成し、勤王活動を展開した。本部の冒頭でも述べた通り、近年諸隊の研究が著しく進んできたとはいえ、いまだまともに史実として取りあげられていない組織も数多く存在する。本章で対象とする尚古隊もその一つである。

香取神宮に関しては、明治期以来一般向けの案内書・概説書が刊行されており、その概要を知る上で大変便利なものとなっている。(2)しかしながら、幕末維新期の研究蓄積ははなはだ貧弱で、尚古隊もその存在が知られている程度であり、現在まで本格的な研究は進められてこなかった。活動実態を明らかにするだけでも、尚古隊を検討する意義は大きいと考える。

本章では、香取神宮の社家の一つである国行司家の香取泰輔が記した日誌(3)などを素材に、尚古隊の結成から解散までの過程を明らかにする。分析にあたっては、香取神宮の内部構造に着目し、神宮内部の集団の身分意識と尚古隊の動向との関連性を考慮の上、戊辰内乱期における香取神宮の勤王運動の性質をみていく。

香取神宮に変調の兆しが、顕著に表れるのは、嘉永六年（一八五三）六月のペリー来航以降である。国内で対外的危機感が高揚する中、朝廷は全国の有力寺社に「武運長久」、「異類退散」の祈禱をたびたび命じた（第3部第6章表9参照）。この勅命による祈禱は、朝廷が政治的発言力の強化を目論んで寺社に行わせたものであった(4)。香取神宮にも、執奏家である一条家から孝明天皇の綸旨が届き(5)、同年十二月中に祈禱が執行された(6)。以後、神宮では文久三年（一八六三）までの間、一年のうち正月・五月・九月の三度、勅命による祈禱が行われていたことが確認できる。また、祈禱のたびに、朝廷への祓献上のため、合計一九回、四〇人の神職が上京した(7)。

その具体的な手順をまとめれば、以下のようになる。まず、神宮宛の朝廷からの綸旨が、一条家を介して水戸藩寺社奉行所に届く。寺社奉行所は、これを神宮に持参する。あるいは、寺社奉行所まで神宮の神職を出頭させる。ここでの水戸藩の役割は、書類の取り次ぎをするだけである。次に、神宮の大宮司と大禰宜が、署名・連印した一条家宛ての請書を寺社奉行所へ提出する。神宮内の職制では、大宮司・大禰宜家の両家が社内の一切の事柄に対する決定権をもっており、神宮の意思を対外的に表明する時には両者の署名が必要とされた(8)（表12参照）。この後、一七日間にわたって祈禱が執行され、攘夷を祈願した祝詞があげられる。祈禱が満座となったのちには、朝廷へ祓献上のため神宮の惣代が上京した。京都では、惣代が祈禱料を拝領し、帰国後神宮へ奉納された(9)。

朝廷からの折衝は、勅命による祈禱だけではなかった。文久二年（一八六二）十月二十二日、一条家家臣村田宮之丞は、朝廷から神宮へ米三〇石の奉納があることを通知し、上京するように伝えた。また、同二十五日に水戸藩からも同様の知らせがあった。これを受けて、大宮司香取中務（保房）、大禰宜香取上総（實蕃）、権禰宜香取式部、惣撿挍香取春稔の四名が上京する。四名は十二月四日に香取を出発し、二十三日京都に到着した。同日、御幸町松屋吉兵衛方へ止宿し、翌二十四日、一条家へ入京したことを報告して、連絡があるまで待機するように指示された。二十七日になって、奉納米が下賜されることが伝達され、翌二十八日、四名は御所へ出向する。四

表12　香取神宮職制

職制		姓名	職掌
両社務	大宮司	香取中務(保禮)	神宮一切の庶務および、神領一般の政事を主宰
	大禰宜	香取上総(國雄)	
六官、番頭	宮之介	国分蔵人	宮之介から副之祝までで、六官と言い、行司禰宜と録司代を加えて番頭という。神宮宿衛の番の番頭で、社殿の修復および、臨時の社務等の議事に参与する職
	権禰宜	香取式部	
	物申祝	香取主計	
	国行司	香取泰輔	
	大祝	香取内匠	
	副之祝	今泉蔀	
	行司禰宜	額賀長門	
	録司代	香取左織	
奉行	惣撿挍、権之介、行司禰宜、録司代、田所、案主、高倉目代、正検非違使		大小祭祀の事務を分担する
内院神主	大神主、四郎神主、次郎神主、六郎神主、小井戸神主、中幣神主、堀口神主、大長手		内院供饌等の事を掌る
庭上神主	押領使、六郎祝、禰宜祝、三郎祝、塙祝、権祝、源太祝、五郎祝、酒司、修理撿挍、幣所祝、郷之長、文三郎祝、小長手、中祝、油井傔仗、迫田傔仗、大細工、側高祝、返田祝、鍛冶傔仗、権次郎祝、吉原傔仗、土器判官、佐原禰宜、秀屋長、神子別当		外陣一切の祭式に奉仕する
膳部所	角案主、雉子判官、田令判官、権判官、正判官		神饌調進のことに携わる
神楽人	兵部太夫より笛太夫まで７人のことをいう		年中一切の神楽を奏す
物忌	八乙女および、命婦８名。女職		—
神夫	10名		祭庭の雑事を勤める

註：伊藤泰歳『香取神宮小史』(香取神宮社務所蔵版、1894年)、香取神宮社務所『香取神宮志』(香取神宮社務所、1938年)、『神道大系』神社編22、香取・鹿嶋(神道大系編纂会、1984年)、「香取神宮社家日誌　一」(『千葉県の歴史』資料編・近現代７〈千葉県、1998年〉、史料番号１)から作成。両社務と六官、番頭の人名は慶応４年時のもの。

名は、紫宸殿と陽明門の間へ案内され、「御奉納米　香取社」と記された札が立つ米三〇石（九〇俵）を拝領した。その後、米は二俵のみ持ち帰ることにして、残りは京都にて換金し、文久三年正月二十日に出京した[10]。朝廷は、ほかの大社へも「異類退散」のため、同様に米を奉納していた。京都政局で攘夷の機運が高まる中、朝廷はさらに積極的に神的権威との結びつきを目論んだのである。

上京した四名は、在京中に村田宮之丞から攘夷祈願を執行してきたことへの見返りとして、神宮の神職が位階を得られるように一条家が取り次ぐとの話を持ち掛けられた。神宮では、過去に大宮司や大禰宜が位階を受けていた例はあるが、当該期に位階を有していた神職はいなかったようである[11]。神宮の神職は、村田の内話を聞いてから位階を欲するようになる。村田は、まず大宮司家と大禰宜家が出願して位階を得た上で、ほかの神職が願い出るように指示している。神宮内の秩序を乱さないための配慮であろう。結局、この動きは立ち消えになったようであるが、従来位階に執着がなかった神職がそれを欲するようになったのは、たび重なる勅命と上京によって朝廷の権威を身近に体感したためであった[12]。

このように、嘉永六年以降の攘夷祈願の勅命や文久二年の奉納米を媒介として、神宮は急速に朝廷との距離を縮めていった。こうした経験は、神宮に朝廷が現実政治の舞台へ浮上してきたことを体感させ、神宮の神職たちは朝廷への接近を望むようになったのである。

ただし、朝廷への接近＝幕府の否定となったわけではない。安政二年（一八五五）十月に起きた大地震の際には、幕府は「世上安全之御祈禱」を命じ、神宮はこれを執行して、幕府から奉納された黄金三枚を神前に供えている[13]。勅命による攘夷祈願が朝廷に対する貢献であったのに対し、これは幕府に対する貢献と見なすことができる。何より徳川家康以来、神宮の朱印地一〇〇〇石を保証して来たのは徳川将軍である[14]。朝廷権威に対して急速に傾斜していったとはいえ、それはこの時点では幕府の存在を否定するものではなかった。幕府崩壊後の戊辰内乱期において、勤王という意識は一挙に表出することになる。

二　尚古隊の結成

慶応四年（一八六八）正月三日に開戦した戊辰内乱は、三月初旬には関東へ戦線を拡大した。下総国では、三月下旬に流山で新撰組局長近藤勇が新政府軍に捕縛された。また、結城藩においては藩主水野勝知が藩内恭順派と対立し、彰義隊と結んでみずから結城城を陥れた。四月十一日の江戸開城以降は、旧幕府撤兵頭福田八郎右衛門を首領とする撤兵隊が房総半島に脱走し、各地を混乱させる。一方で三月初めには、旧幕府陸軍総裁勝海舟らの指示で、同歩兵差図役格軍事掛手付の信太歌之助と同目付の阿部邦之助が、それぞれ下総国銚子と上総国夷隅郡若山村に本拠をおき、下総・上総・安房三国の賊徒取締を唱えて総房三州鎮静方（以下、鎮静方と表記する）を設置した。鎮静方は、総房三州の治安を安定させることにより「関東における間断なき徳川の「統治の実」をあげる」ことを目的とした[15]。

国行司香取泰輔の日誌によれば、三月上旬、鎮静方は大宮司香取中務（保禮）、大禰宜香取上総（國雄）へ鎮撫活動への協力を要請している。これに対して、十三日、神宮は大宮司、大禰宜と香取神道流飯笹修理之介の三名が責任者となり、活動範囲を近郷八か村（大戸川、大戸、返田、大倉、津之宮、丁字、吉原、新部）に限定した上で鎮静方からの委任を受けた[16]。翌十四日と十五日、神宮の神職は一同に会し鎮撫活動に関する議定書を作成した。その趣旨は「天朝之御一大事」に「等閑」していたのでは大義名分が立たないので、「寸尺之功」もたてるべく神宮警衛と周辺地域の鎮撫に従事し、「神宮之御威厳」を「海内」に輝かせるというものであった[17]。鎮撫活動は「天朝」への貢献と認識され、さらにそれは「神宮之御為」との意識に結びつき、神宮の権威伸長と軍事活動で功績をあげることが連動してゆく。ここで注目すべきなのは、鎮静方とは異なり神宮の神職には徳川家のため、という論理で動く姿勢が皆無な点である。鎮静方は、旧幕府方の活動であり、統治の実効を立て、「天朝」への寄与を新政府に認めさせることによって徳川宗家の家名存続を志向した。これが、最終的な目的は違えど「天朝」への貢献を企図するという一点において、神宮の方向性と一致し、鎮静方との協力関係の構築は可能になったといえよう。こうした「天朝」への貢献という方向性の根底にあったのは、ペリー来航以来の朝廷権威への傾斜だと考えられる。慶応三年（一八六七）十二月九日の政変で徳川幕府が崩壊し、戊辰内乱において旧幕府軍が「賊軍」とされたことにより、「天朝」のためと明示して鎮撫活動を展開する条件が整ったといえる。

その後、神職を三組に編制し、一五〜一六人が文久三年（一八六三）に神宮内に設置された学問所である尚古館に常時詰めて八か村の巡廻にあたった[18]。

また、三月中には「天下泰平」の祈禱を執行し、新政府へ祓を献上することが決定する。閏四月六日、大祝香取内匠と録司代香取左織が出府して、同二十日、東征大総督有栖川宮熾仁親王と江戸在府中の公家に祓を献上した[19]。有栖川宮家からは二〇〇疋、八名の公家からは五〇〇疋の初穂料が、神宮へ奉納された。

すでに新政府内では正月十七日、神祇事務科が設置され、二月三日、同科は神祇事務局と改められた。さらに閏四月二十一日には神祇官が設置され、神祇官の再興が一応成し遂げられていた。また、三月十三日には「諸家執奏配下之儀」が停止となり、同二十八日には神仏判然令が、閏四月四日には別当・社僧の還俗命令が発令された[20]。前神祇事務局の督白川資訓の次男知代麿から神宮に宛てられた書簡によれば、新政府が打ち出した祭政一致の方針は神職にとって「誠ニ愉快」なものであり、それを祝して京都へぞくぞくと神職が上ってきていた。白川は、「惣代登　京被致候得ハ都合宜しき方」と神宮惣代の上京を促している[21]。神祇行政が新政府の施策の中で重要な位置を占め、神職の社会的役割が拡大していくであろうという漠然とした期待感が読み取れる。

そうした期待感は、同時に神職間の競合をともなった。神宮においては、上京せずにいれば「御宮格ニモ相抱」わるとの意識が生まれる。上京が必要であるとの認識は、軍事は江戸の大総督府で、神祇事務は京都の神祇官で取り扱うという大総督府からの通知による。[22]白川からの書簡が、これに拍車をかけたと推察できよう。しかしながら、上京は容易には決定しなかった。

それは、四月二十七日に「有栖川宮御内」を名乗る木村杉太郎、森下孝一郎の二名が神宮を訪れ、軍事組織の結成を働きかけてきたためである。木村らは、組織の結成を受けるのであれば、「官軍」の証である「御袖印・御籏」を神宮へ下げ渡す用意があることを伝えた。[23]これを受けて五月一日から数度にわたり、上京の有無と軍事活動の可否の二点を論点として神宮の全神職で議論が重ねられた。両方の実現は、費用の不足から不可能な状態にあり、どちらか一方の選択を迫られる。社内は、至急の上京を主張する意見と上京の見合せを唱える二派に分かれた。後者は一・二か月の間は郡内の治安維持に専念して、その上で熾仁親王に願い出て鎮撫の委任を受ければ、「対京都へ一廉之御奉公」をたてることになり、「御宮之御威光」を示すことになると論じた。[24]これを主張したのは、尚古館で学んだ若手の神職たちで、木村、森下らを強く支持した。[25]双方ともに神宮の権威拡張を企図する点では一致したが、その手段が異なったといえる。

議論の結果、「上京見合之義差延シがたく」との意見が多数を占め、上京を優先することに決定し、費用不足を理由に木村らの申し入れは断ることになった。五月八日、上京する二名を選出し、「御宮古之御造営之次第申立候事」など神領・神格を「古之姿」に戻すための五箇条を神祇官に願い立てようとした。[26]しかし、京都までの道程では依然新政府軍と旧幕府軍の戦闘が繰り広げられており、通行が困難であるとの情報が舞い込んだことで、結局上京を中止せざるを得なくなった。[27]

上京を断念したことにより、再度木村らの申し入れを検討することになった。論点となったのは、「御奉公ニ相成候廉不願出候テハ後日之御為メニ不宜」という点であった。[28]つまり、軍事活動を起こし軍功をあげれば神宮の権威を強化できるということは、裏を返せば何もせずにいた場合神宮にとって不利益が生じると認識されていたのである。この結果、尚古館生の主張を神宮の指導者層が許容するかたちで尚古隊が結成されることになった。六月二日、大宮司と大禰宜の両名が江戸へ出府し、木村らへ相談の上、同十七日「非常之御奉公」のための願書を社寺裁判所へ届け出た。この願書の内容は、具体的な計画にはなんらふれていない。漠然と「報国赤心之寸忠」を表すことを願い出たもので、社寺裁判所は「御取置」として返答を保留した(29)。続いて七月七日に社寺裁判所へ提出された再願書では、具体的な活動を提示している。すなわち、①奥州への出兵、②有栖川宮の警衛、③神宮警衛および近隣八か村鎮撫の三つであった(30)。③は、鎮静方の依頼を引き受けた時点から従事してきたことであったが、改めて新政府の委任を受けようとした。

再願書の返答を待たずして大宮司は一旦帰社し、いつ回答があっても良いように準備を進めた。尚古隊は、尚古館生の神職四〇名程度で構成され、屯所を尚古館においた。活動費用は神宮が捻出し、鉄砲を中心に稽古を行った(31)。また、尚古隊の結成にあたっては、近隣地域の神職の動員も図られた(32)。

八月十日には、尚古隊の活動規則を定めた「条約書」が作成されている。その中では、「疎暴之挙動」をきつく戒め、「勤王実効」を立てなくては「神宮之御名義」に関わると述べられた。さらに、近世社会における神職の「職分」にとどまらない軍事活動を肯定する論拠として、神宮の祭神が「武之祖神」であることがあげられる(33)。祭神の経津主命は、常陸国鹿島神宮の祭神武甕槌神と並んで武神として武芸者の信仰を集めていたが、ここにおいて現実の軍事活動と結びつけられたのである。

神宮内で神職の軍事組織化に成功した木村と森下は、六月中から若手神職を煽動して鉄砲の調練を指揮した。木村らは、軍功をあげれば「神領ハ何万石ト御加増」とか「神領古之如ク相成ハ無論ナリ」と神職たちに吹聴する。これに同調した尚古館出身の若手神職は、奥州出兵を主唱した。徐々に尚古隊の活動は熱を帯び、ついには神宮の指導者層も制御できない事態に陥る。隊士は、周辺の寺院や神宮の社家に強談し、活動資金・食料を提供させた[34]。さらに、尚古隊は、仏堂・仏具の破壊行為にもおよんだという[35]。香取泰輔の目には、こうした状況は「一社中ノ様子半キョウランノ如ク」と映った[36]。一旦は、尚古隊結成を認めたものの、若手神職たちの動きを押さえきれなくなった指導者層は、尚古隊解散に向けて動き出すことになる。

では、尚古館生がこの運動に没入していった背景には何があったのか、次節で検討してみたい。

三　尚古館と上昇志向

尚古館は、文久三年末に国学者伊能穎則が香取神宮の神職に呼びかけ、大宮司・大禰宜に建議して創設された学問所である。伊能は、文化二年（一八〇五）十月に佐原村に生まれ、和歌を埴生郡飯岡村の神山魚貫らに学び、平田鉄胤の門下で古学を習得した。伊能が神宮と関わりをもつようになったのは、攘夷祈願の祝詞を作成するようになってからのようで、判明するかぎりで神宮であげられた合計五篇の祝詞を作成している。元治元年（一八六四）には、当時闕職だった神宮の六郎祝に任命された。明治期以降は、神祇官筆生、大助教、宣教権中博士、大講義、香取神宮少宮司兼権少教正を歴任している[37]。

尚古館は、神宮楼門側の池之端に建設され、元治元年四月二十四日に開校した。尚古館という館名の由来は、「古乎尚布館《いにしえをとうとぶたち》」であった[38]。設立の趣意は、左の「尚古館憲則」の一箇条目に象徴的である。

一、学問の大旨ハ、　朝廷を遵奉し、名分を明にし、神宮に奉仕して旧格を糺し、神威を奉輝、且　皇国は万国の本つ国にして、君臣・父子の間、殊に正しく和らき、武く実なる道を辨へ、神代より今の世に至るまでの治乱、沿革を明らめ暁り、外国に対し、　御国体を主張致候を以専務とす、故に童幼の者たりとも、常に講説を聴聞し、　皇国の大道を辨候後、各志さす所の学問芸術共に研磨可専用事[39]

神代からの国史の沿革を知ることで、「御国体を主張」することが尚古館での学問の要旨であると述べられている。「学問」の学師は伊能頴則がつとめ、「芸術」すなわち武術の師範には香取神道流の飯篠盛貞が就任した。明治元年（一八六八）までには、尚古館の蔵書は八〇〇〇冊に及んだという(40)。

伊能は、明治元年に古学を学ぶ尚古館をモデルとした学問所を新政府によって設置するように建言書を作成している。この建言書から、尚古館の方向性がわかる。大意をまとめると左のようになる。

①経済的理由で学問所に入所できないものへは、大宮司、大禰宜より人数を取り調べの上、その数に応じて新政府から助成金を拝借したい。

②教授・助教・書籍出納の三役には、別に手当金を支給する。教授には位階を受けられるようにしたい。

③助成金の件が承諾されるならば、香取郡近隣の三・四郡に散在している神職に学問所にて学ぶように布令を出されたい。就学期間は三年から五年とする。

④講義する学問の内容は、第一に「国体君臣之分義」を明らかにして、古道をよく学び、神祇を崇拝し、祭典を講究することにある。ほかに、天文、地理、歴史、令律、軍法、詠歌、作文などを好みに応じて学ぶ。また、弓馬、刀鎗、炮術などの武術も稽古する。これらを学ぶのは、国家有用の人材を育成して、万一の「御用」の際には志願し、貢献できるようにするためである。

⑤旧来より大宮司職などを勤めてきた「旧族」は別格として、神職の中で優秀なものは、社内で「下官」の者であっても位階を授け、無学な「上官」より上位に位置づけるようにする。仮の等級は上々は教授格として、中々が基準で、下々まで設ける。具体的には、上中程度では、従七位程度を与え、下々の者は学問所を追放する。

⑥入所の資格は、一五歳から二〇歳までの家督を継ぐ男子が基本で、二・三男でも有志の者は認める。下総国

でおよそ一〇〇名程になる見込である。

⑦香取一社のために建設した尚古館で一両年試験して成果があがれば、朝廷によって同様の学問所を建てるようにすること。(41)

特に注目されるのは⑤の点である。別格とする家は神宮では、大宮司・大禰宜両家が念頭にあるのは明確であるが、それ以外は下位の神職が実力によっては、上位の神職と地位を逆転するとしている。ここからは、社内で「伝統的」に培ってきた世襲制よりも才覚・実力を重視し、従来の秩序を超えようとする上昇志向を読み取ることができる。伊能は、尚古隊の結成に積極的に動いたということはなかったようであるが、門下生が伊能から学んだ内容はこの運動に大きく影響していると考えられる。

尚古館で醸成された上昇志向は、木村杉太郎らの言を信用させるに十分なものであった。木村らは、軍事活動が成功したならば、自分たちの執り成しによって「各方身分引立可申」と言い、若手の神職たちはこれを「真本ニ受ケ」た。(42)神宮において尚古隊決起が現実化した要因は、戊辰内乱期には勤王を表明して軍功をたてれば身分の上昇につながるという認識が存在したことと、尚古館における思想的土壌が背景にあったことだったといえる。神宮内の若手の神職たちにとって戊辰内乱は社会的地位向上のための舞台であり、尚古隊はその媒体であったといえよう。

四　騒動の鎮圧

尚古隊の活動が活発になる一方、これを快く思わない神職は解散のための画策を始める。国行司香取泰輔もその中心的な一人であった。泰輔は、日誌中の木村杉太郎と森下孝一郎の名前に「此両人大悪者」と傍書を付したり、欄外に「コノ木村、森下ナル者后ニ当地エ大迷惑カケル」と後から書き足すほど両人を憎んでいた。(43)

泰輔らは、大宮司香取中務と大禰宜香取上総が願書提出のため江戸へ出府していた慶応四年（一八六八）六月十一日、密かに会合の席を設けている。参加したのは、泰輔のほか権禰宜、大祝、物忌、行司禰宜、録司代、高倉目代、大神主の八名であった。この会談で八名は、木村らの勧誘は「実ニ不容意《（易）》」との点で一致した。その上で、「木村、森下之悪意ニナツマヌ様」に江戸滞在中の大宮司、大禰宜へ録司代香取左織を使者として諫言することになる。[44]しかし十六日に大禰宜が帰社して調練の準備に取り掛かり、十七日の願書提出に左織は間に合わず計画は空振りに終わる。[45]やむなく左織は大宮司とのみ面会したが、この時点でおおむね賛同を得られた。[46]その後、新政府側から隊結成の可否に関する通知がなく、尚古隊の処遇は未決のまま活動だけが一人歩きしていった。

八月二十四日に、大宮司は旧幕府から発給されていた朱印状を提出するため再度出府するが、その際鎮将府から神宮の「兵隊組立」の件は房総知県事（上総房州監察兼知県事）柴山典（文平）へ一任したことが伝えられた。[47]これを受けて九月二十七日、大宮司は帰社したその足で埴生郡長南宿浄徳寺にあった房総知県事役所へ向かい、十月一日出頭している。[48]大宮司は、六日に再び香取へ戻り、翌日柴山の委任を受けた小見川藩兵が追野村惣持院（九月初旬に尚古館から屯所を移動、追野村は神宮の朱印地）へ出兵して尚古隊は解散させられた。[49]

十月中に小見川藩が鎮将府へ提出した報告書によれば、藩兵が惣持院へ踏み込んだ時は隊士三〇名余が詰めており、首謀者五・六名のみが捕縛されてほかは大宮司へ預けた。また、武器・弾薬類はすべて没収された。[50]この時、捕縛されて小見川藩の取り調べを受けたのは、尾形右門、額賀右膳、石上伊織、今泉蔀らである。[51]罪状は、みだりに兵を組織して暴行に及び、「民害ヲ醸シ」たことにあるとされた。[52]特に、九月十五日に尚古隊が「神官を打擲致、或縄手ニ掛」け、近隣の住民へ暴行を加えたことが問題として浮上したようである。[53]尋問に対して関係者は、異口同音に「浪人木村杉太郎・森下孝太郎《（ママ）》ト申者ニ被欺」と弁明し、すべての責任を木村らに負わせようとした。[54]

木村と森下の素性ははっきりとしないが、泰輔の調査からわずかにその経歴がわかる。木村は常陸国行方郡潮来村の出身で、生家は渡舟渡世を営んでいたという。経緯はわからないが、木村は東征軍の江戸下向に際して稲田藩勢に随行したと語っていたようである。森下も潮来村の出身で、医者の悴であったが、木村とともに香取に現れた時には「有栖川宮御内」を名乗っていた。房総知県事が尚古隊の取締に乗り出すと、木村と森下は軍用金と称して集めた金銭をもって逃走し、行方不明になる。[55]その後、房総知県事が二人を捜索したが、結局捕まえることはできなかった。[56]

新政府は、六月二十日に「大総督宮様御内」や「官軍」を語った略奪行為に対して厳科に処すよう布達を出している。なかには、新政府軍の「御印」を所持している者もあり、治安の悪化を引き起こしていた。[57]木村らは、このような戊辰内乱時に多発していた典型的な「偽者」だったと思われる。一面だけみれば、確かに神宮の神職はまんまと欺れたといえる。しかし、木村らの誘引が尚古隊結成のきっかけでこそあれ、それをもって軍事組織成立の全要因ということはできない。総房三州鎮静方の依頼に応じたように、軍事的功績をあげることによって神宮権威を拡張させようとする発想は神宮内に存在していた。木村らの誘引がある以前から、軍事組織結成の基盤はできあがっていたとみるのが適当である。

さて、尚古隊鎮圧のため小見川藩兵を招き入れたのは、ほかならぬ大宮司であった。大宮司が十月一日に房総知県事役所へ出頭した目的は、「御社法ヲ混淆一社惑乱」の状況を訴えるためであった。[58]また、すでに鎮将府も「下総国神主兵隊組立之義ニ付不穏」と尚古隊の活動を問題視していた。[59]大宮司は鎮将府の機先を制し、房総知県事に報告することで困難を回避しようとしたのである。これより少し前、文久三年十一月から翌年三月にかけて起きた鹿島神武館騒動に連座して、鹿島神宮大宮司塙大隅は旧幕府から厳罰を被っていた。[60]こうした前例も大宮司の動きの背景にあったことは想像に難くない。結果、尚古隊の首謀者のみ小見川藩から取り調べを受けて大宮司・大禰宜は罰を科されなかった。また、主謀者とみなされた今泉蔀、尾形右門、額賀右膳、石上伊織、高木主膳、伊藤荘司、尾形織部、香取民部、尾形大内蔵、吉原多仲、伊藤大学、内山量平、香取久次の一三名も親類・番組預けとなったのみであった。大宮司は、再発防止のため一三名の謹慎を徹底させた[61]。騒動の責任を木村と森下に負わせて、神宮は欺れた「被害者」となり、責任の追及を逃れたかたちになる。大宮司の判断は奏功したといえよう。

大宮司が、尚古隊の解散に乗り出した要因の一つには、前述の泰輔ら八名の申し入れがあった。木村と森下によって尚古隊が暴徒化していったのも大きな動機ではあろうが、なぜ泰輔らは尚古隊を強く否定したのであろうか。その疑問への答えは、やはり日誌の記述が示唆してくれる。

毎年四月五・六日に実施される田植祭に際して、例年通りであれば国行司である泰輔が「御手洗百姓」を引き連れ、神前の見廻りをする仕来りになっていた。ところが、この年は鎮撫活動があるので、「御手洗百性召連レ御廻りニ不及」と大宮司から通知される。泰輔は「御手洗百姓」を率いて神前の警護にあたることは、「古来御宮之規則」であると述べ大宮司に強く反論する。泰輔が反論する根拠は、「此度鎮静之義者御社法ニカ、ハリ候義ニ者無之候間、自分ハ仕来之通り取斗ひ候」というものであった。新政府の鎮撫活動は神宮の行事とは無関係であると理解し、「古来」よりの「規則」や「社法」は軍事活動に優先するとの見解である。大宮司はこれを聞き入れ、例年通り田植祭を執行するように指示した[62]。

また、泰輔は六月に尚古隊結成の願書を提出した時には、日誌に「一同身分大切ニ相心得謹慎罷在候様致度」と記している[63]。神職の身分的役割である範囲を超えた軍事活動に対する批判的意識だと看取できる。他方で、尚古隊を支持する者たちは、「神家之私共身分」であるがゆえに軍事活動を起こすべきであると主張する[64]。前者は、神事祭礼に従事する従来の神職の身分的役割を遵守しようとする立場である。反対に後者は、「復古」とはすなわち神祇行政の隆盛であると捉え、戊辰内乱という空間の中で、勤王を名目にそれまでの役割を超越しようとする立場といえる。

右のような、「古来」よりの神宮の規則や神職の職分を堅持しようとする見地から、泰輔らは社内の「古来」よりの秩序を乱す尚古隊の方向性を否定したと考えることができる。泰輔ら八名のうち五名は、番頭の家柄であり大宮司、大禰宜につぐ神宮内の指導者層であった（前掲表12参照）。社内秩序の崩壊は、指導者層である自身の立場の動揺を意味する。よって、指導者層は従来の慣行、社内秩序の安定を保守する必要があった。大宮司が、迅速に尚古隊解散に向けて動いたのも同様の意識に基づくといえよう。こうした指導者層の認識は、上昇志向をともなって、従来の規則、職分を超えようとする尚古隊の動きと衝突する。尚古隊は指導者層の理論によって解散にいたったとみることができよう。

ただし、神宮の指導者層が否定したのは軍事行動としての武装化であり、「脱走体之者猥ニ横行」に対する自衛のための活動は肯定した。十月八日には、見張りを各門に立てることに決定している。しかし、同日に作成された議定書の中では、「万端古例之通リ不依何事御支配所之御指揮を堅ク相守、御宮精勤ハ勿論大切ニ相心得可申候」と言明し、突出した行動をとることがないように確認した[65]。

同時期に発生した神職による諸隊の多くは、大総督府によって結成が認可されている。それにもかかわらず、尚古隊が認められなかったのは、新政府は香取神宮のような「勅裁社」[66]に対しては、軍事力としてではなく天皇・朝廷の権威を強化する神的権威を求めていたからだと考えられる。それは、明治天皇東幸時の香取神宮に対する処遇をみれば明らかである。

明治元年（一八六八）九月二十日、明治天皇は京都の御所を出発し、東京への行幸が開始される。十月十三日に東京へ到着した天皇は、氷川神社を武蔵国の「鎮守勅裁社」と定め、同二十八日には同社に行幸した[67]。十一月初旬頃には、信濃国諏訪大社、安房国安房神社や鹿島神宮など「勅裁社」の代表者が東京に到着していた。東京に滞在していた伊能頴則は、「勅裁社」の「上座之もの二三輩エ六位叙爵」の話があり、大宮司・大禰宜が上京しなければ「万事手おくれ」になると神宮に報じた(68)。十月末には大宮司に水戸藩経由で、東京の神祇官への出頭命令が届く。すぐさま大宮司は上京し、十一月八日、神祇官へ鹿島神宮大宮司、氷川神社神主とともに天皇への拝謁願いを提出して許されている。同十七日、東京城にて大宮司は天皇に拝謁し、同時に従五位を授与された(69)。

以上の一連の出来事は、天皇が神的権威を従属させていることを示すためのデモンストレーションであった。新政府は、各社の最高位の指導者へ位階を与え、天皇のもとに神的権威を序列化したのである。このような、神的権威として「天朝」への貢献を求める新政府の方向性は、神職の役割を超える軍事活動を志向する尚古隊の方向性とは相容れない。軍事組織の結成を容認された中小社家の事例とは異なり、神宮のような「勅裁社」の場合は軍事活動よりも「古来」からの神的権威としての価値が優先されたのである。戊辰内乱期に、武装集団として大総督府に公認された吉田配下の中小社家とはこの点において異なる。

明治元年十一月、神祇官は東北戦争の戦勝報告のために香取・鹿島両神宮へ奉幣使を発遣する。東北戦争が、新政府軍の勝利に終わったことは「神明ノ幽動不可疑」と解釈され、それは神武天皇の神話と結び付けられた(70)。新政府は、戊辰内乱の中における香取神宮の役割を「官軍」を勝利に導いた神的権威として定義づけたのであった。

（1）　史料中では「香取社」、「香取大神宮」などの呼称も散見されるが、本章では香取神宮あるいは神宮と統一して表記する。
（2）　清宮秀堅『香取新誌』（私家版、一八七九年）、伊藤泰歳『香取神宮小史』（香取神宮社務所蔵版、一八九四年）、『香取郡誌』（千葉県香取郡役所、一九二一年）、『香取神宮志』（香取神宮社務所、一九三八年）、『佐原市史』（佐原市、一九六

六年）、『新修　香取神宮小史』（香取神宮社務所、一九九五年）などがある。ただし、香取神宮の神仏分離については、高森良昌「神仏分離――香取山・金剛宝寺の事例――」（『千葉県の歴史』四六、一九九四年）のような成果がある。

（3）「香取神宮社家日誌 二」（『千葉県の歴史』資料編・近現代七、千葉県、一九九八年、史料番号一）。以下、「日誌」と略記する。

（4）羽賀祥二「開国前後における朝幕関係」（『日本史研究』二〇七、一九七九年）、『孝明天皇紀』一～五（平安神宮、一九六七～一九六九年）。

（5）執奏家とは、社家と朝廷の間で位階執奏などに関して取り次ぐ公家のことである。香取神宮は、少なくとも寛政年間（一七八九～一八〇一）には一条家を執奏家としていたことが確認できる（慶応三年「証拠書類控帳」成田山仏教図書館蔵、ロ〇〇一二―〇〇六二）。

（6）嘉永六年十二月「御祈祝詞」（伊藤泰歳編『梅宇祝詞草』東京会通社、一九一六年）。『梅宇祝詞草』は、『香取群書集成』第五巻（香取神宮社務所、一九八八年）に所収。

（7）文久三年「禁中より筑前米三十石奉納御祈禱之祝詞」（成田山仏教図書館蔵、ロ〇〇一二―〇一七一）。

（8）香取神宮の職制は、外部からの干渉を受けない独自の秩序があり、その序列は社内で完結するものであった。近世初期には八六名の神職がおり（前掲、註（2）『佐原市史』、三九七頁）、幕末にも八〇名程度が確認できる。神宮の職制で特徴的なのは、大宮司家と大禰宜家は幕府から社頭一切のことを委任されており、その裁量権が絶大なことである。両家は、史料中には「両支配家」、「支配所」、「両所」などの表現で現れる。また、大宮司、大禰宜のどちらかが闕職となることがあった。大禰宜家の日記によれば、元禄十一年（一六九八）に大宮司香取美作が「職分被召放」た時には、大禰宜が大宮司の職務も兼任している（『香取大禰宜家日記』第一、元禄十三年十一月条、続群書類従完成会、一九九五年）。ほかにも享保十三年（一七二八）に大宮司が闕職になった例などがある（同前、享保十三年二月二十六日条）。

（9）安政二年「従京都御祈被仰出候御教書幷状通之控」、安政三年「奉勅命異船応接関東地動之御祈禱之記」、安政五年「御祈御祓献上々京心得方控」（成田山仏教図書館蔵、ロ〇〇一二―〇一四八・ロ〇〇一二―〇一四三・ロ〇〇一二―〇一四七）。『一条忠香日記抄』文久三年三月二～四日条（覆刻版、東京大学出版会、一九六七年）。

（10）文久二・三年「禁裏御所より御米三拾石御奉納之控」（成田山仏教図書館蔵、ロ〇〇一二―〇二二六）。

(11)「年表」寛保四年（一七四四）二月一日条（『香取大禰宜家日記』第一所収）には、大禰宜香取實行が位階の出願のため上京したとの記述がある。

(12)文久三年「一社中江位階之儀願之儀御執奏家御内意ニ付御窺方々書状往返之控京師より御返翰」（成田山仏教図書館蔵、ロ〇〇一二―〇〇五〇）。

(13)安政二年「従御公儀御祈禱状写」（成田山仏教図書館蔵、ロ〇〇一二―〇〇九一）。

(14)前掲、註(2)の各文献参照。

(15)高橋実「戊辰期関東の民衆支配の展開とその特質――総房三州鎮静方・下野鎮撫府を中心に――」（『栃木県史研究』二一、一九八一年）、同『幕末維新期の政治社会構造』（岩田書院、一九九五年）所収。

(16)「日誌」慶応四年三月十三日条。

(17)「日誌」慶応四年三月十四・十五日条。

(18)「日誌」慶応四年四月四日条。

(19)「日誌」慶応四年四月十七日条、閏四月六・二十日条。

(20)『法令全書』明治元年、第一五三・第一九六・第二八〇。

(21)「日誌」慶応四年五月八日条。

(22)「日誌」慶応四年五月一日条。

(23)「日誌」慶応四年四月二十七日条。

(24)「日誌」慶応四年五月三日条。

(25)「伊能頴則年譜」（『香取群書集成』第五巻）。「日誌」慶応四年六月二十二日条。

(26)「日誌」慶応四年五月八日条。

(27)同右。

(28)「日誌」慶応四年六月二日条。

(29)「日誌」慶応四年六月十七日条。

(30)「日誌」慶応四年七月七日条。

(31)「日誌」慶応四年七月七日条、八月七・八・十日条。前掲、註(25)「伊能頴則年譜」。
(32)「日誌」慶応四年八月七日条。
(33)「日誌」慶応四年八月十日条。
(34)「日誌」慶応四年六月二十二日条、八月十七日条。
(35)鷲尾順啓「下総国香取社神仏分離の始末」大正十四年(『明治維新神仏分離史料』巻下、東方書院、一九二七年)。
(36)「日誌」慶応四年六月二十二日条。
(37)伊能頴則については、伊藤泰和「香取神宮と伊能頴則」(『神道大系月報』四一、神道大系編集会、一九八四年)、「伊能頴則略伝」(『香取群書集成』第四巻、香取神宮社務所、一九八四年)、前掲、註(2)『佐原市史』、一〇二二〜一〇二四頁、前掲、註(25)「伊能頴則年譜」など参照。
(38)元治元年四月「尚古館新造祝詞」(成田山仏教図書館蔵、ロ〇〇一二一—〇一二四)。
(39)元治元年四月「尚古館憲書」(『香取群書集成』第五巻、五〇二・五〇三頁)。
(40)明治元年「國學館設立建言書」(『香取群書集成』第四巻、五九八〜六〇二頁)。
(41)明治元年「古道學學問所設立建言書稿」(『香取群書集成』第四巻、五九三〜五九七頁)。
(42)「日誌」慶応四年六月二十二日条。
(43)「日誌」慶応四年六月二日条。
(44)「日誌」慶応四年六月十一日条。
(45)「日誌」慶応四年六月十六・十七日条。
(46)「日誌」慶応四年六月二十二日条。
(47)「日誌」慶応四年九月二十七日条。
(48)「日誌」明治元年九月二十七日条、十月一日条。
(49)「日誌」明治元年十月六・七日条。
(50)「内田正学家記」明治元年十月条(東京大学史料編纂所蔵、四一七五—九四九)。
(51)「日誌」明治元年十月二十四日条。

(52)「内田正学家記」明治元年十一月条。
(53)「日誌」明治元年十月二十四日条。
(54)「内田正学家記」明治元年十一月条。
(55)「日誌」慶応四年六月二十二日条。
(56)「日誌」明治元年十一月七日条。
(57)『法令全書』明治元年、第四九九。
(58)「日誌」明治元年十月八日条。
(59)「日誌」明治元年十月二十四日条。
(60)鹿島神武館騒動については、高橋実「関東における尊攘運動と鹿島神武館騒動の展開」一・二（『茨城県立歴史館報』一二・一三、一九八五・一九八六年）参照、前掲、註(15)『幕末維新期の政治社会構造』所収。
(61)「日誌」明治元年十月二十四日条。
(62)「日誌」慶応四年四月四日条。
(63)「日誌」慶応四年七月七日条。
(64)「日誌」慶応四年六月十七日条。
(65)「日誌」明治元年十月八日条。
(66)当該期に新政府は、「神祇官直支配」とする神社を「大社」・「勅裁社」・「准勅裁社」に格付けしたが（伊勢神宮は別格）、その基準は曖昧であった。羽賀祥二「明治神祇官制の成立と国家祭祀の再編」上（『人文学報』四九、一九八一年）参照、同『明治維新と宗教』（筑摩書房、一九九四年）所収。
(67)『法令全書』明治元年、第八五三。
(68)「日誌」明治元年十一月七日条。
(69)明治二年二月写「天顔御拝拚従五位下御昇進日誌」（成田山仏教図書館蔵、ロ〇〇一二―〇二一〇）。
(70)「太政類典」第一編・慶応三～明治四年・第百二十八巻・教法・祭典三（国立公文書館蔵、本館―二A―〇〇九―〇〇・太〇〇一二八一〇〇）。

小括

第3部では、神職集団による草莽隊運動の意義を戊辰内乱期に発生した社会現象の一つととらえて、具体的に検証してきた。

第6章では、吉田家本所による神威隊の結成から解散までを取りあげた。当該期の吉田家当主吉田良義の猟官熱から神威隊結成は推進され、身分的保証を吉田家本所に求める配下社家の欲求と合致して大規模な運動へと発展した。神威隊の活動には、目的達成のために近世社会における職分を超越する方向性がみられた。戊辰内乱期には、勤王の名のもとに軍事行動が名分化され、それまでの身分秩序・社会規範が容易に破られたのである。

次に、第7章では吉田配下神職が起こした草莽隊運動を個別具体的に分析した。利鎌隊は、近世の社会集団が有していた身分願望を動機として結成された組織であった。彼らの願望は一時達成されるかにみえたが、従来の社会規範を守ろうとする旧日光奉行同心によって挫かれた。勤王理念に引きつけられ、内乱に身を投じていった草莽隊の場合、目的を達成することは他者の利益を損ずることにもつながり、両者の間で確執を生んだ。

つづく、第8章では、吉田家支配に包括されない、地方大社の動向として下総香取神宮の動向を検証した。香取神宮においても、利鎌隊と同じく上昇意識に基づいた勤王活動が展開され、神宮内では尚古隊士と指導者層との間で対立状態が生じた。「伝統的」な神宮の規範を重視し、尚古隊の動きを抑圧しようとする指導者層の志向は、第7章でみた旧日光奉行同心のケースと重なる。地方大社の場合、新政府は軍事力としての役割を求めず、むしろ天皇権威を裏づける「往古」以来の神的権威としてのあり方を期待した。

以上の三例にみられるように、戊辰内乱における勤王理念の積極的承認＝天皇への主体的貢献は、武装化を至上のかたちとする。その認識は、近世社会において軍役を課された武家のみではなく農民やさまざまな社会集団へ浸透していった。これが、戊辰内乱期に志願兵部隊である草莽隊が多発した大きな要因であろう。

そして、草莽隊が勤王理念を積極的に承認する背景には、必ず集団にとっての何らかの利的関心が存在する。本書でみた事例では、身分上昇への欲求がそれであった。それは、身分願望にかかわらず集団の特色によって「地域利益」やほかの欲求におき替わる場合もある。(1) 彼らは、近世社会においては抑制されていた願望の現実化を目論み、勤王理念を積極的に受け入れてゆく。その実現は、近世社会の社会規範では有り得ないことであり、草莽隊の願望達成は他集団との対立を生む。天皇による徳川将軍家の排除、すなわち勤王理念による佐幕理念の否定は、従来の社会規範にひび割れを生じさせたのである。このひび割れは、近世社会におけるより上位の社会集団――利鎌隊の場合では旧日光奉行同心、尚古隊の場合では香取神宮指導者層――によって修復される。さらには、政府がその調整に乗り出すこともあった。赤報隊や高松隊の偽官軍事件は、それを極めてラディカルに実行した例に該当するであろう。

こうした草莽運動は、内乱が終焉するのと同時に消失してゆくが、参加者は内乱での勤王の功績を明治期以降も自己主張する。(2) 戦前までの日本社会において、こうした戊辰内乱での功績の記憶は、草莽隊参加者あるいはその子孫が自己の利的関心を満たそうとする時に再生産されてゆく。

（1）　谷口真康「幕末維新期の山科郷士と「勤王思想」」（『日本歴史』六五四、二〇〇二年）。

（2）　草莽隊参加者の族籍処分に関する問題については、吉岡拓「明治前期京都府下における郷士の族籍処分」（『地方史研究』三三二、二〇〇八年）が参考となる。

第4部

地域の葛藤

第9章　関東農村の佐幕的状況——上総国を中心に——

はじめに

慶応四年（一八六八）四月十一日の江戸開城を契機として、関東農村は戊辰内乱に巻き込まれてゆく。江戸開城に不満をもつ旧幕臣たちは関東各地へ脱走し、戦場化した農村の住民たちは政権交代の目撃者となった。

本章では、特に上総国に焦点をあてる。上総国は西部を中心に約一か月間、旧幕府軍の一派である撤兵隊の影響下におかれた。

原口清、石井孝を中心とした「戊辰戦争論争」で浮き彫りとなった課題の一つとしてあげられるのが、本来的には政治闘争から発生したこの内乱に民衆が如何にかかわったのかという問題である。この点にいち早く言及した井上清は、民衆の支持が新政府軍に勝利をもたらした大きな要因だと見なした(1)。これに対して原口は、「一般民衆が新政府を支持し、あるいは客観的に新政府に有利となるようにのみ行動したかのような一面的見解」は誤りであり、その一部は「官」「賊」双方に動員され、あるいはどちらかを支持した」と論じた。また、ほかの部分ではどちらに与するわけではなく一揆・打ちこわしを行ったり、自衛組織化する場合があったことにも言及している(2)。石井は、民衆は一般的にはどちらか一方を支持するものではないとさらに異なる視点を提示している(3)。しかしながら、原口らは戊辰内乱の政治史的意義の究明に重点をおいているため、この問題について深く立ち入った検討は行っていない。

また、高橋実は「官軍であろうと徳川勢であろうと、行軍の過程での強要、暴行は必然的なものであって、それは村むらにとってこの上もなく迷惑なことであった」と指摘している(4)。こうした内乱の「被害者」としての農村という認識は、高橋だけではなくほかにも散見される(5)。近年では、松尾正人「多摩の戊辰戦争」が旧幕府歩兵の脱走によって江戸周辺地域が混乱する様子を、多摩地域を事例として丹念に検討している(6)。

たしかに「被害者」という側面があったのも事実ではあるが、それだけでは割り切れない勤王を標榜して新政府軍に荷担してゆく農民・社会集団の動きや、積極的に旧幕府軍を支援する農村の存在が各所で確認できる。このうち前者の草莽隊の研究は、諸先学も注目してきたところであり(7)、本書第３部でも詳しく分析した。しかし、後者の旧幕府軍と農村の関係および農村の佐幕的な動向については、これまで十分な分析が行われてきたとは言い難い。内乱と地域の関係性をみる上で、こうした点も包括的に捉えることが必須であると考える。上総国西部では、農村が旧幕府軍に対して同情的な傾向にあったことが従来から指摘されているが、具体的には論及されていない(8)。

さて、房総における戊辰内乱史研究に目を移すと、戦後から現在にいたるまで『房総通史』や『千葉県の歴史』といった自治体史などにおいて通史的な叙述は行われてきた(9)。だが、戊辰内乱全体の中に房総を位置づけたのは三浦茂一が唯一といってよい(10)。三浦は、房総における内乱を、房総が本格的な戦場となった時期（三月～閏四月）、軍政期（五月～七月）、民政移行期（七月～明治二年初旬）の三段階に大きく区分して、①房総は東京防衛のための肝要の地であったこと、②新政府が上総・安房両国には大規模な鎮撫組織をおかなかったために治安が悪化したこと、③房総知県事（上総房州監察兼知県事）柴山典（文平）が鎮撫に苦戦したことを明らかにしている。三浦の区分に従えば、本章で対象とするのはおよそ第二期（軍政期）頃までとなる。

以上のような研究状況を踏まえて、本章では佐幕的な傾向にあったとされる上総国の農村と旧幕府軍の関係について検討したい。上総国の西部地域は、他地域に比較して長期間にわたって旧幕府軍の支配下におかれており、旧幕府軍と農村の関係性を分析する上で恰好の地域といえる。具体的には、主に豪農層の日記などを活用して、上総国における農村の佐幕的様相の実態とその背景について明らかにし、農村が新政府軍の支配下に組み込まれるまでの過程をみていく。その上で、武士以外の身分の人びとにとって内乱期における佐幕理念と勤王理念とはいかなる意義を有するものであるのかに言及し、農村からみた戊辰内乱像の一端を提示したい。

一　旧幕府軍への支援

慶応四年四月十一日、江戸城が新政府軍に明け渡され、翌十二日深夜、旧幕府撒兵頭福田八郎右衛門直道を首領とした二〇〇〇人とも三〇〇〇人ともいわれる兵力を有する撒兵隊が木更津周辺に到達した。撒兵隊は、徳川宗家の家名存続・領地確保を目的に掲げて、望陀郡長須賀村、のちに同木更津村選擇寺に本陣をおき、「義軍府」と称して上総国西部の村々を支配下においた。その支配の範囲は明確にはわからないが、望陀郡のほぼ全域を制圧し、市原・天羽・周准・夷隅・長柄郡にも勢力を張り出そうとしていたようである。

撒兵隊は、武力を背景に久留里藩・一宮藩などの周辺諸藩へ協力を迫り、兵力で劣る諸藩は激しく動揺した(11)。二十八日には、伊庭八郎・人見寧が率いる旧幕府遊撃隊も木更津に到着する。遊撃隊は、請西藩主林忠崇に「徳川恢復与力之儀」を申し入れ、忠崇はこれに応じて閏四月三日にみずから真武根陣屋を出陣、藩士を引き連れて遊撃隊に従軍している(12)。

また、四月十二日には旧幕府海軍副総裁榎本武揚率いる艦船七隻が、品川沖を脱走して館山沖に碇泊していた。榎本艦隊は、脱走兵の輸送に深く関わっており、房総に旧幕府勢力を集結させる大きな原因となっていた(13)。榎本

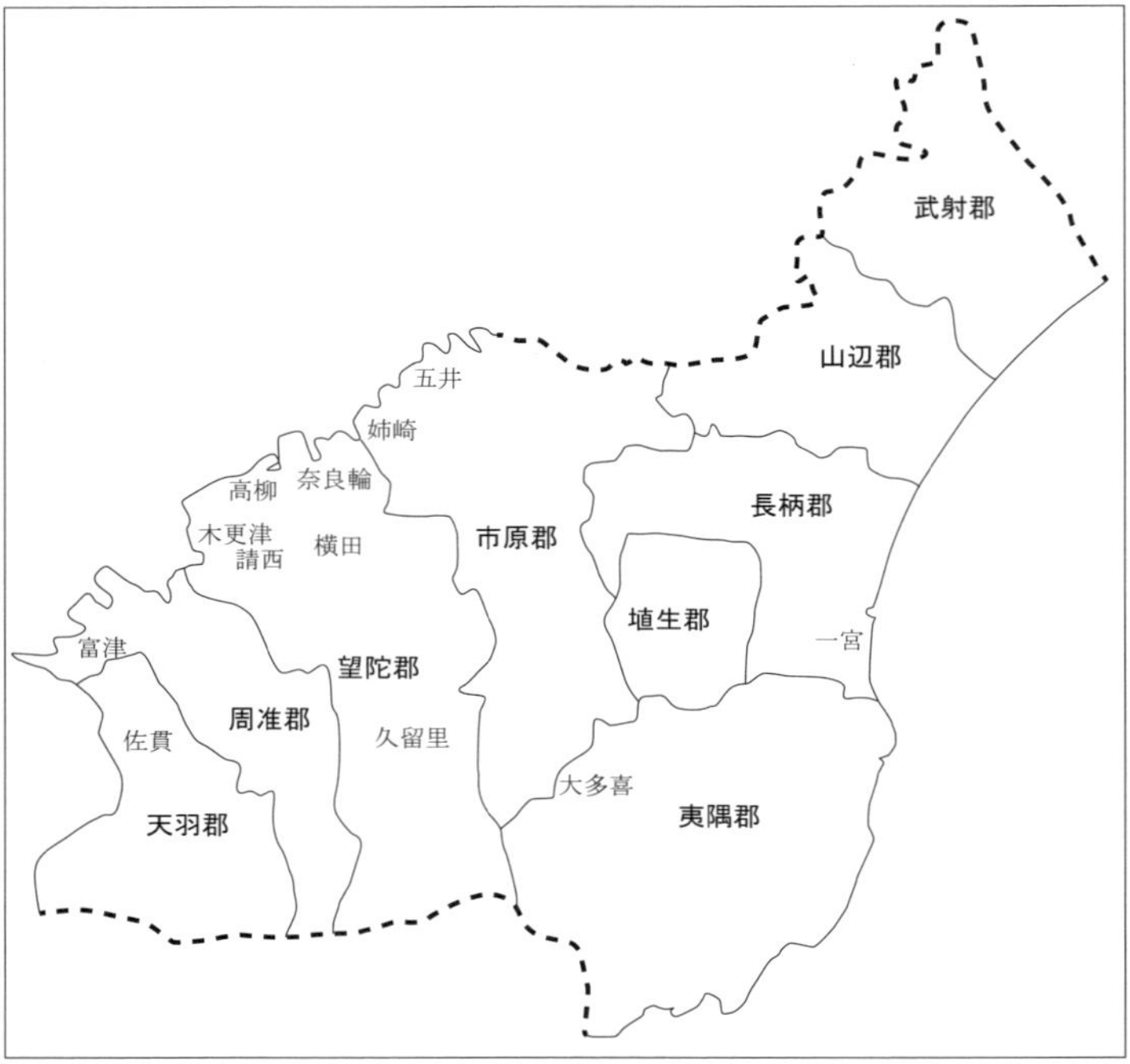

図　上総国略図

艦隊は、海軍力において新政府軍に優っており、江戸湾の制海権はこの時点で旧幕府軍側にあった。さらに、榎本艦隊は、資金・情報の提供、日和見藩への砲撃威嚇、負傷者の治療などの面で旧幕府軍を後援した。遊撃隊などは、榎本艦隊の存在なくして十分に行動しえなかった部隊である[14]。榎本艦隊は、榎本が旧幕府軍事取扱勝海舟に説得され、十七日に品川へ引き返しているものの[15]、依然として反新政府的態度をとっており、旧幕府軍への支援は継続している。右のような状況は、新政府軍が上総・安房両国へ進攻を始める閏四月初旬段階まで続き、一か月程度の間、上総国では望陀郡などの西部地域を中心に旧幕府軍が圧倒的に優勢な状況にあった。

撤兵隊は、木更津に到着すると望陀郡の村々の役人を「御用ト唱呼出シ」て協力を求めている[16]。では村側は、撤兵隊に如何に反応したのか。まず、高柳村の名主重城保の日記[17]からみてみたい。

重城に撤兵隊からの接触があったのは、閏四月一日夜のことであった。この日、撤兵隊の隊士斉藤太一郎ほか八名が、本陣のある木更津村から高柳村まで出向き、「軍用切迫」のため重城へ協力を依頼した。翌朝、重城ら村役人は相談の上、高柳村から三〇〇俵を供出することに決して、同三日、村内で集金を試みた。集金は速やかに完了し、重城は「平常ニ候得者甚迷惑とも可思之処、人々勇進ミ三百俵直ニ出来ニ成、実ニ　晃廟之余光といふへし」との所感を日記に記している。(18) 村内に、撒兵隊へ積極的に協力する佐幕的姿勢があったことが看取できる。また、重城の日記には撒兵隊のことを「御味方」と記す記事が散見される。(19) こうした態度は、幕末を通じてみられるものではなく、慶応元年（一八六五）の幕長戦争にともなう将軍進発に際して幕府から一〇〇両の献金命令があった時には、重城は「献金旁当年之出汁相嵩甚困ル」と消極的な感想を洩らしている。(20) つまり、重城自身が記しているように、平常時ではみられない危機的状況に立たされた旧幕府方を積極的に援護する方向性が村内に存在していたのである。幕末から明治へと向けて単線的に幕府の否定、新政府支持になるわけではないことを示す一例といえよう。

次に、久留里藩領の状況をみたい。四月十三日、撒兵隊差図役川端助次郎・市川耕三が久留里藩三万石の藩主黒田直養へ助力を要請した。久留里藩の藩論は、これによって大きく揺れるが、一旦は撒兵隊へ玄米一〇〇俵を提供することで事なきを得ようとしている。だが、これに納得しなかった撒兵隊は、さらに威圧的に協力を要請した。結果として、新政府軍が撒兵隊を破り久留里城に入城するまでの間、一時的ではあるが藩論は撒兵隊への合流に決定していた。(21) 藩是を確定させた要因の一つは、領内の佐幕的空気であった。久留里藩士で、明治期以降に藩史編纂に尽力した森勝蔵が作成した「雨城の夢」(22) には次のようにある。

　御領内神官僧侶の如きは弓を張り薙刀を研ぎて、徳川方に御加勢ならば応援可致と、その意向は異なると雖も参遠の報国隊の如く、又農商に至りて皆徳川贔屓にて、就中穀物屋土橋源蔵の如きは戦争中一藩家族の飯米二ケ年位は我が一手にて引受け申すべしと云へり、斯くの如く土民共に意を徳川に注げり勤王・佐幕の立場は違えど、遠江国の神職が結成して「官軍」として認められた報国隊のように、領民が主体的に旧幕府軍を支持していたのである。

ほかにも、旧幕府軍に肩入れする動きはみられる。当時、請西村にある長楽寺には、林忠崇を頼って江戸城大奥から落ちのびてきた万里小路局という人物が寓居していた。[23] 万里小路局は、出陣した林に送金するなど遊撃隊を後方支援している。[24] 閏四月三日に、万里小路局は、長楽寺にて林の戦勝祈願を執行し、周辺村々の農民がこれに参詣して林の武運を祈った。この時、万里小路局は「村中の百姓にハ御酒」を振る舞い、宴会を催している。[25]

もう一例あげてみよう。東海道先鋒副総督柳原前光は、「朝敵」とされた大多喜藩の処分のため大多喜に入る際に、長南宿の伊勢屋某を本陣とした。閏四月二十日に、大多喜藩の処分を終えて柳原が江戸へ帰還すると、伊勢屋は近隣の農民によって打ちこわしに遭い、柳原から伊勢屋に下賜された宿札も破壊された。[26] ここからも、旧幕府軍を支持し新政府軍を敵視する動きがみえる。

右の数例にみたとおり、上総国では農村が旧幕府軍へ同調して積極的に支援する姿勢、すなわち佐幕的な情勢が各地で見出せる。こうした情勢が、どのような要因で醸成されたのかを次節で検討する。

二　佐幕的空気醸成の要因

撒兵隊頭の福田八郎右衛門は、木更津に到着して間もない慶応四年四月十五日に隊士たちへ左のように布告している。

此度当地へ立退キ候儀ハ全ク脱走ニ無之、江戸御城ヲシテ不飛矢玉一箇敵ニ渡ニ不堪有、左迚軽挙暴動致候テハ朝命者暫時差置　大君御恭順之御説諭ニ反シ、却テ重罪ノ名ヲ荷フヘシ、又渡セシ後自用達等ニテ御城近辺通行毎自然落涙ヲ催シ、不知不知不届ノ儀仕出シ候哉モ難計、依テ御城ノ不見地ニ咫尺退去シ、専ラ同心協力之基本ヲ固メ日夜練膽シ、古昔三河武士ニ彷彿タル意願相立ヘク候、乍併官軍ノ中ニモ又過激之者モ不少候間、何時変動有之哉モ難計、其節ニ至リ瓦解致候テハ後世ニ汚名ヲ残スノミナラス所存難立、一同用心致一己一己ニ敵之動静ニ任スヘシ、敵襲ヒ来ラハ一同憤発シ敵軍崩潰致候見込ニ候、又江戸表瓦解致候ハ、房総ノ地ヲ横行シ北会藩ト応援ヲ成シ、以テ志願ヲ遂ント欲スルノミニ候（中略）

法令之事

一、義軍府ト唱候儀ハ一同我　徳川氏ノ御成行ヲ患ヒ遙ニ此地ヘ来リ、御家名幷ニ御領地之立方ヲ窺ヒ居、暴行等致候者共ハ無之筈ヨリ、名義ヲ下シ候儀ニテ若酒色ニ迷ヒ不行跡之振舞等致候者有之候テハ義軍府トハ決テ難申、右様ノ所存之者多人数ノ内一人有之候節ハ、共々吟味致不行跡ノ振舞等致候者身請候ハヽ、早々取押厳重ニ所置可致候事

一、此度当地江罷越候者共ハ真ニ忠義之者ト相頼、是ヨリ事ヲ謀リ候積リ之所、右の者の内若命令ニ相背キ候者有之候テハ終ニ賊名ヲ蒙ル間敷者ニモ無之、一人之心得違ヨリ威令モ行レサル様相成候テハ大義瓦解致、是迄何ノ為罷越候哉条理不相立、徒ラニ嘲リヲ請後来ノ物笑ヒト相成候間、能々相慎義軍威一際相立候様銘々厚心掛可申事

一、御家名相立安心致候場合ニ至ル迄ハ、酒色食物等ノ上ニ不平ノ儀決テ相唱申間敷事

一、物見遊山様之儀並ニ所用無クシテ他出致候儀等決テ不相成候事

但無拠用事有之他出致候節ハ、事柄申立隊長ノ免シヲ請可罷出事

一、土人ヘ対シ権威ヲ振ヒ、人望ヲ失ヒ候様之儀決テ致間敷事(27)

まず冒頭で、前将軍徳川慶喜が新政府へ恭順の意を示したにもかかわらず、撤兵隊が江戸を離れ挙兵することを正当化する名分を標榜している。新政府軍であれ旧幕府軍であれ、各方面にさまざまな負担を強いる軍事行動

を裏づける名分は、内乱を遂行するために必要不可欠であった。「錦の御旗」を掲げて、天皇の「正規軍」としての立場を明確化した新政府軍はそれに成功したといえる。これに対して「朝敵」の烙印を押された旧幕府軍は、「錦の御旗」以上に内外へ向けて説得力をもつ行動理論をアピールしなければならなかった。撤兵隊が、徳川の「忠義の臣」を表す「義軍府」[28]と称したのもそのための方策の一つであろう。しかしながら、「官軍」と戦闘を続けることを第三者に納得させるための名分を、旧幕府軍はついに明治二年（一八六九）五月に箱館で敗北するまで確立しえなかった。ここに、旧幕府軍の限界性の一端があることは第1部でも指摘した。

次に、「法令之事」と題された各箇条からは、民衆に対して強く配慮する姿勢がうかがえる。同様の姿勢は、撤兵隊が占拠した村々へ出した触書にも表出している。撤兵隊は、閏四月初旬に遊撃隊が接収した前橋藩富津陣屋を、遊撃隊が南下した後その影響下においていた。撤兵隊が前橋藩領の各村へ出した触書には、「万一難義なる義乱妨人等有之候ハヽ、悉ク取静め遣し可申候ニ付、一同安心聊無掛念家業可致候事」とか、「義軍府之役人ハ一同百姓ハ我か子の如く思ひ」といった文言がある。[29]これらは、近世的な支配者としての「徳」を示したものである。[30]

撤兵隊が木更津に到着した直後、村々では強談の発生による治安の悪化が懸念されていた。たとえば、木更津村の隣村である貝淵村は、四月十二日に旧幕府歩兵が到着したとの情報を入手すると「歩兵者何れにてもらんぼうをのミことく（ママ）するよし、此村などもいかなるなん儀にならんとはかりかたけレ者村中急にさわき立」と混乱した状況に陥った。[31]また、重城保が撤兵隊へ米を供出した後に「強談之筋少しもなし、村々里正とも喜ひ居」と日記に記しているのも脱走兵による強談への危惧があったことを示唆している。[32]撤兵隊へ米を提供することに人びとが協力的だった背景には、脱走兵の強奪行為から自己の生命・財産を守るために佐幕的意志を率先して示した側面があったといえる。

しかしながら、そうした恐怖感は次第に薄れてゆく。望陀郡奈良輪村へ「何れの脱走なるや三十人程」が出現して、村へ強談を申し掛けた時には農民が撒兵隊の本陣へ助けを求めている。これを受けて撒兵隊は、「義勇軍」なる部隊（農民で組織された部隊か）を率いて「賊兵」を壊滅させ、生け捕りにした者は後日撒兵隊に引き入れた。[33] このように、撒兵隊は治安維持組織としての性格を有しており、農村側もそれを期待するようになっている。すなわち、撒兵隊は恐怖の対象から村を庇護する存在へと変化しており、そうした認識は、村々が旧幕府軍を支援する要因の一つとなった。

撒兵隊が、民心掌握に力を入れた大きな理由としては、金銭・物資を滞在先の村々に依存せざるを得ない脱走兵の存在形態があったと考えられる。表13は、請西村の名主鈴木三郎家に伝来した「義軍宿賄入用取調帳」から作成したものである。ここから、資金的背景をもたない脱走兵は、必要物資・食糧の多くを支配下の村々に負担させていたことがわかる。撒兵隊が、民心を味方につけようとした背景にはそうした脱走兵の事情が存在し、上総国においてはある程度までその狙いが達成されていたといえる。

そうした観点からみれば、武蔵国に次いで旗本領が多かった上総国は、従来からの年貢徴収システムを利用できるという点で撒兵隊にとって利用しやすい土地だったといえる。慶応四年時点で、望陀郡五万九〇〇〇石余のうち旗本領は二万一〇〇〇石余で全体の三六％程度を占めていた。これに幕府領と与力給地を加えれば、約四七％となる。[34] 七月に房総知県事（上総房州監察兼知県事）として赴任してきた柴山典が、「脱賊所々ニ潜匿又房総ハ旗下知行所ノミ多ク、不帰順ノ者辰年ノ収納ハ無論巳年ノ租税迄モ引当トシ先納ト号シ前取シ且土民ヲ煽動ス」と述べていることがその証左となろう。[35] 撒兵隊が、上総を活動の根拠地とした理由は、地理的条件以外では旧旗本領が多く撒兵隊の兵力に優る大藩がないことにあると推察できる。

また、旧幕府・旧旗本領民は心情的にも撒兵隊にとって利用しやすかったと思われる。明治元年（一八六八）

十月十日に近江国三上藩は望陀郡のうち一一か村、五二四〇石をそれまで有していた安房国の領地に替えて与えられた。三上藩が新しく得た望陀郡の一一か村は、旧幕府領・旧旗本領・旧前橋藩領などが交錯して支配が複雑化していた。三上藩を悩ませたのは、旧幕府・旧旗本領民と旧藩領民の確執であった。前者は、旧幕府・旧旗本領民であることに特別な自負をもち「自然と私領民を軽蔑致し」という意識をもっていた。三上藩は等しく「朝

表13　撤兵隊賄入用

日　付	代　金	用途、品物
4.12	750文	半紙5帖
4.12	350文	木更津より持廻候廻状
4.12	180文	醬油2合
4.12	909文	飯米2升
4.12	1貫100文	油5合
4.12	金1両1分3朱291文	米1俵
4.12	1貫264文	夕飯
4.12	616文	大ろう4丁
4.12	金1朱ト50文	炭1俵
4.12	800文	水油4合
4.12	332文	柳箸50膳
4.13	148文	半紙1帖
4.13	700文	焼豆腐
4.13	2貫文	酒
4.13	200文	とふ婦
4.14	500文	茶其外
4.14	2貫248文	酒
4.14	600文	米1升
4.14	金2両	木更津買物
4.15	金1両1分3朱ト291文	米3俵
4.15	456文	茶其外
4.15	566文	松槙16束(山川立替分)
4.16	金1分2朱ト124文	酒
4.17	金2分	木更津買物
4.18	372文	とふ婦5丁
4.20	金1分1朱228文	粮米受取入用
4.20	300文	粮米木更津より引取ニ付駄ちん銭
4.20	624文	竹の皮
4.20	金2朱ト32文	大豆5升
4.20	2貫348文	大根
4.21	3貫4匁64文	干物
4.21	964文	鰹節其外
4.22	金1両2分	沢わん、梅干其外
4.22	金1分ト3貫文	木更津買物
4.22	3貫500文	焼とふ婦、升の子
4.22	800文	ふし
4.23	1分2朱ト472文	沢わん30本
4.23	金2分2朱	酒
4.23	金1分	たはこ・砂糖其外
4.23	100文	竹皮
4.23	金2朱	魚
4.23	2両3分2朱ト586文	米2俵
4.23	500文	雑木槙10束
4.24	400文	あさり
4.24	金6両1分ト116文	鹿島半兵衛より買物
4.12～21	金1両ト1貫567文	松槙342束、松葉13束(三郎兵衛立替分)
4.12～23	2分ト32文	松槙156束(長兵衛立替分)
—	金1朱ト100文	肴
—	金2分2朱	醬油
—	724文	むしろ
—	金1分2朱ト1貫448文	半紙、美の紙、さけ、生婦
—	金3朱	米、薪

註：慶応4年4月「義軍宿賄入用取調帳」(「鈴木三郎家文書」10、木更津市立図書館蔵)から作成。

民」になったのだから「旧習」を改めるように支配下の村々へ達している。(36)こうした、旧幕府・旧旗本領民の意識が撤兵隊支持に結び付くのは自然だと考えられる。

さらに、佐幕的空気が存在した背景には、常態としての佐幕意識があると考えられる。大政奉還運動について検討した井上勲の言をいま一度引用すると、武士の場合、幕藩体制下の秩序原理では「日常行為はそれ自体、佐幕的役割を果している」と述べている。(37)これは、武士以外の身分にも同じことがいえるのではなかろうか。すなわち、武士でなくとも近世社会において各身分に課された職分を日常のなかで忠実に果たすことは、結果的に幕府の支配秩序の保持に貢献することになるということである。農民の場合、具体的には年貢の上納や諸役の負担などがそれにあたる。そのような常態としての佐幕意識から、「義軍府」と称し徳川再興を唱える撤兵隊に村々が協力した側面もあったといえよう。

また、前節でみたように、当該期の上総国は圧倒的に旧幕府軍が優勢な状況にあった。これも、農村が旧幕府軍を支持する重要な要因であったといえる。つまり、旧幕府軍の勝利に期待する雰囲気が村々に敷衍していたのである。重城は、五月十五日の上野戦争に際しては、「仰願クハ徳戦兵之十分勝利を得て江戸城を取かへし、官軍不残逃去らん事を」と彰義隊の勝利を待望しているし、日記にはほかにも村内における旧幕府軍への期待が散見される。(38)

以上のような複数の要因によって、上総国では佐幕的空気が醸成されていたと考えられる。

三　撤兵隊敗退後の情勢

撤兵隊は上総国を根拠地として下総国への進出も試みるが、慶応四年閏四月一日、第一大隊が市川・船橋で新政府軍との戦闘に敗れる。続く七日、第三大隊も五井・姉崎方面で敗走し、決定的な敗北を喫する。一方、林忠崇ら遊撃隊は、藩地脱走後、佐貫・勝山・館山と南下して、十日には旧幕府海軍の艦船に曳航されて海路伊豆真鶴へ渡った。撤兵隊が壊滅し、遊撃隊が主戦場を東海道に移したことで、房総における主要な戦闘は閏四月中旬頃には終結した。

それまで旧幕府軍を支持していた村々は、撤兵隊を破って進駐してきた新政府軍を歓迎はしなかった。撤兵隊の所持していた物品を戦利品として奪って行く新政府軍の兵士を見て、貝淵村の農民は「不用なるハうちこハし、狼ぜき何共いふはかりなし」と述べたり、「まことに名計りの分捕にて実ハ賊の所行なり」と明らかに強い反感を覚えている。(39)また、重城保は、木更津を目指して数千の新政府軍が進軍してくることを知ると、「切歯扼腕」してひどく悔しがっている。(40)新政府軍側は、こうした情勢を「木更津辺人心不折合」と判断して、「必動揺ケ間敷儀無之銘々産業ヲ営ミ安心可致」と東海道先鋒副総督柳原前光の名で達を出した。(41)さらに、新政府軍は占領した村々で民家の捜査を行い、敗残兵をかくまったり武器を隠し持ったりしていないか逐一確かめた。高柳村でも探索が実施され、ここにいたって重城は「彼是周旋心配之事のミ、大ニ困」と撤兵隊に積極的に協力した自身と村の立場を憂慮するようになる。(42)

しかしながら、撤兵隊敗退後も脱走兵による単発的な抵抗は続き、佐幕的な空気も消滅したわけではなかった。五月四日には、撤兵隊士が再び木更津に屯集していることを飯野藩が東海道先鋒総督府に届け出ているし、重城らは撤兵隊士と密かに面会して「戦争御物語」などをしている。(43)このように情勢が安定しなかったのは、三浦茂一が述べる通り、新政府が上総・安房には大規模な鎮撫組織を置かなかったことに起因するといえる。(44)諸藩や房総知県事柴山典は、脱走兵の鎮撫に苦戦し、兵力を補うべく農兵の取立を鎮将府に建議したが許可されなかった。(45)

敗残兵の蜂起は各地で相次ぎ、騒動の多くに農民や町人が積極的に荷担した。五月十八日の朝六時頃に、彰義隊の一派と名乗る脱走兵部隊が佐貫城を襲撃している。佐貫藩は、新政府に脱走兵への同調を疑われ、閏四月十四日に城地・兵器が東海道先鋒総督府によって没収（十七日佐倉藩の管下となる）、藩主阿部正恒と藩士は謹慎処分に処された。五月十七日に東征大総督府から房総三国廻達頭に任じられていた佐倉藩は、佐貫城に駐屯させていた兵力で襲撃に応戦してこれを撃退した。佐倉藩が、東征大総督有栖川宮熾仁親王へ提出した報告書によると、この脱走兵部隊の目的は藩主以下の謹慎を解いて味方に付けることにあったようである。その後佐倉藩は、退散した脱走兵たちが木更津村周辺に屯集しているとの情報を入手したのでその様子を調べたところ、脱走兵は「農民ヲ集防戦之手当罷在候」という状況であった。しかしながら、二十二日に脱走兵が逃走したことでこれ以上の戦闘は起こらなかった(46)。

ここで注目すべきなのは、多くの農民や町人がこの襲撃に参加している点である。『日々新聞』の記事には、「浪士多人数にて寄きたり城を襲ひしが、此内士分ハわづかに二十人許にして、其他は百姓体のものども竹槍をもて来りしなり」とある(47)。重城の日記にも「木更津之町人も余程同道致し候噂あり如何与思ひしに、是ハ実説なり」と騒動の様子が記されている(48)。このように、物資・資金の提供のような間接的支援だけではなく、直接軍事行動に参加する人びともいた。

八月初旬には、脱走兵五〇人程が船で望陀郡中島村に上陸して、同横田村の善福寺に屯集した。その上、望陀郡は「一般賊ノ巣窟トナリ賊凡二三百モ有ン」という状況にあり、柴山典は前橋・生実・姉崎・一宮・久留里・佐倉・飯野・吉田の各藩兵を指揮して脱走兵掃蕩作戦に着手した。柴山が送った間諜が、持ち帰った情報は次の通りである。

上総国市原郡柏橋村寺谷村岩崎村及ヒ望陀郡茅野村真里谷村横田村ノ所々賊徒往々入込土民ヲ煽動シ候趣ニ付、過月ヨリ間諜ヲ以テ賊ノ挙動ヲ探索仕候処、賊徒ハ三十人計ニ御座候得共土民悉ク内応、八月上旬ニハ賊徒多ク屯集、マツ久留里城ヲ抜キ取夫ヨリ四方ニ打出、本月中ニハ房総全州ヲ悉ク屠リ候積リ之由、誠ニ

蟷螂か斧ヲ以立車ヲ覆スノ策ニ等シク及ヒモ無キ儀ニ候得共、何分難捨置急速掃攘可仕ト決[49]

これとは別に、柴山配下の密偵が「義軍府」の者と称して行った捜査でも、「惣代名主共皆々賊ニ内応」といった結果が報告されている。[50] 撤兵隊敗走後も、なお旧幕府軍に荷担する地元民の反新政府的動向はみられ、類似の騒動は九月頃まで断続的に起きた。しかし、柴山が「蟷螂か斧ヲ以立車ヲ覆スノ策」というように、この段階になるともはや統制のとれた大規模な策動に結び付くことはなかった。柴山は、騒動鎮圧の際に捕縛した農民には処罰を科さず、「改心」を約束する証文を作成させて赦免している。[51] こうした処置は、新政府さらには天皇の「寛容さ」を示すための演出の一つであった。

もちろん旧幕府軍が滞在・通過したすべての地域が、旧幕府軍を全面的に支持したと見なすのは誤りであるが[52]、そうした動きは少なくとも上総国だけではなく関東の他地域でもみられるのである。

四　「味方」から「賊」へ

前述した通り、撤兵隊が敗走するまでの間、上総国においては旧幕府軍が圧倒的に優勢であり、旧幕府軍の勝利に期待する雰囲気が村々に蔓延していた。その期待がくじける画期となったのは、撤兵隊敗退のほかに慶応四年五月十五日の上野戦争における彰義隊の壊滅がある。午前十時頃、木更津に江戸方面からの砲声が届くと、人びとは彰義隊と新政府軍の間で戦争が始まったとすぐに認識した。[53] 江戸方面からの砲声がすぐさま上野の戦争と結びつくのは、それだけ彰義隊の動勢に人びとが注目していたことを表している。

高柳村では、上野戦争の結果について情報が錯綜していたが、ほぼ確実とされる知らせが入ってきたのは十八日であった。彰義隊の江戸からの敗退は、これまで江戸奪還を期待して旧幕府軍を支援してきた人びとに旧幕府方の敗北を予感させた。彰義隊「大敗」の知らせを聞いた重城保ら村役人は、近隣村々の名主と会合して事後策を相談している[54]。彰義隊の敗北は、旧幕府側にとって東北へ後退せざるをえなくなる決定的な敗北だったが、同時に江戸周辺の人びとの意識にも大きな影響を与えたのである。

では、新政府軍は旧幕府軍を破ったあと、村々に対してどのように対応していたのだろうか。柳原前光の日記をみると、兵火で焼失した場合には被災者へ賑恤金を下付していることがわかる[55]。これは、新政府軍の寛大さ・権威を示すための行為であるが、その反面民家に火を放つことが多かったのは新政府軍であった。放火作戦は、敵の根拠地や隠れ家を奪い、村が敵の味方をする場合にはみせしめとする目的を有していた[56]。撤兵隊などが屯集した寺やその付近は、ほとんどが焼き払われている。つまり、旧幕府軍に協力したみせしめとして放火を行い、その後金を下付して寛大さを示すという民心掌握の手段であった。

その後、七月に柴山典が房総知県事に就任し、前節でみたような騒擾に対応した。柴山の鎮撫活動については、三浦茂一が詳細に分析している[57]ので反復は避け、ここでは本章に必要な範囲でその方向性に触れておく。柴山は、着任当初に管下の名主を集めて、統治の方針を申し渡している。そこでは、まず幕府から「天朝」へと支配が変わったことを明示した。次に、帰順した旧旗本の保護を述べている。これは、房総に限ったことではないが、当面の身分を保証することで旧幕臣を恭順させようとする意図がうかがえる。次に、脱走兵を発見次第報告することを奨励している。反対に、かくまった場合には罰則を与えるということでもある。また、人別調査の実施、身元不明人の逗留禁止などを命じている。これらは、脱走兵が潜伏するための根拠地を奪い、農村との連携を断つことにつながる[58]。

一方で、旧幕府軍の残党は徐々に強盗化してゆく。これは述べるまでもなく、部隊としての統制がとれなくなったことに原因がある。重城の日記には、脱走兵による強盗に関する記事がみられる。一例をあげれば、「昨夜西山次右衛門江賊之入候咄あり（中略）四ツ少し過候頃、仲ノ口之戸を破り三人抜身ニ而押入候事、門外ニも壱両人居候様子之よし、金三両余当百共合而七両程差出候よし、万石金勝寺江入候者鶏鳴ニ成事之よし、同し賊なるよし」といった記述がある。(59)

治安の悪化は、村々にとって重大な問題となる。この問題に対応すべく各村の村役人は「防賊申合」をして、村内の夜間巡廻を行った。また、「防盗之道具」として江戸からピストルなどの武器を購入して自衛のために武装化してゆく。(60)こうしたなか、脱走兵に対する態度も当然変化する。六月初旬に、撒兵隊士四名が重城を訪問してきた際には、重城はその場では和やかに対応しているが、彼らが出かけるとその出現を前橋藩富津陣屋へ密告している。(61)明確な転向が読み取れよう。村内秩序の動揺は、指導者層である村役人の立場を揺るがすものであり、重城ら村役人は何よりも郷土の防衛を第一に考える必要があった。このように、旧幕府軍は農村にとってみずからを庇護する「味方」から、治安・生命財産を脅かす対象である「賊」と認識されるようになったのである。転換点となった時期は、上総国の中だけでも地域差があり平坦化することは容易ではないが、撒兵隊と彰義隊の敗北は大きな区切りとなっているように思う。

自衛活動は、他地域でもみることができる。安房国で勤王を表明して治安維持活動を展開した房陽神風隊は、その顕著な例である。神風隊は、九月四日に安房国を対象範囲として東征大総督府から結成を許可されている。神風隊結成を主導したのは安房郡大井村（現館山市）手力雄大明神の神主石井石見守昌道で、安房国の神職を中心に組織された。(62)神風隊は、吉田家本所が京都で結成した神威隊に連動するかたちで成立している。そのため、神風隊は神職集団としての色彩が濃いが、隊士の半数程度は神職以外の人びとで構成されており（表14）、各村の上層農民が活動資金を提供している(63)（表15）。神風隊へ参加・支援した農民は、人員・資金を提供することで敗残兵によって乱れた治安の回復を企図した。このように、権力による保護が期待出来ない地域では、農村は新政府軍の支配下に組み込まれるかたちでみずから武装し「賊」から生命・財産を守ろうとしたのである。

表14　神風隊関係人物名簿

出　身	身分	氏　名	年齢	備　考
安房郡大井村	神職	石井石見(昌道)	51	手力雄大明神
安房郡大井村		安東平三郎	44	石見弟
安房郡大井村		石井大和	26	石見嫡男、次代手力雄大明神神主
安房郡大井村		石井房次郎	19	石見次男
安房郡竹原村		宮崎太仲	47	
安房郡大井村		石井松次郎	19	石見厄介
安房郡山本村		高木文助	29	周岱次男
朝夷郡岩糸村		庄司七左衛門	42	
安房郡園村	百姓	影山恒三郎	48	名主貞右衛門父
朝夷郡岩糸村		三浦丈助	38	
朝夷郡腰越村	百姓	三浦紋次郎	16	名主貞右衛門悴
安房郡広瀬村	名主	斉藤喜平治	38	
安房郡水玉村		押足鎌次郎	32	
朝夷郡西原村		加藤忠兵衛	45	
安房郡竹原村		須田将曹	20	喜一郎悴
安房郡八幡村	神職	酒井出羽	20	八幡宮
安房郡大井村	神職	黒川伊予	34	手力雄大明神
安房郡山萩村	神職	石井豊前	26	歳宮
朝夷郡沓見村	神職	斉藤陸奥	37	莫越山神社
朝夷郡牧田村下立	神職	三幣若狭	31	松原神社
安房郡宮ノ下村	神職	鈴木出雲	36	東宮大明神
安房郡天津村	神職	藤井出雲	29	神明宮
平郡不入斗村	神職	川崎丹後	26	天王社
平郡勝山村	神職	川上豊後	56	天王社
長狭郡坂東村	神職	粕谷大和	25	八幡宮
長狭郡天津村	神職	岡野讃岐	36	神明宮
長狭郡東条西村	神職	柏原駿河	26	庤大明神
長狭郡粟斗村	神職	山口繁広	22	熊野大明神
安房郡片岡村		小柴金次郎	50	
安房郡北条村		羽白久左衛門	45	
平郡岡本原村		山田新右衛門	40	
安房郡東条東村	神職	高階筑前	35	八幡宮
安房郡片岡村		小柴新三郎	35	
安房郡大井村		石井為三郎	19	
朝夷郡岩糸村		福地又兵衛	35	
安房郡山荻村	百姓	石井恵太夫	28	徳左衛門悴
安房郡布良村	医師	川上恭順	24	
安房郡水玉村	百姓	押足弥兵衛	25	善兵衛悴
安房郡広瀬村		斉藤儀兵衛		
安房郡広瀬村		斉藤弥助	27	
朝夷郡宇田村		実方利兵衛	37	
朝夷郡宇田村		上田桂助	39	
安房郡大井村		高梨徳次郎	16	周助悴
安房郡大井村	百姓	秋山喜兵衛	32	佐兵二悴、藤原昌俊
安房郡大井村	百姓	長谷川藤吉郎	27	桂助弟

安房郡大井村	百姓	太田友吉	17	太朗兵衛三男
安房郡大井村	百姓	小柴平助	30	保兵衛弟
安房郡大井村		安兵衛		
安房郡片岡村		鈴木桂助	39	
安房郡清水村		尾崎安兵衛	38	
安房郡清水村		渡辺作兵衛	37	
朝夷郡石神村	名主	山田武左衛門	29	
朝夷郡石堂村		渡辺弥三郎	36	
朝夷郡真門村	名主	根本安兵衛	19	
朝夷郡下三原村	百姓	石井信太朗	18	五左衛門悴
朝夷郡岩糸村	百姓	庄司房次郎	28	七左衛門
朝夷郡真門村	百姓	根本弥助	20	安兵衛養方弟
朝夷郡白子村		速水喜一郎	28	
長狭郡浜波太村	百姓	飯高直七	21	名主善左衛門悴
安房郡八幡村	神職	武内伊勢	40	八幡宮
安房郡八幡村	神職	伊達増次郎	15	八幡宮
安房郡八幡村	神職	鶴賀内膳	46	八幡宮
安房郡八幡村	神職	佐藤右京	46	八幡宮
安房郡八幡村	神職	中村帯刀	28	八幡宮
安房郡八幡村	神職	山瀬頼母	20	八幡宮
安房郡八幡村	神職	石河求馬	26	八幡宮
安房郡八幡村	神職	磯辺隼人	30	八幡宮
安房郡八幡村		中村金次郎	24	帯刀弟
安房郡八幡村		酒井武助	26	出羽弟
安房郡中村		野村平四郎	38	
朝夷郡大井村	名主	半沢伴次郎	30	
朝夷郡岩糸村		三浦四郎	15	丈輔養子
安房郡清水村		石井伊助	28	
安房郡中村		伊管久二郎		
朝夷郡白子村		石井亮右衛門	40	
朝夷郡白子村	医師	石井俊庵	31	
安房郡清水村	名主	鶴谷大輔	39	
安房郡清水村		石井伊助	28	
平郡久枝村	医師	池田玄碩	35	
安房郡池ノ内村		高梨友蔵	34	
安房郡大井村		石井友之丞	26	石見厄介
		人見周三	30	石見厄介
長狭郡南小町村	神職	古市美濃	32	奥野大明神
平郡南谷村	百姓	石井久之助		徳右衛門悴
安房郡大井村		安東政次郎	15	平三郎養子
安房郡大井村	神職	小柴喜内		手力雄大明神
安房郡稲村	百姓	正木栄助	50	源直晴
安房郡大井村		三平基之助	26	藤原昌邦
安房郡大井村		高久勇八郎		
安房郡山本村	医師	高木周岱		

註：「同志人名録」、「勤王同盟録」、「同志姓名録」（「石井家文書」OB-９、10、11、28、29、館山市立博物館蔵）から作成。氏名の掲載順は、史料にしたがった。年齢は慶応４年時のもの。空欄は不明。

表15　神風隊への出金者一覧（慶応4年）

出金日	出勤者	金額
10.15	影山恒三郎	金3両
10.15	酒井出羽	金10両
10.15	岩糸、白子、波太村15名	金45両
10.15	黒川伊予	金3両
10.15	石井大和	金21両
10.15	斉藤喜平治	金3両
10.15	高木周岱	金3両
10.15	武膳	金2両
10.15	押足鎌治	金3両
10.15	押足弥兵衛	金3両
10.15	秋山喜兵衛	金2両
10.15	斉藤弥助、斉藤儀兵衛	金4両
10.15	長狭郡9名	金13両
10.15	鶴谷大輔	金3両
10.16	福原甚兵衛	金3両
10.18	石井豊前	金10両
10.18	斉藤陸奥	金2両3分
10.18	川上恭順	金3両
10.19	小沢寿助	金3両
10.20	長谷川藤吉朗	金2両
10.21	高梨徳次郎	金2両
10.21	石井房次郎	金2両
10.22	伊藤卯之助	金3両
10.22	三幣若狭	金2両
10.28	長狭郡	金14両
10.28	神崎大膳	金2両
10.28	渡辺能登	金3両
10.28	左右賀出雲	金3両
10.28	川上豊後	金3両
10.28	安田織膳	金3両
11.2	山荻村	金7両
		合計　金185両3分

註：「出金取立覚」（「石井家文書」OB-29）より作成。下線は神風隊士ではない人物を示す。

撤兵隊の支配が安定していた時期には、農村にとって旧幕府軍が自身の生命・財産を保証する「味方」であり、上総国西部の村々は佐幕的な姿勢をとった。しかし、旧幕府軍敗退後に敗残兵が強盗化して脅威の対象となると、翻って新政府軍がみずからを庇護する存在となり人びとは次第に新政府を支持するようになる。つまり、戦場となった地域においては、佐幕と勤王の選択は、理論的・心情的あるいは思想的な面に規定された一貫したものではなく、生命・財産の保守を第一に考えた態度表明としての佐幕や勤王であったといえる。

小括

撤兵隊と上総国の村々の関係では、撤兵隊は支配下においた村々に対して威圧的に迫るのではなく、むしろ支配者としての「徳」をもって接し、支持を受けようとする態度がみられた。その背景には、滞在先の村々の援助なくして活動できない脱走兵の事情が存在した。そして、当初上総国の村々は積極的に旧幕府軍を支援した。金銭・物資面で間接的に支援する人びともいれば、直接軍事行動に身を投じる人びともいた。その要因は、①脱走兵が民心の掌握に力を入れていたこと、②旧幕府軍の強奪行為からの自己を防衛するための佐幕意識が村側に存在したこと、③上総国における優勢な情勢を背景とした旧幕府軍の勝利への期待が村々にあったこと、④従来からの幕府への貢献意識すなわち常態としての佐幕意識があったことにあると考えられる。

そのような状況下にあった上総国の農村は、撤兵隊・彰義隊の敗退を契機として次第に新政府の支配を受け入れるようになる。上総国において撤兵隊が大惨敗を喫し、上野戦争で彰義隊が壊滅したことによって旧幕府軍の勝利への期待が挫折したのである。それでもなお、単発的な騒擾はみられたが、形勢を覆すような大規模な策動は起きようもなかった。また、統制を失った敗残兵が強盗化していったことは、村々が新政府の支配を受け入れた最大の原因として考えられる。それまで、「味方」と認識していた旧幕府軍は、自己の生命・財産を脅かす「賊」へと変化し、必要に迫られて村々は自己防衛策を講じた。

幕末維新期のなかでも、戊辰内乱は最も多くの人びとを巻き込んで繰り広げられた政治闘争であり武士以外の身分の人びとをその舞台へと押し上げた。戊辰内乱は、多くの人びとに旧幕府か新政府かの政治的判断を迫り、人びとはその時直面した状況に応じて、自己の利害にもとづいた選択をした。その選択基準は、理論的・思想的な面としての佐幕や勤王ではなく、自己の生命・財産の保守をするための意志表明としての〈佐幕〉であり〈勤王〉であった。武士以外の人びとにとって佐幕理念や勤王理念とは目的達成のための手段にすぎず、佐幕と勤王の理論的な二項対立、あるいはまったくの無関心でどちらも支持しないという見解ではとらえきれない、態度決定の複雑性がみて取れるのである。

(1) 井上清『日本現代史Ⅰ　明治維新』(東京大学出版会、一九五一年)。
(2) 原口清『戊辰戦争』(塙書房、一九六三年)一八四・一八五頁、原口清著作集編集委員会編『原口清著作集三　戊辰戦争論の展開』(岩田書院、二〇〇八年)所収。戊辰内乱期に起きた一揆や打ちこわしの研究は、佐藤誠朗「維新政権論」・溝口敏麿「戊辰戦争——戦争と一揆——」(佐藤誠朗・河内八郎編『講座日本近世史八　幕藩制国家の崩壊』有斐閣、一九八一年)、長谷川伸三「慶応四年武州東北部における世直し騒動の一考察」(阿部昭・長谷川伸三編『明治維新期の民衆運動』岩田書院、二〇〇三年)などがある。なお、房総においては当該期に北関東から東北で発生したような大規模な一揆・打ちこわしは発生していない。
(3) 石井孝『戊辰戦争論』(吉川弘文館、一九八四年)、一五〇・一五一頁。
(4) 高橋実「「御一新」と村むらの農民」(『関城町の歴史』八、一九八八年)、同『幕末維新期の政治社会構造』(岩田書院、一九九五年)所収、五二八・五二九頁。
(5) たとえば『飯能市史』は、五月二十三日に振武軍と新政府軍の間で起きた飯能戦争を苦難の維新史として描いている(『飯能市史』通史編、飯能市役所、一九八八年)。飯能戦争については以前に拙稿「創造される飯能戦争像」(『埼玉県の文化財』五一、二〇一一年)で取りあげた。
(6) 松尾正人「多摩の戊辰戦争——仁義隊を中心に——」(同編『近代日本の形成と地域社会』岩田書院、二〇〇六年)。
(7) 高木俊輔『明治維新草莽運動史』(頸草書房、一九七四年)など。
(8) 宮本栄一郎『幕末郷土史　上総義軍』上巻(新千葉新聞社、一九五五年)、『木更津市史』(木更津市、一九七二年)など。なお、房総における旧幕府軍の策動については依然として不明瞭な部分が多いが、近藤靖之「戊辰戦争期旧幕府軍の一考察」(『史学論集』三〇、二〇〇〇年)が参考となる。
(9) 『改訂房総叢書別巻　房総通史』(改訂房総叢書刊行会、一九五九年)、『千葉県史』明治編(千葉県、一九六二年)、『千葉県の歴史』通史編・近現代一(千葉県、二〇〇二年)など。
(10) 三浦茂一「房総戊辰戦争研究ノート」(川村優先生還暦記念会編『近世の村と町』吉川弘文館、一九八八年)。
(11) 『復古記』一〇、慶応四年四月十三〜十六日条(覆刻版、東京大学出版会、二〇〇七年)。撒兵隊の兵力については、『復古記』には「五六千」、林忠崇の手記である「一夢林翁手稿戊辰出陣記」(千葉県立中央図書館蔵、以下「出陣記」と略記する）には「凡三千」とあるように史料によって若干異なる。

(12) 遊撃隊と林忠崇の動きについては、「出陣記」、林勲『上総国請西藩主一文字大名林侯家関係資料集』（私家版、一九八八年）、中村彰彦『脱藩大名の戊辰戦争――上総国請西藩主林忠崇の生涯――』（中央公論新社、二〇〇〇年）参照。

(13) 人見寧の自伝である「人見寧履歴書」（『農業史内部資料』一八、茨城県農業史編さん室、一九六七年所収）には、品川沖脱走時、遊撃隊士は開陽・長鯨に乗船し、ほかにも多数の脱走兵が船中にいたとある。

(14) 「出陣記」の各所に、榎本艦隊と遊撃隊の結び付きを確認できる。

(15) 東京都江戸東京博物館都市歴史研究室編『勝海舟関係資料　海舟日記』(三)慶応四年四月十三～十七日条（東京都、二〇〇五年）。

(16) 『復古記』一〇、慶応四年四月十三日条。

(17) 菱田忠義・重城良造編『重城保日記』第二・三巻（うらべ書房、一九九一・一九九二年）。以下、『日記』と略記して巻数・年月日のみ記す。高柳村は、石高一二〇〇石余で幕末期には前橋藩領であった村である。重城保（一八三三～一九一二）は、安政五年（一八五八）に家督を相続して名主に就任している。重城は、若い頃には漢学を学び漢学者織本東岳らと交流があったが、戊辰内乱以前に何らかの思想に傾倒していた様子はうかがえない。明治以降は、千葉県議会議長・君津郡長・衆議院議員などを歴任している。重城と高柳村については、重城良造『重城家の血脈』（私家版、一九八二年）、重城良造編『重城保日記物語』（うらべ書房、一九九九年）、三浦茂一「西上総高柳いまむかし」（『千葉史学』四三、二〇〇三年）参照。

(18) 『日記』第三巻、慶応四年閏四月一～三日条。

(19) 『日記』第三巻、慶応四年閏四月四・七日条など。

(20) 『日記』第二巻、慶応元年閏五月十七日条。

(21) 『復古記』一〇、慶応四年四月十三日条、慶応四年七月「雨城の夢」（『久留里城誌』久留里城再建協力会、一九七九年所収）。

(22) 「雨城の夢」。

(23) 万里小路局については、前掲、註(12)林『上総国請西藩主一文字大名林侯家関係資料集』参照。

(24)「出陣記」。
(25)「慶応四戊辰年新聞一」慶応四年閏四月五日条（袖ケ浦市横田葛田昌也家文書、實形裕介「民衆の見た戊辰戦争――「慶応四戊辰年新聞一」の紹介――」『袖ケ浦市史研究』三、一九九五年にて全文が翻刻）。實形は、同史料は貝淵村の上農層の記録だと考察している。
(26)『日々新聞』第一三輯、慶応四年五月。
(27)『復古記』一〇、慶応四年四月十五日条。
(28)なお、文献によっては「上総義軍」という呼称を用いているものがあるが、管見の限り撒兵隊がそうした名称を用いたことはない。このような呼称は、地域社会における旧幕府軍に対する歴史意識を反映したものだと考えられる。旧幕府軍の歴史像の形成については稿を改めて論じたい。
(29)慶応四年閏四月「義軍府触書」（『富津市史』史料集一、富津市、一九七九年、六九八〜七〇〇頁）。
(30)こうした志向は、総房三州鎮静方が出した触書にある「良民難渋ならさる様致し遣度候」と類似する（慶応四年三月「総房鎮静御触之写」〈おとづれ文庫文書ア五六、千葉県文書館蔵〉）。ただし、鎮静方は新政府軍と対立するのではなく、徳川恭順実効化のために治安活動を展開した点で撒兵隊とは大きく方向性が異なる。また、両者が連携した様子もない。
(31)「慶応四戊辰年新聞一」慶応四年四月十二日条。
(32)『日記』第三巻、慶応四年閏四月五日条。
(33)「慶応四戊辰年新聞一」慶応四年四月二十五・二十六日条。
(34)木村礎校訂『旧高旧領取調帳』関東篇（近藤出版社、一九六九年）。
(35)「柴山典履歴」慶応四年七月十四日条（柴山家文書ク一、千葉県文書館蔵）。
(36)明治三年七月「管下拾壱箇村江三上藩達書」（武内千代松・武内博編『上総国望陀郡中島村史料集』私家版、一九七二年、一三・一四頁）。
(37)井上勲「大政奉還運動の形成過程」(二)（『史学雑誌』八一―一一、一九七二年）。
(38)『日記』第三巻、慶応四年五月十五日条。
(39)「慶応四戊辰年新聞一」慶応四年四月九・十日条。

(40) 『日記』慶応四年閏四月八日条。
(41) 「総房鎮撫日誌　乾」(『大日本維新史料稿本』慶応四年閏四月七日条、丸善マイクロフィルム版)。
(42) 『日記』第三巻、慶応四年閏四月十日条。
(43) 『復古記』一〇、慶応四年五月四日条、『日記』第三巻、閏四月二十九日条。
(44) 前掲、註(10)三浦「房総戊辰戦争研究ノート」。
(45) 「稲葉正善家記」慶応四年七月九日条(東京大学史料編纂所蔵、四一七五—九二八)、「柴山典履歴」慶応四年七月二十二日条。
(46) 「阿部正恒家記」(『大日本維新史料稿本』慶応四年閏四月十四日条)、「慶応戊辰日記」慶応四年六月十四日条(宮内庁宮内公文書館蔵、三四七八七)。
(47) 『日々新聞』第一二輯、慶応四年六月三日。
(48) 『日記』第三巻、慶応四年五月十八日条。
(49) 「柴山典履歴」慶応四年八月条。
(50) 同右。
(51) 同右。
(52) 前掲、註(5)拙稿「創造される飯能戦争像」でもこの点にかかわる問題を、飯能戦争を事例に若干検討した。
(53) 『日記』第三巻、慶応四年五月十五日条。
(54) 『日記』第三巻、慶応四年五月十八日条。
(55) 「輒誌」(柳原前光日記)慶応四年閏四月七日条(宮内庁宮内公文書館蔵、三五八四〇)。
(56) 保谷徹『戊辰戦争』(吉川弘文館、二〇〇六年)。
(57) 前掲、註(10)三浦「房総戊辰戦争研究ノート」。
(58) 「柴山典履歴」慶応四年七月十四日条。
(59) 『日記』第三巻、慶応四年六月十六日条。
(60) 『日記』第三巻、慶応四年七月二十七日条。

(61)『日記』第三巻、慶応四年六月一日条。
(62)駈川盛義『大井之誇』（私家版、一九四三年）、石井多計麿『安房勤王神風隊』（私家版、一九六六年）、君塚文雄「房陽勤王神風隊の概要」（『千葉文華』一二、一九七八年）、鈴木広一「房陽神風隊――維新期農村の中で――」（川名登編『郷土千葉の歴史』ぎょうせい、一九八四年）、三浦茂一「房陽神風隊と房総知県事」（『安房博物館報』五九、一九九四年）。
(63)（慶応四年）「同志人名簿」（『千葉県の歴史』資料編・近現代一、千葉県、一九九六年、史料番号七）、前掲、註(62)駈川『大井之誇』。

第10章　旧旗本阿部詮吉郎の朝臣化と知行所——農兵隊の動向を中心に——

はじめに

天皇を頂点にいただく新政府が、徳川将軍から政権を奪取したことで、徳川宗家の直臣であった旧幕臣たちは岐路に立たされた。旧幕臣たちが選択したのは、大きくは①七〇万石の一大名となった徳川家達（田安亀之助）に従って静岡へ移住する、②「勤王」の誓書を提出して朝臣（朝廷の直臣）となる、③武士身分を捨て帰農・帰商する、④反新政府的軍事行動を展開する、という四通りであった。本章は、最終的に②を選んだ旧旗本の知行所支配および知行所の村々の動向に迫ろうとするものである。

徳川宗家の処分時に約三万人いた旧幕臣のうち、朝臣願いを出したのは五〇〇〇人弱であったとされる。実に六分の一程度の旧幕臣が徳川宗家との主従関係を清算し、朝廷の直臣となったことになる。とりわけ、朝臣化したのは大身の旧旗本が多かったという(1)。その背後には、知行権の維持を最優先する意識が横たわっていた。

新政府による旧旗本の処分問題および知行権解体の全体像は、秩禄処分の観点からの分析を行った深谷博治『新訂華士族秩禄処分の研究』(2)や、法令面からより詳細に検討した千田稔『維新政権の秩禄処分』(3)、静岡藩の成立過程に同問題を位置づけた原口清『明治前期地方政治史研究』(4)によってほぼ明らかにされた。

個別の旧旗本については、地域史の立場から実証的研究が蓄積されてきたが(5)、最近では三野行徳「高家今川氏における旗本知行権の解体過程(6)」や池田勇太「旗本近藤家の明治維新(7)」による新出史料を駆使した仕事がある。こうした研究は、いずれも知行権喪失過程の具体的諸相や、家政改革、家臣団の解体といった諸点に着目した論考である。また、三野(8)や門松秀樹(9)によって旧幕臣が新政府の実務官僚に登用されてゆく過程の基礎的分析が進められた。静岡へ移住した旧幕臣については、宮地正人(10)や樋口雄彦(11)が緻密な研究成果を発表している。以上のように、近年維新史研究の分野において、旧幕臣にかかわる諸問題の検討は顕著に進められている。

しかしながら、旧旗本の朝臣化にかかわる問題としては、従来のような新政府あるいは旧旗本家を中心に据えた研究視座だけではなく、旧旗本の朝臣化と連動して発生した知行所の村々の動向にも目を配る必要があろう。新政府が覇権をつかもうとする過程での旧旗本の判断は、知行所の村々にどう映ったのであろうか。この問いかけに応えてくれる先行研究は見当たらない。領主である旗本の身分の変更（幕臣→朝臣）に対する知行所の反応を明らかにすることは、前章のような問題に加えて、佐幕理念から勤王理念への転換を支配を受ける人びとがどうみていたのかという課題解決に向けての作業となるであろう。

本章では、右の問題意識にもとづいて、上総国夷隅郡の旧旗本阿部詮吉郎知行所を事例に、戊辰内乱期に朝臣化を願い出た旧旗本の知行所の動向を明らかにしたい。特に、内乱勃発後に組織化され、旧知行所内の自衛活動を展開した農兵隊の取立から解散後の様相に着目する。阿部家知行所の農兵隊は村々の上農層で構成される組織であった。旗本知行所の軍役負担については、保谷徹に代表される幕府の兵制改革との関係に焦点をあてた研究があるが(12)、幕府瓦解後の旧旗本知行所における農兵隊に関しては、その活動の一部に言及した論考はあるものの従来あまり注目されてこなかった。本章では農兵隊の顚末を追うことで、旧旗本知行所の上農層の視点に立脚した内乱の具体像を描き出したい。

なお、行論にあたっては、阿部家の在地役人を代々つとめた藤江家に残された文書(13)を主に活用する。

一　旗本阿部家と幕末期の軍役

旗本阿部家の由緒や知行所支配に関する事実関係は、すでに『大原町史』(14)や遠藤真由美(15)によって考察されている。まず、本節では先学に依拠して基本事項を整理しつつ、幕末期の兵制改革と阿部詮吉郎知行所の状況についてみておきたい。

延宝五年（一六七七）七月に忍藩主阿部正能が隠居して、長男正武が八万石を襲封した。この時に、次男の正明は分家して旗本に取り立てられた。本章で取りあげる阿部家は、この正明を祖とする。同年に、正能の三男正房・四男正員も分家し、三家合計で一万石が本家から分知された。その割合は、五〇〇〇石（正明）・三〇〇〇石（正房）・二〇〇〇石（正員）で、知行所の村々からは三家を合わせて「三方様」と呼ばれた。研究史上では、「五・三・二の支配」と称されている。一万石の知行所は、すべて上総国夷隅郡内であり、幕末まで変化はないが、正明家は天和二年（一六八二）に上野・下野国内に一〇〇〇石を加増された（本章での分析対象は上野・下野の知行所を除いた夷隅郡内の知行所に限定する）。以下、本文中では正明を祖とする阿部家を「阿部家」と記し、ほかの二氏をそれぞれ「正房家」・「正員家」と表記する。

阿部家の夷隅郡内の知行所は、福原、小福原、部田、井沢、三門、新田、釈迦谷、硯、高山田、須賀の一〇か村で、慶応四年（一八六八）時の表高も分家された時と変わらず五〇〇〇石である(16)。一〇か村すべてが、阿部家の単独支配であり相給村はない。在府の旗本である阿部家は、部田村に中瀧陣屋を置いて在地支配の要とした。中瀧陣屋は、村役人へ江戸からの達を伝達したり、江戸から用人が出張して政務を執る際の空間として利用された。

日常的な在地支配を担ったのは、「在役」が事務執行の場とした「在役所」である。在役所とは、在役の屋敷のことを指す。在役は在地支配の中心的存在で、慶応年間（一八六五〜一八六八）にその任に就いていたのは、新田村の藤江弥惣治とその長男の司、三門村の松崎仁右衛門である。両家とも代々阿部家の在役をつとめており、武士と豪農双方の性格を有していた。慶応三年（一八六七）時点の家臣団の構成は、表16の通りである。藤江弥惣治が御取次格、藤江司と松崎仁右衛門が御納戸格であり、三人のうち席次が最高位である藤江弥惣治が取りまとめ役であった。

本章で対象とする時期の阿部家の当主は、阿部詮吉郎（式部）である。詮吉郎は、天保十三年（一八四二）に生まれ、安政三年（一八五六）十一月二十八日、父鍵次郎（蒼山）から家督を相続した。同年寄合となり、慶応元年（一八六五）閏五月二十五日、数え年で二四歳の時に御使番に取り立てられた(17)。

多くの旗本がそうであったように、近世後期になると阿部家の台所事情も切迫しており、知行所の村々からたびたび先納金、御用金を徴集していた(18)。特に幕末期に、阿部家の財政難と知行所への負担を加速させる要因となったのが軍役の賦課である。文久二年（一八六二）十二月、幕府は内憂外患に対処すべく、西洋式の強力な軍隊の創出をはかって旗本へ兵賦令を出した。兵賦は歩兵組に編制され、歩兵・砲兵・騎兵の三兵を中心とする軍隊が整備されてゆく。兵賦の年齢は、一七歳から四五歳まで、任期は五年で、幕府からは装備などの貸与があり、給金は各旗本の負担とされた。規定によれば、兵賦の差出は五〇〇石一人、一〇〇〇石三人、三〇〇〇石一〇人の割合で、端高は金納することになっていた。集まった兵賦の全体数は幕府が当初予定していた数に及ばず、慶応元年には幕領にも兵賦令が出された(19)。実際に阿部詮吉郎が軍事力として動員されたのは、慶応二年（一八六六）六月に開戦した第二次幕長戦争である。詮吉郎は、将軍徳川家茂の進発に際して供奉を命じられ、士分一二名と武家奉公人二〇名（中間一七名・足軽三名）を率いて大坂まで従軍している(20)。

よく知られているように第二次幕長戦争において、幕府側の軍事力は十分に発揮されなかった。そのため幕府

表16　阿部氏家臣団（慶応３年４月時点）

席　次	姓　名	持高など	備　考
御家老	大野武八郎	５人扶持、役料金３分	御上屋敷御附
御家老	八木藤之丞	150石、役料金３分	
御用人	本間万左衛門	32石２人扶持	
御用人	嶋田太市	38石２人扶持、役料金３分	
御用人	本多守平	20石２人扶持、足高５石	
御用人	橋本直	135石	
御用人	清水忠蔵	27石２人扶持	
御側御用人	桑田藤蔵	27石２人扶持、役料金２分	
御取次	茅野市兵衛	22石2人扶持、役料金2分、足高5石	
御取次	上崎太三郎	50石１人扶持	
御取次	山本源吾	金８両２人扶持	
御取次格	藤江弥惣治	20俵２人扶持	
御取次格	河合武雄	金５両２分２人扶持	剣術教授方
御取次格	新井喜惣次	金６両２分２人扶持	
御納戸	鈴木角太	50石２人扶持	
御納戸	滝沢昇	５両２分２人扶持	
御納戸見習	井家吉之介	—	
御納戸格	松崎仁右衛門	10俵２人扶持	
御納戸格	藤江司	10俵２人扶持	
御広間平番	堀井半右衛門		
御近習	八石恒太郎		
奥御中小姓	奥地今之介		
奥御中小姓	市塚伝治郎		
奥御中小姓格	茅野粂三		
奥御中小姓格	山本一之允		
表御中小姓	鈴木兼吉		
表御中小姓	谷貝銕三郎		
表御中小姓	今村英治郎		
表御中小姓	高橋幾之介		
表御中小姓	本間肇		
表御中小姓	山本泰五郎		
表御中小姓格	新井鐙太郎		
表御中小姓格	堀井鎌二郎		
表御中小姓格	富沢伝兵衛		
御徒士目附	吉田孝之介		
御徒士目附	八木張二郎		
御徒士目附	吉岡亀太郎		
御徒士目附次席	高貫武次		
御徒士目附次席	松崎要介		
御徒士目附次席	鈴木親松		
御徒士目附次席	松崎陣之介		
御徒士目附次席	茅野鉄之介		
御徒士目附格	戸田友阮		
御徒士目附格	渡辺貢		
御徒士目附格	瀧井勝治郎		
御徒士目附格	堀井直吉		
御徒士格	山志田亀治郎		
御徒士格	滝口長七		

註：慶応３年４月「御家中席順帳」（「藤江家文書」イ492、千葉県文書館蔵）から作成。

は、さらなる軍事力の整備・強化を企図して、慶応二年八月に軍役の改訂を実行した。主な変更内容は、旗本の軍役を石高に応じた銃卒の徴発（およそ一五〇石に一人）に転換したものであった。これにより、三〇〇〇石以上の旗本からは一五大隊七五〇〇名の銃卒が取り立てられ「組合銃隊」が編成された。以後幕府は、軍政改革を進める中で、銃卒を軍事力の中核に据えた。しかし、銃卒は出身身分に農民、旗本家臣などのばらつきがあったため、「均一性が求められた兵卒組織に好ましくな」いと判断された。それゆえ、軍役銃卒は全面的に金納化して、幕府が一元的に兵卒を確保する方策が勘案される。結果として、慶応三年正月にまず兵賦が全面金納となり、同年九月には「物成半高上納令」が出され、組合銃隊は一旦解散した。同令によって、知行所からの収納金の半分を軍役金として旗本に金納させ、実質的に軍役人数準備の必要性が喪失した(21)。

この間、阿部家知行所でも銃卒が取り立てられた。藤江家文書にある慶応三年二月「銃手組名簿(22)」によれば、阿部家知行所では「在府銃手組」四二名、「在国銃手組」一七名で合計五九名の銃卒が徴発されている。阿部家のケースでは、人数的には幕府の要求を満たしたことになる。銃卒として差し出されたのは、いずれも知行所一〇か村の農民であった。阿部家は、農民を銃卒に取り立てるにあたってさまざまな身分的特権を付与した。苗字・帯刀・木戸を許可して、「銃手組何之誰」と表札を掛けるように指示し、小頭役（三名）は組頭より上席、平の銃卒は組頭と同席とした。ほかにも、年始・吉凶の際の領主への機嫌伺いの作法や調練時の服装、村方歩役の免除など細かい規定がなされている(23)。このように、農民を武を職分とする兵士として用いるにあたっては、身分の変更が必要とされた(24)。

また、注目すべき点として「在国銃手組」の存在がある。在国銃手組とは、江戸詰め銃卒の交代要員で、病気や出奔などの問題が生じた時に代わって出府した(25)。在国銃手組は、藤江司ら在役の指導のもと知行所内で日常的に西洋式の調練を行っていた。藤江家文書中には、『英国小隊号令詞』や高島秋帆著『大隊教練書』・『小隊教練書』、陸軍所発行『勤方規則』などの典籍が残されており、在役が西洋式調練について学習していた様子がうかがえる。[26] 慶応二年の軍役改訂は、西洋式軍隊の兵器と知識を旗本知行所の村々に持ち込んだのである。「物成半高上納令」によって、阿部家知行所の銃手組も一旦解体されるが、支配する側とされる側双方にとって、銃卒徴発、西洋式軍隊の組織化を体験した意義は小さくなかった。その影響は、戊辰内乱期の阿部家知行所の動きに直結してゆく。

二　内乱勃発と農兵取立

戊辰内乱の戦火は、四月上旬から閏四月中旬にかけて上総国にも飛び火した。四月十一日の江戸開城を契機として、撤兵隊や遊撃隊などの旧幕府勢力がなだれ込み、一か月程度の間、西部地域を中心に上総国は旧幕府軍の影響下におかれた。同地域では、旧幕府勢力に対し勝利や庇護を期待して、同調・協力する農民・町人が多数存在したことは前章にて指摘した通りである。

また、上総国に知行所を有する旧旗本には、新政府に抗戦する道を選ぶ者も多く、房総知県事（上総房州監察兼知県事）として七月に赴任した柴山典（文平）をして「房総ハ旗下知行所ノミ多ク、不帰順ノ者辰年（慶応四年）ノ収納ハ無論、巳年（明治二年）ノ租税迄モ引当トシ先納ト号シ前取シ、且土民ヲ煽動ス」と苦悩させた。[27] 幕末時点で上総国の全石高の約六割は旗本知行所であり、知県事にとって上総治定の上でこれらへの対応は大きな課題であった。

そうした状況下で阿部三家は、周辺地域の旧旗本に比較してやや異色な動きをとる。三家の施策に共通するのは、領内の「非常取締警衛」を目的に掲げて知行所から農兵取立を実施している点である。阿部詮吉郎知行所では、二月二十六日、時勢不穏により農兵を取り立てる旨が村々に廻達された。

以廻状相達候、近頃逐々世上騒ケ敷方今之形勢、弥御知行所御取締御手当向専要之折柄ニ付、今般厚以思召農兵人数御取立被　仰出、右御用為取扱重役衆御在勤被　仰付、近日江戸出立之筈ニ候、依而者村高千石ニ付凡弐拾人位宛相応之人物早々見立置候様御沙汰有之候間、此旨村役人被致承伏御時勢之程篤恐察、無廉怨申合日頃志宜壮年之者相撰名前年齢等書付来ル廿九日迄ニ自分共方江可申出候、尤委細之儀者重役衆御在勤之上御達有之候得共、亦厚　御主意与心得聊復怠無之様可被致候、若仮勤之事ニ心得内々鬮引等之土風ヲ用当座被雇ニ出候様哉心得之浮薄者等打交候而者、多人数与申同心可致之規則不相整終ニ悪味之自儘より其身江困ミヲ招、自然一家村里之難儀ニ至候時者、受　御恩沢之難有ヲ忘れ却而　上ヲ恨之蒔も間々有之候得者、右様心得違之者無之様致し度、下々之内迚茂随分実儀ヲ志候者共有之候ハ勿論ニ候得共、向様村々懸隔殊数多之人民所詮自分共思慮ニ而見立不行届事ニ付、彼是之儀出も被致深察、行々不都合成儀無之様村役人誠心を以致人撰速御趣意相立候様一際精々可被致候、右之趣得其意村名下人之請印廻状早々順達留りより返却可有之候(28)

表17　村別農兵取立人数

村名	石高(石)	人数(人)
部田	535.96	11
小福原	100	1
福原	300	4
長者町	―――	3
井沢	507.556	9
三門	573.884	9
新田	1004.883	14
釈迦谷	640.82	9
硯	344.927	5
高山田	730.696	12
須賀	262.181	4
合計	5000.907	81

註：慶応４年３月「銃隊農兵姓名帳」（藤江家文書ア170-２）、木村礎編『旧高旧領取調帳』関東編（近藤出版社、1969年）から作成。長者町の石高は、井沢・三門村の石高に含まれる。

当初は、「志宜」しき壮年の者を一〇〇〇石に付き二〇人程度村役人が選出するとされているから、合計で一〇〇名を目途とした兵数を確保しようとしていたことになる。農兵取立の根拠は、「農民安穏ニ土地産業ヲ保」つためだと示された。実際には、知行所の一〇か村から八〇名程度の農兵を取り立て（表17参照）、苗字・帯刀を許可して玄米二俵をあてがった(29)。同様に阿部邦之助（正房家）と阿部徳次郎（正員家）の両知行所でも農兵取立が急がれた(30)。

農兵は、西洋式の銃隊に組織され、藤江司ほか二名の家臣が教師・小隊指令士・半隊指令士に、徒士目附次席高貫武治ら五名が小隊左右教導に、納戸見習井家吉之介ら八名が半隊左右教導に任命されて三月末頃から調練を開始した。(31) 慶応二年の銃卒取立の経験が、内乱期における農兵取立の背景にあることは容易に考えられよう。調練は、中瀧陣屋に隣接する御林を切り開いて設置された六三四坪の練場で、二日おきに行われた（硯村の長福寺境内も一部利用されている）。(32) 農兵へは、玄米のほかに戎服、韮山笠、股引などの支度料が支給され、ゲベール銃やミニエール銃といった銃器類は領主側が整えた。(33) 農兵の主な活動は領内の巡邏であり、「急場異変」の際には治安維持部隊として出動する手筈になっていた。「急場異変」とは、新政府軍と旧幕府軍の戦闘や混乱に乗じた掠奪行為などを想定している。

農兵は原則として「身元之者」、すなわち上農層とその親族を主として構成され、(34) 後述するように、知行所の自衛を最優先する農兵の取立に、支配下の上農層は協力的であった。村落の治安維持は、領主およびその支配の末端に連なる上農層の果たすべき職分であり、戦火から知行所を守るという点において両者の利害は一致したのである。

内乱に関する情報は、上総国の農村にも逐次舞い込んでおり、藤江弥惣治ら在役たちは江戸詰めの家臣からの情報を頼りにしていた。(35) 阿部家知行所には撤兵隊の影響力は及んでいなかったが、新政府軍が攻め入ってくるとの風聞を得ると、周辺地域では「宿々問屋宿役人何れも戸を引立立退罷在」という状況が生まれていた。(36) 先述のとおり、閏四月上旬に撤兵隊が敗退するまでは、上総国の農村は全体的に旧幕府軍びいきの傾向にあった。むしろ新政府軍の進攻を村々は脅威に感じており、「焼払ニも可相成」といった種々の「悪説」が流れていた。(37) そうした危機感から、上農層にとっても武備は欠くことが出来ない要件となっていた。

上農層が農兵の主な構成員となったのには、右以外の理由として、農兵となることが知行所内における権威の獲得にもつながったことにあると思われる。農兵取立に身分変更がともなったことはすでに記したが、阿部家知行所の場合、ほかの場面でも農兵が特別視されている様子がみられる。銃隊の調練場は、「見物体之者ニ而無用之男女多人数御郭内江入込」といった状態が続いたため、見物人は整然として「不敬無之様謹而拝見」するよう達が出された[38]。農兵にこうした権威づけをする必要があった以上、既存の序列を極力崩さないため、上農層が選抜の対象となったのであろう。

その一方で、軍役の賦課が負担であった事実も無視できない。阿部邦之助（正房家）の知行所では、人員の不足を補うために、次第に小前層からも農兵を徴発するようになった。対して、名熊村の名主田辺嘉右衛門は、生業が立ちゆかなくなるとの理由から、農業の繁雑期には農兵の稽古を免除してもらうか、もしくは「（農兵となっていない――引用者註）身元之者ニ而手廻リ候もの江（農兵を）引継被下」ように歎願している[39]。詮吉郎の知行所では右のような事例は発見できないが、村々の負担となった面があることに変わりはないであろう。

阿部三家が、農兵取立に積極的だった理由としては、銃卒取立を経験したことのほかに正房家の当主阿部邦之助の鎮撫活動が想起される。旧幕府目付であった邦之助は、同陸軍総裁勝海舟らの指示で、三月初めに同歩兵差図役格軍事掛手付の信太歌之助とともに総房三州鎮静方（以下、鎮静方と略記する）を設置した。邦之助と信太は、下総・上総・安房三国の賊徒取締を唱えて、それぞれの知行所である夷隅郡若山村と銚子に本拠を置いた。鎮静方は、組合村組織を利用して触書を出し、農兵取立、各村の巡邏を実施した。第8章で論じた下総香取神宮の場合のように、みずからの直接の指揮下におくのではなく周辺地域の鎮撫を鎮静方が全面委任した例もみられる。鎮静方は、房総三国の治安を安定させることにより「良民」を保護し、前将軍徳川慶喜の恭順の実をあげることを志向した。徳川宗家の存続、駿府藩の成立が決定すると、目的を達成した邦之助は活動を終えた。鎮静方の最終目的は、「天朝」への貢献によって、徳川宗家を存続することにあったといえる[40]。

邦之助による鎮静方の活動は、阿部家の農兵取立に影響を与えたと考えられる。阿部三家は、在地支配にあたって一万石全域の一円支配と「五・三・二」の個別支配を併用していた[41]。戊辰内乱期にも戦線が関東に近づくと、三者で数度にわたって善後策を協議している[42]。また、三家の知行所から徴発した農兵が、合同で調練を行うこともあった[43]。しかしながら、具体的な農兵の取立および運用は、前記の合同調練以外、各知行所ごとに個別で行っている。その管轄領域も「五・三・二」の枠で区切られており、三家の農兵隊は統一して組織化されたものではなかった。鎮静方は、阿部家知行所における農兵取立の契機とはなったが、実際には三家それぞれの利害にもとづいて運用されたとするのが妥当であろう。

鎮静方が、徳川宗家の存続を至上命題としたのに比較して、阿部家が農兵隊を組織した狙いは「御知行所御取締非常為御警衛」とのみ表明され、具体的ではない。農兵を徴発した二月段階では、阿部家は新政府側、旧幕府軍側どちらともつかいない曖昧な態度をとっているのである。同時点での阿部家の農兵隊は、旧幕府方の軍事力ではなく、かといって新政府傘下に属するわけでもない阿部家固有の独立した兵力であったといえる。だが、戦局の大勢が決してくると、阿部家も決断を迫られることになる。

三　阿部詮吉郎の朝臣化と農兵隊の位置づけ

江戸で恭順方針がすでに決定されていた慶応四年二月七日、旧幕府は恭順の意向を体現するため、旧旗本に対して、知行所をもつ者は知行所へ戻り、朝命を受けるように達した。また、その家臣・家族へは知行所へ土着を、知行所のない者へは帰農することを推奨した[44]。これを受けて、阿部詮吉郎の家族も知行所への退去を決め、三月九日中瀧陣屋へ到着した[45]。また、京都へ上って勤王願書を提出し、新政府へ帰順する者が相次ぎ、四月二十三日内国事務局から知行高や由緒に関する調査書の提出が上京者へ命じられている[46]。在京の旧旗本一三四名へ本領安堵が言い渡されたのは、上野戦争が起こった五月十五日のことであった。また、同月三日には閏四月二十九日に徳川宗家の家督を相続した徳川亀之助へ、帰順した旧旗本を朝臣に取り立てる旨が東征大総督府から通知された。この背景には、江戸での旧旗本の暴発を押さえるため、「一先ツ致安堵候様　御沙汰相成、追テ徳川家秩禄、城地等御決定被　仰出候節、旧旗下列減禄、采邑取揚、御蔵米取等被　仰出候方却而上策ナラン」とする新政府の思惑があった(47)。

詮吉郎は、上京せずに江戸へ留まり、知行所へも帰還せず、恭順とも抗戦とも意志表明をしていなかった。在役へも対応策の具体的指示がなく、知行所付近へ新政府軍が迫った閏四月初旬頃、知行所へ出向していた嶋田太市は正員家の家臣浜路吉左衛門とともに、東海道先鋒副総督兼鎮撫使柳原前光へ次の覚書を提出した。

今般総房之地へ脱走人数入込候、就而ハ主人式部右等へ助力ニテモ仕候哉之風評モ粗承知仕候得共、素ヨリ重　御沙汰之趣モ伺居、恐多事ニテ右様異存モ無御坐儀、其上式部儀以只今江府　静寛院宮へ相勤居候事モ御坐候間、右様助力抔之儀者毛頭無御坐儀ニハ候得共、種々風聞モ及承、自然達　御聴候事ニ相成候而ハ深心配仕候、前段之次第篤ト御賢察被成下候様奉願上候、若又御疑惑之儀モ被為　存候者、外々篤ト御探索被成下候者(得脱カ)、事実詳ニ御分リ可被為　成ト奉恐察候、就而者式部在邑モ不仕事故、不取敢右之段私ヨリ御含迄ニ申上置度奉存候、此段申上候、以上(48)

この覚書では、上総国に知行所を有した多くの旧旗本とは異なり、詮吉郎に抗戦の意志がないことを静寛院宮への勤仕を根拠に主張している。目前に新政府軍が迫ったことによる現実的対処であり、領主不在で苦悩していた知行所の様子がうかがえる。十五日に在役は、知行所の村役人へ旧幕府軍の敗残兵を匿うことがないように触れ、恭順の意志を領内へ周知した(49)。

この時期の詮吉郎自身の動静は判然としないが、勤王誓書を提出したのは、五月二十四日に静岡藩七〇万石が成立した前後ではないかと思われる。ほかの帰順した旧旗本に比べて時期が遅いが、柴山典が房総知県事に任命された七月初旬には提出済みであったことが確認できる。[50]また、詮吉郎は知行所へ戻ってきておらず、江戸を離れた様子はない。家臣たちが、江戸（東京）と知行所を往復して連絡を保っていた。最終的に詮吉郎が朝臣となることを許可されたのは、十二月二十二日のことで三〇〇〇石の新領安堵が仰せ付けられ、詮吉郎は下大夫となった。[51]

その間の知行所の動向をみてみたい。すでに新政府は、五月二十八日に万石以下の知行所における「地方御政務」はすべて最寄りの府県が担当する旨を通達していた。[52]旧旗本は、知行所の行政権を剝奪され、年貢取得の権利だけ残されたことになる。阿部家知行所は、七月初旬から房総知県事の管轄下に入ることになったが、柴山は赴任した直後に管下の村役人に対して「旧幕領ハ勿論、旧旗本知行所帰順不帰順ニ不拘、全く御引揚　天領御領と相成」と改めて説諭している。[53]しかしながら、阿部家は行政権の全面的放棄をすぐに受け入れたわけではなかった。

八月六日、在役は知県事役所へ知行所在住の家臣名簿を届け出て、十三日に「御取締筋其外等之義も是迄之通御所置」と願い出ている。[54]二日前の十一日、詮吉郎の請願に応じて東征大総督府は、「村方取締向者勿論農兵」に関しても従来通り指揮することを認めていた。これを根拠とした知県事への権利要求であり、在役は知県事の許可を得る以前に知行所の村々へ「是迄之通差配」と支配に変化がないことを触れている。[55]知県事は、ほかの行政権は一切認めなかったが、農兵については条件付きで承認した。条件とは、①外部への出兵禁止、②農業に支障をきたすことがないよう稽古は自重すること、③非常時には知県事の指示を受けて「抗賊追討」のため出兵することであった。[56]直轄県が旧旗本の軍事力維持を容認することは異例であるが、これは第9章でみたような上総国の情勢と、房総知県事の兵力の寡少性に由来すると推察できる。

詮吉郎や在役が、農兵による治安維持活動を行政権とは別に請願したのは、「勤王実効」を軍功によって立て、新政府から阿部家の身分保障を獲得するためであった。すなわち、領主側にとって農兵隊による治安維持活動は、内乱という状況下において新政府へ貢献し、朝臣化を果たすための運動の一環だったのである。また、治安維持活動は、知行所の村々へ領主健在を意識させ、新政府へ自身の知行権を印象づける意図もあったのではなかろうか。後述するように、農兵を構成する知行所の上農層は、詮吉郎の運動に協力的な姿勢をみせる。

さらに、明治天皇が東幸して明治元年十月十三日に江戸城（同日東京城と改称）へ入ると、十月晦日に詮吉郎は新政府へ次の願書を提出している。

私儀先般寛大之以　御仁恵被　召出難有仕合奉存候、然ル処当春以来上総国元知行所最寄兎角不穏候ニ付、兵隊等取立取締向専勉励仕居候得共、　朝臣願中ニ付、去六月中別紙之通　大御総督府様江伺書奉差上候処、前々之通相心得不苦旨被　仰出候ニ付、一際精々仕居候処、其後脱走ニ而猶又彼是不穏事条茂御座候ニ付、既八月中彼地鎮静方被　仰付被下置候様奉歎願、右御聞済被成下候上者弥以人数等相増如何様共尽力仕度旨奉歎願候処、未何等之　御沙汰茂無御座宜敷光陰ヲ送候儀日夜苦心仕居候、不図茂当今模様ニ而者彼地茂先平穏ニ茂相成、東京府者　主上　御着輦ニ茂被為成候ニ付而者、自然　御静謐ニ及候者勿論之御儀、尤市中御取締向等者御厳重可被為在御儀与奉存候得共、此上残賊何方江潜伏如何様之動乱相醸候哉茂難計奉恐察候、依之右兵隊等当所江引上、何レ之御場所ニ而茂一廉之御用相勤度志願ニ御座候、尤別紙農兵之儀ニ而者他国之御用相勤兼候ニ付追々悉相廃、改而人数召抱相勤居候儀ニ御座候、可相成儀ニ御座候ハヽ、市中取締被　仰付被下置候ハヽ、別而難有仕合奉存候、然ル上者巡邏等者勿論日夜忍ヒ廻リ探索筋等相遂、如何様共精々尽力万分之一茂奉安　震襟度奉存候、何卒志願之趣聞済被成下候様偏奉懇願候、
以上[57]

前半では、農兵隊による鎮撫の功績を取りあげて、朝臣化を認めるように訴えている。ここからも、農兵隊が勤王のための媒体であったことが読み取れよう。後半では、天皇の〝お膝もと〟となった東京の市中警衛を志願しており、さらなる勤王の手段を模索していることがわかる。さらには、知行所から離れることができない農兵隊を解散して、新たな組織を設立することにも言及している。だが、内乱がほぼ平定した段階で旧旗本の知行権を解体する方向にあった新政府が、こうした歎願を受け入れるはずがなかった。知行所の農兵隊も、本州における内乱が終息を迎えたことと新政府から旧旗本家臣の在地からの引き揚げ命令[59]が出されたことにより、十一月末頃に解散している[58]。次に農兵隊解散後の知行所の動向を、在役藤江司の日記から検討したい。

四　領主との一体化と離断

阿部詮吉郎朝臣化の過程では、農兵たちが知行所の領民を煽動して本領安堵歎願運動を行っていた。朝臣化が成し遂げられた直後の明治二年（一八六九）初頭、歎願を主導した元農兵たちは、領主側に対して不平を表す行動を起こしている。

一、部田村元兵隊之者徒共昨今内混雑、其子細者暮押詰同村与頭太郎兵衛帰村致候処、同人出府中御屋敷ニおゐて当時之重役衆噂之処、元御知行村々ニ而御安堵之筋彼是歎願等夫々江申立候得共、百姓輩之骨折無詮事之由申候与之事風聞承、今日迄一同乍不及右専一種々心労聊御為筋ヲ存上候処、斯様之訳ニ而ハ如何ニも心外ニ付、出府之上実否伺度与之請合、既ニ宿々出立之風聞桑田（藤蔵、側用人）聞込、重立候者共両三人内々呼寄利解申聞承伏之模様有之候処、又々致混雑之趣今日喜右衛門・深兵衛両人申出ニ付、桑田よりも猶利解申聞し候儀も倶可申諭候也、右風聞何方より承候哉、御屋敷ニおゐて右様之儀者決而無之筈、多分来途之行違之相違有之候間、今度いづれも近々弥惣治（藤江）帰村ニも罷成候上者右等之有無相分可申、若不相分候ハヽ、自身出府致一同説兪

相叶候様取計可遣、夫迄為心得違之儀無之、一同江篤与申談度段申聞候処、夜ニ入喜右衛門を以申出候処一同承伏之由[60]

元農兵たちの歎願運動の趣旨は、五〇〇〇石の村々から詮吉郎へ知行所を与えることを希望するものであった。右の藤江司の日記の記事からは、領主のために歎願運動を推進した苦労を、阿部家重臣が軽視したことに対する元農兵たちの不満が看取できる。元農兵たちは、上京して重臣へ直談判しようとするが、直前のところで旧知行所へ出向していた側用人桑田藤蔵に引き留められている。

これに対して、阿部家側は不満を解消すべく、十日に元農兵へ慰労金を配布した。また、旧知行所の村役人を中瀧陣屋に集めて酒を振る舞い、「村々是迄御安堵筋歎願」を労う「御言葉書御称詞」を与えている。その上で、「東京表役々ニ於ゐて聊村方之民情誹候儀等無之」と先日の疑惑を否定し、村側もこれに納得する姿勢をみせた。さらに、十二日と十五日にも村役人と元農兵へ酒食が振る舞われた[61]。

この一件からは、元農兵による本領安堵歎願運動は、領主に対する領民の貢献であり、元農兵は見返りを期待して行動を起こしたことが読み取れる。それが果たされなかったために、元農兵は要求行動を起こし、領主は支配者の「徳」を示すことで対応した。この歎願運動は、そのような近世的支配関係を土台にして成立したといえる。また、歎願運動を主導したのが、元農兵隊を構成する上農層であることから、既得権益の維持も目的にあったと考えられよう。つまり、大名の転封に反対して起きた一揆のように、上農層は領主の変更によって身分や利益が損害されることを危惧したと推察できる。

以後も、阿部家は村々を巻き込んで、知行先確定のための運動を続ける。朝臣化および三〇〇〇石の知行が新政府から認められたとはいえ、具体的な知行先が定められた訳ではなく、詮吉郎の地位は、依然として不安定であった。藤江司の日記には、従来の知行所は「元知行所」と表記されるようになっている[62]。

一方では、三〇〇〇石に削高されたことや、行政権を剝奪されたことで家政改革も進められた。明治二年四月一日、詮吉郎は在役を含む家臣団を東京の屋敷へ集めて、「心苦敷候得共無拠」事情によって「減法変革」の実施を告げた。家臣団の再編制である。詮吉郎は「不遠何とか仕法相立可期」ともいっているが、それは見込みの立たない希望にすぎない。細かな改革内容は藤江の日記から判明するが、全体としては行政事務に就いていた家臣の役職を罷免し、全家臣の扶持が減ぜられた(63)。だが、こうした苦悩も空しく、知行先が確定しないまま、ついに阿部家は十二月二日の禄制改革を迎える。この改革は、七月二十五日の版籍奉還に対応する政策で、中・下大夫、上士の称は廃止され、士族・卒に改称された。また、知行所はすべて上地となり、知行主本人に限り、石高から大幅に削減された扶持米が下賜されることとなった(64)。藤江をはじめ家臣の多くは、この時に帰農している(65)。

法令・制度上では、この禄制改革をもって旧旗本の知行権は完全に解体されたことになる。

阿部家と知行所が引き離されたことを象徴するのは、陣屋の廃止であった。正月二十九日に房総知県事役所へ呼び出された藤江司と桑原藤蔵は、左のように申し渡された。

中瀧御陣所江御家来引残、最寄取締之儀窃御尽力被成候者是迄県令丈之服合、然ル処此程其辺於東京表向者其筋江被相立者如何之筋有之而御承知ニ可有之哉ニ付、去ル十九日弁事役所より早々引払御達可申旨申越候間、左様御心得早々御引払有之候様（中略）

服部中触下太夫阿部式部儀、其県支配内陣屋代官家来共出張取締被為致通を以、右陣屋最寄ニ於ゐて領地被下度旨願出不都合ニ付、右取締被免家来共早々引払候様可被申付候也(66)

陣屋と家臣の在地引き揚げ命令はすでに出されていたが、阿部家家臣は治安維持活動を理由に知県事の内諾を得て、旧知行地に居座っていた。そうした事情をみての太政官弁事役所からの退去命令である。農兵隊による治安維持活動は、阿部家と旧知行所をつなぎとめていたが、農兵隊が解散したことで旧知行所に家臣が居住する根拠が喪失したといえる。対して阿部家側は、雑務処理などを理由に陣屋を退去しようとせず、房総知県事、宮谷県（二月初旬、安房・上総・下総・常陸の旧幕府・旗本領に設置）、太政官弁事役所へくり返し陣屋引き払い延期、知行先確定を歎願した[67]。宮谷県は再三の退去勧告を行い、陣屋敷地の開発にも着手しようとするが[68]、こうした阿部家側の引き延ばし工作は、禄制改革の実施までつづく。結果的に、宮谷県による陣屋の接収、家臣の完全引き揚げは十二月まで遅れた。陣屋引き揚げ時に阿部家が処分した物品は、ゲベール銃三〇挺をはじめ具足、陣羽織などほとんどが農兵隊が使用した武器・弾薬類であった[69]。

領主権威の象徴であった陣屋の撤去は、阿部家支配の終焉を意味する。反対に、陣屋の存続は支配の継続を印象づける。そのため、阿部家は陣屋を引き払おうとせず、反対に新政府・宮谷県は引き払いにこだわったといえる。この点で、新政府が占領地に対して一様に実施した高札の撤去と[70]、陣屋の廃止は類似する意味をもつといえる。ここに、阿部家と旧知行所は完全に離断されたのである。

小　括

内乱の勃発、旧幕府方の敗北、徳川慶喜の恭順、徳川宗家の存続、静岡藩の成立という過程で、徳川宗家との主従関係をみずから清算し、朝臣となることを目指した旧旗本は、何らかの軍事的功績をあげることでそれを実現しようとした。阿部詮吉郎の場合、幕末期の経験にもとづいて組織した農兵隊を、勤王の功績をあげるための手段とする。農兵取立の例は、池田勇太が検討した近藤家の事例にもみられる現象で[71]、農兵隊は知行所と行政権を失った旧旗本の結びつきをアピールするための手段でもあった。詮吉郎は、苦難の末にようやく朝臣の身分を獲得するも、実質的な行政権は一切消失した。明治二年末に知行権を完全喪失した詮吉郎のその後の行方は、史料上からは確認することができない。

そうした中で、知行所村々の上農層で構成される農兵隊は、阿部家の知行権維持に向けて領主側と一体化して動いた。徳川幕府が瓦解したとはいえ、彼らにとって最も身近な権力である旧旗本（領主）のために運動の一翼を担うことは特別な事ではなかったと考えられる。それは、情誼的な従属関係ではなく、貢献に対する見返りを期待しての契約関係にあり、領主側がそれを果たさない時、農兵隊は不平を示す行動を起こした。それに対して領主側は、支配者の「徳」を示す措置をとった。

そのような領主と領民の近世的社会関係は、新政府によって引き離されてゆく。阿部家の家臣団は在地引き揚げを命じられ、領主権威の象徴であった陣屋は宮谷県に接収された。明治四年（一八七一）時点で、陣屋、足軽部屋、表門、玄関表門、裏門、調練場は、姿こそとどめていたが大破しており、開墾のため宮谷県から村方へ金一九〇両三分と五三文で払い下げられた[72]。

本章でみた事例や、第２部第５章で論じた伊予松山藩領民の「朝敵」意識、前章でみた久留里藩領民の例などをみるに、藩領民や旧旗本知行所民が領主と連動して行動するケースは少なくないように思われる。その事実が表すのは、領主による勤王理念の承認あるいは旧幕府軍への協力は、領民のそれに等しい意味をもつということである。ここで、留意しなくてはならないのは、松山藩・阿部家知行所のケースでは、領主・領民（上農層）はともに知行所や領主の変更といった変化を望んだのではなく、勤王理念の承認によって従来的秩序・権益を維持することを志向したということである。領主の身分保証や所領維持は、領内の上農層にとって自己の利害に直結する重大な関心事であり、それゆえ領主のための歎願運動に積極的に協力したと考えられよう。

（１）　安藤優一郎『幕臣たちの明治維新』（講談社、二〇〇八年）。
（２）　深谷博治『新訂華士族秩禄処分の研究』（吉川弘文館、一九七三年）。

（3）千田稔『維新政権の秩禄処分――天皇制と廃藩置県――』（開明書院、一九七九年）。
（4）原口清『明治前期地方政治史研究』上（塙書房、一九七二年）。
（5）竹村雅夫「明治政府の旗本処分について」（『信濃』二三―一、一九七一年）、中村文「信濃における旗下領の解体」（『長野県近代史研究』九、一九七九年、同著『信濃国の明治維新』〈名著刊行会、二〇一一年〉所収）、西脇康編著『旗本三嶋政養日記――幕末・維新期を生きた旗本みずからの記録――』（徳川氏旗本藤月三嶋氏四百年史刊行会、一九八七年）、筑紫敏夫「旗本三嶋氏の明治維新」上・下（『袖ケ浦市史研究』五・六、一九九七・一九九八年）など。逐一取りあげないが、これらのほかに『千葉県の歴史』通史編・近世一（千葉県、二〇〇七年）の第三編・第四章・第三節「幕末の兵制改革と旗本」のような自治体史の成果も注目される。
（6）三野行徳「高家今川氏における旗本知行権の解体過程」（大石学監修・東京学芸大学近世史研究会編『高家今川氏の知行所支配――江戸周辺を事例として――』名著出版、二〇〇二年）。
（7）池田勇太「旗本近藤家の明治維新」（『飯田市歴史研究所年報』八、二〇一〇年）、ほかに注目すべき成果として、奥田晴樹「旗本領の処分――能登国土方領の事例を中心として――」一・二（『立正大学大学院紀要』二八・二九、二〇一二・二〇一三年）がある。
（8）三野行徳「近代移行期、官僚組織編成における幕府官僚に関する統計的検討」（大石学編『近世国家の権力構造――政治・支配・行政――』岩田書院、二〇〇三年）ほか。
（9）門松秀樹『開拓使と幕臣――幕末・維新期の行政的連続性――』（慶應義塾大学出版会、二〇〇九年）。
（10）宮地正人「八王子千人隊の静岡移住」（同『幕末維新期の社会的政治史研究』岩波書店、一九九九年、第九・一〇章）。
（11）樋口雄彦『沼津兵学校の研究』（吉川弘文館、二〇〇七年）ほか。
（12）保谷徹「幕末の旗本と軍制改革――旗本本間日記の分析から――」（吉田伸之・渡辺尚志編『近世房総地域史研究』東京大学出版会、一九九三年）。
（13）藤江家文書（千葉県文書館蔵）。以下、「藤」と略記する。
（14）『大原町史』通史編（大原町、一九九三年）。
（15）遠藤真由美「旗本阿部氏知行所における在地役人の動向について」（『千葉県史研究』第一一号別冊・近世特集号・房総

の近世二、二〇〇三年)。
(16) 前掲、註(14)『大原町史』通史編、二五三〜二五七頁。
(17) 藤ア三―七。
(18) 前掲、註(14)『大原町史』通史編、五八四・五八五頁。
(19) 幕府の兵制改革と兵賦の取立については、保谷徹の一連の業績に多くを学んでいる。「幕府軍制改革の展開と挫折」(板野潤治・宮地正人編『シリーズ日本近現代史　構造と変動〈1〉　維新変革と近代日本』岩波書店、一九九三年)、前掲、註(12)「幕末の旗本と軍制改革」、「慶応軍役令と歩卒徴発――幕府組合銃隊一件――」(『歴史評論』五九三、一九九九年)、『日本軍事史』(吉川弘文館、二〇〇六年、高橋典幸ほかと共著)、『戊辰戦争』(吉川弘文館、二〇〇七年)。
(20) 藤ア一八―一〜三。
(21) 前掲、註(18)参照。
(22) 藤イ五四九。
(23) 藤ア一六四―三(三)。
(24) 久留島浩「近世の軍役と百姓」(朝尾直弘ほか編『日本の社会史四　負担と贈与』岩波書店、一九八六年)。
(25) 藤イ一六四―三(二)・五四九。
(26) 藤イ一・二・三・四・五・七・一七・一九。
(27) 「柴山典履歴」慶応四年七月十四日条(柴山家文書ク一、千葉県文書館蔵)。
(28) 藤イ四五一・イ四八六。
(29) 藤ア一七〇―一・イ六五〇。
(30) 前掲、註(14)『大原町史』通史編。
(31) 藤イ六三六。
(32) 藤イ三九四・イ三九五ほか。
(33) 藤イ三九六・三九七。
(34) 藤ア一七〇―二。

(35) 藤イ三四五。
(36) 藤イ一五〇―（一）。
(37) 藤イ一四二。
(38) 藤イ一四一。
(39) 藍野家文書ア一四（千葉県文書館蔵）。
(40) おとづれ文庫文書ア五四～五七・六九・七二・一五三（千葉県文書館蔵）。鎮静方については、高橋実「戊辰期関東の民衆支配の展開とその特質――総房三州鎮静方・下野鎮撫府を中心に――」（『栃木県史研究』二一、一九八一年、同『幕末維新期の政治社会構造』〈岩田書院、一九九五年〉所収）参照。
(41) 前掲、註(15)遠藤「旗本阿部氏知行所における在地役人の動向について」。
(42) 藤イ一八四。
(43) 藤イ一五一。
(44) 黒板勝美編『国史大系五二続徳川実紀』第五篇、慶応四年二月七日条（新装版、吉川弘文館、一九九九年）。
(45) 藤イ四八五・六五三。
(46) 『復古記』三、慶応四年四月二十三日条（覆刻版、東京大学出版会、二〇〇七年）。
(47) 「明治元年徳川慶喜処分関係」（岩倉具視関係文書〈川崎本〉、国立国会図書館憲政資料室蔵、創泉堂出版マイクロフィルム版）。
(48) 「総房鎮撫日誌　乾」慶応四年閏四月条（東京大学史料編纂所蔵、四一四〇・六―八五）。
(49) 藤イ一五三。
(50) 藤イ三六三。
(51) 「公私年中日記」明治二年正月一日条（藤オ四五）。新政府は、五月二十八日に高家・交代寄合以下の称号を廃止して、中大夫（高家・交代寄合）、下大夫（一〇〇〇石以上）、上士（一〇〇石以上）とすることを令達している。
(52) 『太政官日誌』慶応四年五月二十八日。
(53) 「柴山典履歴」慶応四年七月条。

(54) 藤イ三六六・三七三。
(55) 藤イ三六四。
(56) 藤イ三七一。
(57) 藤イ一六五。
(58) 藤ア一六九―二。
(59) 「公私年中日記」。
(60) 「公私年中日記」明治二年正月三日条。
(61) 「公私年中日記」明治二年正月十・十二・十五日条。
(62) 「公私年中日記」明治二年正月十日条ほか。
(63) 「公私年中日記」明治二年四月一日条。
(64) 『太政官日記』明治二年十二月二日。
(65) 藤ア一七〇―四。
(66) 「公私年中日記」明治二年正月二十九日条。
(67) 「公私年中日記」明治二年正月二十九日・二月六日条ほか。
(68) 「公私年中日記」明治二年九月二十日条。
(69) 「公私年中日記」明治二年十二月二日条。
(70) 久留島浩「近世の村の高札」（永原慶二編『大名領国を歩く』吉川弘文館、一九九三年）は、村内における領主権威の象徴として高札を位置づけている。
(71) 前掲、註(7)池田「旗本近藤家の明治維新」。
(72) 「太政類典」第一編・慶応三年～明治四年・第九十二巻・産業・農業一（国立公文書館蔵、本館―二A―〇〇九―〇〇・太〇〇〇九二一〇〇）。

終　章――結論と展望――

本書では、戊辰内乱期を佐幕から勤王への支配原理の転換が起きた境界となる地点ととらえ、当該期において支配の正当性を示す側（新政府と旧幕府抗戦派）と支配を受ける側の双方が引き起こした政治・社会事象を分析してきた。最後に、本書全体を通じてみえてきた戊辰内乱期の社会像を提示しておきたい。なお、各部・各章の具体的内容は、それぞれの小括でまとめたのでここでは繰り返さない。

本書でみてきた内容にもとづいて、内乱の発生から終息にいたるまでの段階を仮にフローチャート化すれば、(1)発端→(2)拡大・波及→(3)選択・承認→(4)葛藤・対立→(5)調整・解消のように五段階に区分できる。それぞれの段階について解説していこう。

(1)発端

戊辰内乱の始点である鳥羽・伏見の戦いの発生によってもたらされた征討大将軍任命と錦旗・節刀の下賜、諸道鎮撫総督の出陣、前将軍徳川慶喜および「朝敵」諸侯の追討令発布という歴史的事実が意味するところは、新政府内における薩摩・長州藩の主導権獲得と天皇による徳川支配の正当性の完全否定であった。前国家統治権者である徳川宗家の当主慶喜が、天皇に害する「朝敵」だと日本社会全体に表明・告知されたことで、勤王理念と佐幕理念の共存はもはや不可能となり、覇権を奪取するのは内乱の勝者となったいずれか一方の長（天皇か徳川宗家の当主）という客観的な事実が生ずる。必然的に、天皇をいただく新政府は、支配を受けることになる政治・社会集団に対して自己の正当性を承認させるため、将軍を頂点として機能していた前時代の支配の正当性とそのもとに存在した社会規範へ亀裂を入れることになる。反対に旧幕府抗戦派は、佐幕理念によって従来の社会規範を保守しようとつとめ、ここに両者のせめぎ合いが発生する（第1部・第2部）。

(2) 拡大・波及

右のように、新政府と旧幕府の間の対立は、後戻りできない深刻な段階へと進んだ。新政府、旧幕府両陣営は、自己の正当性をアピールして支配の受け手から承認を受けねばならず、さまざまな工夫を凝らす。新政府軍による錦旗や公家を媒体とした「官軍」の演出、「朝敵」処分問題にみられるような国内外に対する天皇の「寛容さ」の示威、旧幕府軍による「神君」家康の「御恩」の喧伝などは正当性アピールのための実質的行為である（第1部・第2部第3章）。

内乱発生以前には限定された政局内で完結していた政治的対立、正当性のせめぎ合いは、軍事闘争の勃発によって社会全体へと波及する。その範囲は、京都を震源地として戦線の拡大にほぼ比例しながら伸張してゆく。内乱の目撃者となった人びとにとって、みずからの所属する領域や空間――領地・知行所、生業・生活を営む村や町など――で展開した新政府軍と旧幕府軍の局地的軍事闘争は、そのまま政権交代の縮図となった。主に内乱に巻き込まれた時点において、現場に居合わせた人びと・集団は、政権の選択を余儀なくされる。その選択は、諸藩をはじめとする政治集団だけではなく、さまざまな身分で構成される社会集団や地域の共同体にも迫られた。かかる点では、実際に戦闘が起こらなくともどちらかの軍がみずからの領域や生活空間あるいはその周辺を通過し、駐屯することは、戦闘発生とほぼ同等の意義をもった。上総国（第4部第9・10章）の例などから、それは十分に解せよう。具体的な行動でいえば、領内へ進入した新政府軍に対して発砲するかもしくは「勅使」として迎えるか、村にやってきた旧幕府軍または新政府軍へ積極的に協力するか否か、武装化して志願兵となり勤王活動を展開するか、という選択である。

どの選択肢の根本にも、新政府と旧幕府の二者択一が存在し、内乱の渦中にいた人びとは回答の回避＝日和見を許されなかった。「朝敵」となり、新政府軍の征討を受けた諸藩ならばなおのこと逃げることはできない（第2部第4・5章）。目前に登場した両軍に対しては、日和見であったりまったくの無関心ではいられなくなるのである。また、一方への協力は、もう一方への敵対行為と見なされる危険性を孕むことになる。そのことは、当事者たちに理解されており、支配の受け手となった人びとは、天皇か徳川かどちらかの逃げ場のない政治的選択を迫られることになったといえる。

(3)選択・承認

新政府と旧幕府抗戦派は、支配の承認を受けるために勤王理念・佐幕理念それぞれの正当性を発信してゆく。両者の関係は、新政府が創造しようとした「官」・「賊」の単純な二分法の対立構造で説明できるものではない。新政府は、勤王理念をもって佐幕理念を完全否定するが、他方で旧幕府抗戦派は、勤王理念をまったく排除した佐幕理念を敗戦するまでついに確立できなかった。旧幕府抗戦派にとって両者の共存は矛盾しないのである。旧幕府抗戦派は、新政府が傀儡であることを訴え、「先帝（孝明天皇）の遺訓」や輪王寺宮、静寛院宮を根拠に薩摩・長州の排除を企図するが、すでに薩長に天皇を握られ、徳川が「朝敵」＝天皇の敵と表明されている以上、この論理構造には限界が立ちはだかった（第2部第3章）。

一方で、政権選択を迫られた政治集団は、佐幕的立場に立とうとすれば、勤王理念に真っ向から抗し得ない佐幕理念の性質に苦悩することになる。一般的に佐幕的であったといわれる諸藩の場合であっても、勤王理念を完全に払拭した佐幕理念は結局構築できず、自藩の存続のために新政府の正当性を承認せざるを得なかった。そこにいたるまでの道程では、徳川宗家との親疎関係、席次など近世社会における社会関係が表出した（第2部第

4・5章)。

さらに、政治集団だけでなく、近世社会では参政権をもたなかった人びとも政権選択を迫られ、何らかの態度を表明することになる。その具体的な選択基準は、地域利益、身分的欲求、生命・財産の維持などさまざまであるが、決め手となる条件は彼らに何らかの利的関心をもたらすものであった(第3部・第4部)。草莽隊の場合は、近世社会では抑圧されていた志向を、積極的な勤王活動を通じて実現しようとする。徳川政権下では、実現不可能であった欲求の現実化を勤王理念に託したのである(第3部)。また、内乱に巻き込まれた地域にとっては、支配原理の正当性や思想は現実の利害に優先しなかった。自己に対して、より現実的利益をもたらすであろう存在をその時々の状況に応じて承認してゆく。彼らは、自己の利的欲求を満たすため、実にしたたかに政権選択を行ったのである(第4部第9章)。

(4) 葛藤・対立

支配の受け手が、新政府を正当な政権だと承認するまでの過程や承認した後には、集団の内部、個人の内心、あるいは他集団との間で葛藤・対立が発生した。武士たちの間では程度の差こそあれ、幕府権力を成り立たせていた徳川への絶対的忠義の放棄、勤王理念の全面的承認の可否が議論される(第2部第5章)。場合によってそれは、尾張藩青松葉事件のような粛清や下総結城藩にみられる軍事闘争などの暴力的措置に発展し、いっとき解決の見込みが立たない状態に陥ることもあった。

また、戊辰内乱期には従来の社会規範を超越した軍事行動が、勤王の名のもとに是認され、草莽隊が次々に誕生した(第3部第6章)。勤王に引きつけられ、欲求を満たそうとする草莽隊がそれを実現しようとする時、玉突き式に他集団の社会的利益の損失が生じる。そこで、利益を損じられた集団と草莽隊の間に対立が生まれる。利鎌隊・旧日光奉行同心間の確執や香取神宮の身分集団間の対立は、それをよく示している(第3部第7・8

章）。

こうした対立関係は、近世の身分構造において下位に位置する層が従来の従属関係を逸脱しようとし、より上位の層と衝突するという構造を有するケースが多い。それは、天皇への軍事的貢献に最高の価値を見出す、戊辰内乱期特有の状況認識から醸成されたものといえる。つまり、勤王理念を承認し、軍功をあげることで従来的秩序を超えることができるとする認識が内乱期の社会全体に敷衍していたのである。これは草莽隊に限ったことではなく、内乱における勤王の功績を根拠の一つとして蜂須賀家の支配から独立しようとした洲本城代家老稲田氏の例（稲田騒動、庚午事変）などからも看取できよう[1]。

地域における政権選択の場面でも葛藤はみられた。撒兵隊に占領された上総国の農村は、最終的な態度決定までの過程で一八〇度の方向転換を余儀なくされ、主体的に旧幕府軍に荷担したことによって新政府軍から不利益を被ることを危惧した。また、夷隅郡の阿部家知行所においては、阿部詮吉郎の知行権維持を目指して領主と知行所村々の上農層が一体となり苦悩した。個人の内面でもこうした葛藤は現れる。高柳村の名主重城保は、村落の指導者としての立場とは別に、内心では旧幕府軍を見限り、新政府軍の支配を受け入れることに激しく葛藤していた（第4部第9・10章）。

以上のような葛藤・対立は、いずれも政権選択が社会の広範にわたって迫られたことにより発生したものであり、戊辰内乱期特有の現象だといえる。そしてそれは、近世社会で積み重ねられてきた社会規範・秩序が破られたことにより生じた亀裂であった。

(5) 調整・解消

近世社会における社会規範が破られたことで発生した葛藤・対立は、たいていの場合それを揺り戻そうとするより上位の集団によって調整・解消が図られた。つまり、各集団の指導者層あるいは当該集団間でより身分的・

社会的に上位に位置した集団が主導して、葛藤・対立状態の解消がはかられたのである。近世社会の秩序下における自己の地位を維持するため、自集団より下位に位置する集団の追い越しは看過されなかったといえる。香取神宮、利鎌隊の事例などはその典型的なケースであろう（第3部第7・8章）。この結果、戊辰内乱の時点で破られた近世的秩序は一時的に修復される。

また、政治集団間の軍事闘争でも、ほとんどの場合は修復不可能な状態に陥ることはなかった。それは、徳川慶喜をはじめ「朝敵」諸侯であっても原則としては軍事的に壊滅させるわけではなく、佐幕から勤王への支配原理の転換を至上命題とした新政府の方針が反映されたことによる。「朝敵」処分の場面でも、敗軍の長である榎本武揚でさえ死罪に処されることはなく、天皇の寛容さを示すために赦されてゆく[2]（第1部補論）。

新政府軍の勝利によって勤王理念にもとづく社会規範の基礎が獲得されると、内乱における勤王の事蹟は「勲章」となる。反対に佐幕的行動の記憶は、「傷跡」となる。このため、各旧藩・地域社会などにおいて内乱の記憶は、明治期以降も解消すべき問題として息づいていた。戊辰内乱は、過去の一時点の出来事ではなく、その記憶は戦前までの近代社会を漂いつづけたのである[3]。

以上が、本書で検討した内容を通観して得られた結論であり、この五段階を経て戊辰内乱では社会全般に勤王原理が浸透していったと考える。ただし、留意しなくてはならないのは、右はあくまでも大きな流れであり、その過程で実際に起きた現象は、詳細に検討していけば各集団の個性に応じてさまざまな特色を有することである。今後も、本書では取りあげられなかった事例分析を、積み重ねることの意義は小さくないであろう。

次に二点だけ展望を述べておきたい。

第一に、内乱での活動とその後の動向の関係性である。諸藩や草莽隊を結成した社会集団などは、既存利益の維持あるいは欲求の実現を目的として勤王活動を展開した。しかしながら、内乱平定後、個別領有権は明治四年

（一八七一）七月の廃藩置県にむけて解体の方向へ向かい、草莽隊の欲求・願望も必ずしも実現されなかった。(4)草莽隊参加者の場合、明治期以降、政府要人の暗殺など反政府的行動に出る者、自由民権運動に身を投じていく者、「地方名望家」となって地方政治のリーダーと化していく者など方向性はさまざまである。反政府的行動に出た者については、期待した願望が実現されなかったとの説明がつこうが、そうではなく近代社会に順応していった人物も多数存在した。

たとえば、報国隊に参加した大久保春野は、孝昭天皇の子孫の流れをくむ由緒を主張しつつ陸軍士官の道を進み、明治四十一年（一九〇八）には大将まで昇りつめてその前年には男爵にも列せられている。(5)一方で、元蒼龍隊士柿沼広身は、栃木県社寺掛、日光二荒山神社の宮司などを歴任し、本来の神職の道を全うした。(6)勤王ではなく佐幕的立場をとった人びとのその後も実に多様である。重城保は千葉県議会の初代議長、君津郡長をつとめ、第一回衆議院議員選挙で当選を果たした。(7)佐幕的立場をとった久留里藩の藩士森勝蔵は、藩史や地誌の編纂にその後の生涯の多くを費やした。(8)彼らの近代社会での生き方を規定した戊辰内乱の経験とは何だったのであろうか。(9)多様な個性に目を配りつつ検討を進めることで、内乱の意義が逆照射できると考える。

第二に、明治政府は勤王理念の定着・維持を如何にはかっていったかという問題である。慶応四年・明治元年（一八六八）には、新政府は内乱を遂行する一方で、勤王理念にもとづいた政治的・文化的諸政策を展開する。政治指針では五箇条誓文を示し、宗教面では神仏判然令などにより神道国教化政策が進められた。大坂親征行幸、東幸の場面では、禁裏の奥にいた天皇の身体が可視化され、(10)服装に関する制度の整備にも着手された。(11)戊辰内乱で浸透した勤王理念は、これら多様な装置によって社会に浸透・定着してゆく。そして、戊辰内乱期にはむき出しであった勤王理念は、徳川時代の佐幕理念と同じように、次第に社会の底流に姿を隠して無意識化され、国家が危機を迎えたときにのみ全面的に姿を現す。そのような、勤王理念の浸透からそれが定着し、突出するといった事象を、一連の流れとして考察することも必要とされる。またその際、高橋秀直が提議したような天皇原理と公議原理両者の関係性、パワーバランスにも留意しなくてはならないであろう。[12]

この二点が、展望・課題のすべてではないが、現在のところ検討すべき主要な問題であると考えている。

（1）松本博「蜂須賀藩に於ける庚午事変稲田騒動とその諸環境——維新史にあらわれたる地方武士の悲劇——」（『日本歴史』一七五、一九六二年）。

（2）「朝敵」処分をめぐる問題には、本書第1部補論のほかに、原口清『明治前期地方政治史研究』上（塙書房、一九七二年）、下山三郎『近代天皇制研究序説』（岩波書店、一九七六年）などがある。

（3）拙稿「創造される飯能戦争像」（『埼玉県の文化財』五一、二〇一一年）参照。

（4）前掲、註（2）下山『近代天皇制研究序説』、高木俊輔『それからの志士——もう一つの明治維新——』（有斐閣、一九八五年）、宮地正人「廃藩置県の政治過程——維新政府の崩壊と藩閥権力の成立——」（板野潤治・宮地編『日本近代史における転換期の研究』〈山川出版社、一九八五年〉、同『幕末維新期の社会的政治史研究』〈岩波書店、一九九九年〉所収）、など参照。

（5）大正四年九月六日「大正大礼贈位内申書」（国立公文書館蔵、本館—二A—〇四〇—〇五・贈位〇〇〇三四一〇〇）。

（6）柿沼武雄『柿沼広身略伝』（私家版、一九七九年）。

（7）重城良造『重城家の血脈』（私家版、一九八二年）、重城良造編『重城保日記物語』（うらべ書房、一九九九年）。

（8）『平成十四年度企画展図録　藩史を記した男森勝蔵と久留里藩士展』（君津市立久留里城址資料館、二〇〇二年）。

（9）敗者の精神性については、五十嵐暁郎「旧幕臣の明治維新」（朝尾直弘ほか編『岩波講座　日本通史』一六・近代一、一九九四年）ほかの成果があるが、戊辰内乱の経験を重視した全体像を描いた研究は見当たらない。

（10）多木浩二『天皇の肖像』（岩波書店、一九八八年）、佐々木克『幕末の天皇・明治の天皇』（講談社、二〇〇五年）。

（11）刑部芳則『明治国家の服制と華族』（吉川弘文館、二〇一二年）ほか。

（12）高橋秀直『幕末維新の政治と天皇』（吉川弘文館、二〇〇七年）。

〔主要参考文献〕

〈基礎資料〉（順不同）

『大日本維新史料稿本』（東京大学史料編纂所蔵、丸善マイクロフィルム版）
『復古記』全一五巻（覆刻版、東京大学出版会、二〇〇七年）
『孝明天皇紀』一～五（平安神宮、一九六七～一九六九年）
『明治天皇紀』一・二（吉川弘文館、一九六八・一九六九年）
『岩倉具視関係文書』（創泉堂出版マイクロフィルム版）
「公文録」（国立公文書館蔵）
「太政類典」（国立公文書館蔵）

〈文献〉（刊行年順）

遠山茂樹『明治維新』（岩波書店、一九五一年）
井上清『日本現代史Ⅰ　明治維新』（東京大学出版会、一九五一年）
服部之総『服部之総著作集一　維新史の方法』（理論社、一九五五年）
原口清『戊辰戦争』（塙書房、一九六三年）
大山柏『戊辰役戦史』上・下（時事通信社、一九六八年）
高木俊輔『明治維新草莽運動史』（勁草書房、一九七四年）
原口清『明治前期地方政治史研究』上（塙書房、一九七二年）
石井孝『維新の内乱』（至誠堂、一九六八年）

小島茂男『幕末維新期における関東譜代藩の研究』（明徳出版社、一九七五年）
高木俊輔『幕末の志士——草莽の明治維新——』（中央公論社、一九七六年）
下山三郎『近代天皇制研究序説』（岩波書店、一九七六年）
佐々木克『戊辰戦争——敗者の明治維新——』（中央公論社、一九七七年）
佐藤誠朗『幕末・維新の政治構造』（校倉書房、一九八〇年）
佐藤誠朗・河内八郎編『講座日本近世史八　幕藩制国家の崩壊』（有斐閣、一九八一年）
宮地正人『天皇制の政治史的研究』（校倉書房、一九八一年）
石井孝『戊辰戦争論』（吉川弘文館、一九八四年）
高木俊輔『それからの志士——もう一つの明治維新——』（有斐閣、一九八五年）
高埜利彦『近世日本の国家権力と宗教』（東京大学出版会、一九八九年）
田中彰『明治維新観の研究』（北海道大学図書刊行会、一九八七年）
井上勲『王政復古——慶応三年十二月九日の政変——』（中央公論社、一九九一年）
鳥海靖『日本近代史——国際社会の中の近代日本——』（放送大学教育振興会、一九九二年）
羽賀祥二『明治維新と宗教』（筑摩書房、一九九四年）
井上勝生『幕末維新政治史の研究——日本近代国家の生成について——』（塙書房、一九九四年）
高橋実『幕末維新期の政治社会構造』（岩田書院、一九九五年）
家近良樹『幕末政治と倒幕運動』（吉川弘文館、一九九五年）
松尾正人『維新政権』（吉川弘文館、一九九五年）
田中彰『幕末維新史の研究』（吉川弘文館、一九九六年）
三谷博『明治維新とナショナリズム——幕末の外交と政治変動——』（山川出版社、一九九七年）
田中秀和『幕末維新期における宗教と地域社会』（清文堂出版、一九九七年）
宮地正人『幕末維新期の社会的政治史研究』（岩波書店、一九九九年）
青山忠正『明治維新と国家形成』（吉川弘文館、二〇〇〇年）

工藤威『奥羽列藩同盟の基礎的研究』（岩田書院、二〇〇二年）
芳賀登『幕末国学の運動と草莽』（雄山閣、二〇〇三年）
保谷徹『戊辰戦争』（吉川弘文館、二〇〇七年）
井上智勝『近世の神社と朝廷権威』（吉川弘文館、二〇〇七年）
高橋秀直『幕末維新の政治と天皇』（吉川弘文館、二〇〇七年）
奈倉哲三『絵解き　幕末諷刺画と天皇』（柏書房、二〇〇七年）
原口清著作集編集委員会編『原口清著作集三　戊辰戦争論の展開』（岩田書院、二〇〇八年）
高木不二『日本近世社会と明治維新』（有志舎、二〇〇九年）
水谷憲二『戊辰戦争と「朝敵」藩――敗者の維新史――』（八木書店、二〇一一年）
吉岡拓『十九世紀民衆の歴史意識・由緒と天皇』（校倉書房、二〇一一年）
明治維新史学会編『講座明治維新第三巻　維新政権の創設』（有志舎、二〇一一年）
刑部芳則『明治国家の服制と華族』（吉川弘文館、二〇一二年）
渡辺尚志『百姓たちの幕末維新』（草思社、二〇一二年）
箱石大編『戊辰戦争の史料学』（勉誠出版、二〇一三年）

〈論文〉（発表年順）
大久保利謙「王政復古史観と旧藩史観・藩閥史観」（『法政史学』一二、一九五九年）
石井孝「戊辰戦争についての一試論――原口氏への批判――」（『歴史』二六、一九六三年）
毛利敏彦「明治維新の政治学――原口清著『戊辰戦争』を読んで――」（『歴史と現代』二、一九六三年）
田中彰「原口清著『戊辰戦争』」（『歴史学研究』二八一、一九六三年）
芝原拓自「維新史における内乱の評価――原口清『戊辰戦争』を読んで――」（『歴史評論』一六〇、一九六三年）
鎌田永吉「戊辰戦争――その歴史的意義――」（『日本歴史』二〇〇、一九六五年）
――「幕末期の社会情勢――上総地方を中心に――」（『上智史学』一一、一九六六年）

溝口敏麿「越後の草莽隊――幕藩支配の崩壊と村落支配層――」（『歴史学研究』三九五、一九七三年）
――「戊辰戦争――戦争と一揆――」（佐藤誠朗・河内八郎編『講座日本近世史八　幕藩制国家の崩壊』有斐閣、一九八一年）
佐藤誠郎「維新政権論」（同右）
三浦茂一「戊辰戦争研究ノート」（川村優先生還暦記念会編『近世の村と町』吉川弘文館、一九八八年）
宮地正人「政治と歴史学――明治期の維新史研究を手掛りとして――」（西川政雄・小谷汪之編『現代歴史学入門』東京大学出版会、一九八七年）
井上勝生「幕末政治史のなかの天皇」（永原慶二ほか編『講座・前近代の天皇』二、青木書店、一九九三年）
松尾正人「戊辰内乱と町村支配――川崎周辺を中心に――」（『関東近世史研究』三七、一九九四年）
小野将「幕末の在地神職集団と「草莽隊」運動」（久留島浩・吉田伸之編『近世の社会集団――由緒と言説――』山川出版社、一九九五年）
星野尚文「奥羽越列藩同盟の再検討――新潟開港問題との関連から――」（『新潟史学』三四、一九九五年）
久住真也「奥羽列藩同盟と北越「防衛」の展開」（『地方史研究』二六五、一九九七年）
近藤靖之「戊辰戦争期旧幕府軍の一考察」（『史学論集』三〇、二〇〇〇年）
谷口真康「幕末維新期の山科郷士と「勤王思想」」（『日本歴史』六五四、二〇〇二年）
岸本覚「戊辰戦争と招魂祭――鳥取招魂社起源――」（『鳥取地域史研究』四、二〇〇二年）
長谷川伸三「慶応四年武州東北部における世直し騒動の一考察」（阿部昭・長谷川伸三編『明治維新期の民衆運動』岩田書院、二〇〇三年）
小林紀子「戊辰戦争時の軍夫負担と在地支配――下野国の直轄地を事例として――」（『史学雑誌』一一三―三、二〇〇四年）
小泉雅弘「吉田御師「蒼龍隊」の戊辰戦争」（明治維新史学会編『明治維新と文化』吉川弘文館、二〇〇五年）
高木博志「「郷土愛」と「愛国心」をつなぐもの――近代における「旧藩」の顕彰――」（『歴史評論』六五九、二〇〇五年）
小林紀子「戊辰戦争における新政府軍の軍夫徴発機構――下野国の軍夫方の一考察――」（『日本歴史』六八一、二〇〇五年）
松尾正人「維新の草莽高松隊と岡谷繁実」（『中央大学文学部紀要』二〇六、二〇〇五年）

――「多摩の戊辰戦争――仁義隊を中心に――」(同編『近代日本の形成と地域社会――多摩の政治と文化――』岩田書院、二〇〇六年)
栗原伸一郎「米沢藩の諸藩連携構想と「奥羽越」列藩同盟」(『歴史』一〇七、二〇〇六年)
溝口敏麿「戊辰戦争の歴史記憶」(『新潟史学』五七、二〇〇七年)
藤田英昭「慶応四年の徳川宗家」(『日本歴史』七二九、二〇〇九年)
安田寛子「幕末の日光山をめぐる人々の意識」(大石学編『一九世紀の政権交代と社会変動――社会・外交・国家――』東京堂出版、二〇〇九年)
箱石大「戊辰戦争史料論――戦状届書に関する考察を中心として――」(明治維新史学会編『明治維新と史料学』吉川弘文館、二〇一〇年)
奈倉哲三「もう一つの戊辰戦争――江戸民衆の政治意識をめぐる抗争　その一――」(『国立歴史民俗博物館研究報告』一五七、二〇一〇年)
箱石大「幕末維新史と戊辰戦争」(『歴史評論』七三五、二〇一一年)
宮間純一「創造される飯能戦争像」(『埼玉の文化財』五一、二〇一一年)
栗原伸一郎「王政復古政変前後における仙台藩と米沢藩――京都政局との関連で――」(『日本歴史』七六八、二〇一二年)
天野真志「王政復古前後における秋田藩と気吹舎――慶応四年の「内勅」をめぐる政治背景――」(平川新編『江戸時代の政治と地域社会』第二巻、清文堂出版、二〇一五年)
栗原伸一郎「仙台藩の自己認識と政治動向――奥羽地域に対する意識を中心に――」(同右)
太田秀春「奥羽越列藩同盟における公議府と軍事」(同右)
宮間純一「戊辰内乱と租税半減」(近代租税史研究会編『近代の租税と行財政』(有志舎、二〇一四年)

あとがき

本書は、二〇一一年度に中央大学へ提出した博士学位請求論文「戊辰内乱期の政治的社会状況」をもとにして上梓したものである。本書を構成する各章の初出は、左の通り。本稿執筆にあたって、初出論文に大幅に加除・修正を加えたことをお断りしておく。

序　章　新稿

第1部

第1章　新稿

第2章　新稿

補　論「箱館戦争における榎本軍首脳部処分問題」（松尾正人編『幕末・明治期名家書簡草案――史料と研究――』中央大学近代史研究会、二〇〇九年）

第2部

第3章　新稿

第4章「慶応四年堀田正倫の上京――藩士の日記を素材に――」（『佐倉市史研究』二五、二〇一二年）

第5章「戊辰戦争期における「朝敵」藩の動向――伊予松山藩を事例として――」（中央大学大学院文学研究科編『大学院研究年報　文学研究科篇』三九、二〇一〇年）

第3部

第6章「戊辰内乱と吉田家本所――神威隊を中心に――」（『日本歴史』七三五、二〇〇九年）

第7章 「戊辰戦争期における「草莽隊」の志向――下野国利鎌隊を事例として――」(『地方史研究』三四四、二〇一〇年)
第8章 「戊辰戦争と香取神宮」(『千葉県の文書館』一四、二〇〇九年)

第4部

第9章 「戊辰戦争期における上総国農村の「佐幕」的動向」(『千葉史学』五五、二〇〇九年)
第10章 新稿
終 章 新稿

本来であれば、博士論文の著書の「あとがき」では、これまでの研究人生を大なり小なり振り返るのであろう。だが、わたしは道半ばどころかようやく指導教授のもとを離れ、研究者として独立したばかりであり(といっても完全に独り立ちしたとは言い難いが)、大仰に回顧すべきことはまだない。そんな中、このような未熟な研究成果を発表して良いのか不安は小さくない。それでも本書の刊行に踏み切れたのは、周囲の方々の励ましによるところが大きい。感謝の言葉をもって本書の結びにかえたい。

本書の執筆にあたっては、多くの史料所蔵者の方々および博物館・文書館などの史料所蔵機関に多大なるご助力を賜った。研究活動を進める中では、学部以来の指導教授であり、いつも助言をいただいている松尾正人先生をはじめ博士論文の副査を担当していただいた佐藤元英先生、奥田晴樹先生、大学院で複数年にわたりご指導を受けた渡辺隆喜先生、佐藤孝之先生ほかたくさんの先生方にご指導をいただいてきた。多くのよき師に巡り会えたことは、才能に恵まれないわたしにとって僥倖であった。

歴史学の基礎となる史料調査の手法を学んだ場所は、須田努さん・白井哲哉さんが主催する埼玉県飯能市の史料調査会であった。同調査会に参加し、牛米努さん、尾崎泰弘さんから地域史研究のノウハウを学べたことは貴重な財産である。渡辺尚志さんたちと進めてきた台方村研究会や、牛米さんにお誘いいただいた近代租税史研究会も血となり肉となっている。飯能の調査会や渡辺隆喜先生のゼミに誘ってくれたのは、ともに大学院で学んできた親友でありライバルでもある清水裕介君である。清水君のほかにも長い時間を一緒に過ごした大学院の同期や先輩・後輩は、かけがえのない存在となった。また、著者が所属する学会、特に明治維新史学会、歴史学研究会、日本アーカイブズ学会では、先輩・後輩を問わず、研究者仲間から常に刺激を受けている。つまづくこともたびたびあるが、こうした人たちに支えられて研究をつづけてこられた。公益財団法人徳川記念財団からいただいた第九回徳川奨励賞も勇気と自信を与えてくれた。

かつての職場、千葉県文書館の上司・先輩・同僚・後輩には退職後も気遣っていただき、叱咤激励されてきた。千葉県文書館で過ごした四年間は、何ものにもかえがたい宝物である。現在の勤務先である宮内庁書陵部でも、さまざまな場面でみなさまに助けられている。わたしは、非常にぜいたくな環境で研究活動に取り組むことができたのだと今改めて実感している。

全員のお名前はあげられないが、みなさまのおかげで拙いながらも本書をまとめることができた。

また、本書の刊行に当たっては、鹿内浩胤さんに思文閣出版の田中峰人さんをご紹介いただいた。田中さんには、初めての著書刊行で右も左もわからない私に「この博士論文は、是非とも刊行したいと思っています」といっていただき、とても心強かった。思文閣出版のみなさまそして田中さんを紹介してくださった鹿内さんに深く感謝します。

何より、就職が保証されているわけでない歴史研究者としての道を選択することを何もいわずに許してくれた両親、いつも笑顔で支えてくれる妻さやか、さやかとわたしを見守ってくれる義父母、わたしに毎日幸せを届けてくれる長女ひなたのおかげで何とか大好きな研究をつづけられている。
お世話になったすべての方に心より感謝申しあげるとともに、一層研究に邁進することを誓い、一旦筆を擱きたい。

二〇一五年十二月　母校中央大学の書庫にて

宮間純一

◎著者略歴◎

宮間純一（みやま　じゅんいち）

1982年，千葉県生.
2012年，中央大学大学院博士後期課程修了．博士（史学）.
千葉県文書館嘱託職員を経て，現在，宮内庁書陵部研究員および中央大学兼任講師，立正大学非常勤講師.
主な著書に『国葬の成立——明治国家と「功臣」の死——』（勉誠出版，2015年），「戊辰内乱と吉田家本所——神威隊を中心に——」（『日本歴史』735，2009年）など.

戊辰内乱《ぼしんないらん》期《き》の社会《しゃかい》——佐幕《さばく》と勤王《きんのう》のあいだ——

2015（平成27）年12月25日発行

定価：本体7,500円（税別）

著　者　宮間純一
発行者　田中　大
発行所　株式会社　思文閣出版
〒605-0089 京都市東山区元町355
電話 075-751-1781（代表）

装　幀　白沢　正
印　刷
製　本　西濃印刷株式会社

ISBN978-4-7842-1829-5　C3021

索　　引

【人　名】

あ

い

う

え

こ

さ

し

す

せ

そ

た

【事　項】

す

せ

そ

た

ち

つ

て